광고와 상표명의 언어 연구

채완 지음

학술전문출판
知教

머리말

현대 생활에서 광고는 공기와도 같이 우리를 둘러싸고 있다. 그 많은 광고들은 대부분 우리의 의식을 비켜가는 듯하지만, 어느 틈엔가 우리의 마음속으로 들어와서 삶을 지배한다. 상품을 파는 것에서 그치지 않고 생활양식까지도 지배하는 광고의 힘의 원천은 대부분 광고를 구성하는 언어에 있다.

저자가 광고 언어의 매력에 사로잡히게 된 것은 인터넷과 친하게 된 것과 시기를 같이 한다. 120여 년 전의 지면 광고부터 최신 영상 광고, 외국 광고까지 인터넷으로 바로 검색이 되어 자료를 찾아 헤매는 시간이 놀랍도록 단축되면서, 광고의 홍수 속에 빠져 시간을 보내는 일이 많아졌다. 처음에는 새로운 언어 자료에 대한 호기심으로 광고들을 접했지만 그렇게 풍부한 자료들에 대한 연구가 의외로 별로 이루어지지 않은 것을 알게 되면서 연구 욕심이 생기기 시작했다. 광고학 쪽에서는 언어 분석을 건드리지 못하고, 국어학 쪽에서는 문법적 오류나 외래어 남용을 지적하는 일에 치우치다 보니, 광고 언어만의 고유한 특성을 밝히는 연구가 제대로 이루어지지 못했던 것이다.

상표명에 대한 관심도 비슷한 시기에 시작되었다. 상품의 속성과 특장점을 짧은 표현에 담아 구매 의욕을 불러일으키는 상표명은 광고 카피와는 또 다른 매력으로 다가왔다. 이 분야 역시 광고 언어와 비슷한 이유로 깊이 있는 연구는 이루어지지 못한 상황이었다.

그리하여 우선 개화기부터 1950년대까지의 광고 언어에 대해 한 편, 두 편 논문을 쓰고, 상표명에 대해서도 꾸준히 논문을 발표하다 보니 어느새 상당한 분량이 되었다. 이들을 책으로 엮어 보자는 권유를 받았을 때만 해도 그냥 논문들을 묶으면 되리라는 생각으로 가볍게 시작을 했다.

그러나 수 년 간의 시차를 두고 발표한 논문들을 한 자리에 모아놓고 보니 용어와 개념, 문장의 흐름, 서술 방식 등에서 매끄럽지를 않았고, 광고 카피와 상표명이 시의성을 띤 자료라는 점에서 현재의 시점에서 손질해야 할 부분도 적지 않았다. 기왕 발표된 논문들을 토대로 하였으되 하나의 단행본으로서 통일된 구성을 이루도록 본래의 논지를 벗어나지 않는 정도에서 전체적으로 손질을 하였다. 제1부의 내용은 지나간 자료들을 대상으로 하였으므로 크게 달라진 점이 없으나, 제2부는 현재 유통되는 상표명을 대상으로 하였으므로 자료도 보충하고 분석도 보다 정밀히 하여 많이 보완하였다.

이 책의 바탕이 된 논문들을 목차 순서에 따라 제시하면 다음과 같다.

1) "개화기 광고문의 표현 기법", 한국어의미학 12, 한국어의미학회, 2003. 51-78.
2) "개화기 광고문의 문체", 어문논집 43, 중앙어문학회, 2010. 117-148.
3) "일제시대 광고문의 형식과 전략", 이중언어학 27, 이중언어학회, 2005. 227-251.
4) "일제시대 광고 카피의 연구", 인문과학연구 11, 동덕여자대학교 인

문과학연구소, 2005. 5-27.

5) “1950년대 광고 카피에 나타난 국어의 양상”, 사회언어학 15-2, 한국사회언어학회, 2007. 163-185.

6) “우리나라 상표명의 작명 기법”, 한민족문화연구 18, 한민족문화학회, 2006. 93-117.

7) “국내산 쌀 상표명의 구조와 의미”, 이병근선생퇴임기념 국어학논총, 태학사, 2006. 1035-1063.

8) “아파트 이름의 국어의 사용 실태”, 상호, 상품 이름, 아파트 이름 등의 광고에 나타난 국어 사용의 실태 조사 연구, 권재일 외 공저, 국립국어연구원, 1991. 87-107.

9) “아파트 상표명의 구성과 조어”, 한국어의미학 14, 한국어의미학회, 2004. 1-29.

10) “아파트 이름의 사회적 의미”, 사회언어학 12-1, 한국사회언어학회, 2004. 231-252.

올해로 동덕여자대학교에 몸담은 지 30년이 되었다. 변함없이 신뢰해 주고 강의를 들어 준 국어국문학과 졸업생과 재학생들께 고마운 마음을 전한다. 이 책을 펴내 주신 지식과 교양 윤석원 사장님과 맵시 있게 편집해 주신 편집진들께도 감사드린다. 가장 가까이에서 삶의 버팀목이 되어 주는 남편과 아이들에게 사랑을 보낸다.

2010년 8월

채 완

차 례

제2부 상표명의 언어

제1부

광고의 언어

제1장 개화기 광고문의 표현 기법과 전략

1. 서론

우리나라에서 현대적 의미의 인쇄 광고가 시작된 것은 구한말 시대였다.[1] 초기의 광고에서는 광고를 '고뵉'(告白)이라고 하였는데, 일본인들의 광고에서는 처음부터 '광고'라는 용어를 썼다. 일제 강점기까지도 광고를 가리키는 말로 '고뵉'과 '광고'가 함께 사용되었다. 광고에 따라서는 제목에서는 '△△△ 광고'와 같은 형식을 취하고, 광고 말미에 광고주를 표시하는 곳에는 '○○○ 고뵉'과 같이 써서 두 용어를 함께 사용하기도 하였다.[2] 이 두 말은 '널리 알린다'는 의미로서 초기 광고의 목적을 그대로 표현해 주고 있다.[3]

---

1 광고학계에서는 우리나라 광고사의 시대 구분을 ① 구한말 시대(1886~1910), ② 일제 시대(1910~1945), ③ 인쇄광고 시대(1945~1959), ④ 인쇄전파광고 시대(1959~1981), ⑤ 컬러광고 시대(1981~)와 같이 5단계로 나누고 있다(한국광고 100년 상). 최근 들어 갑오경장 무렵부터 한일 병합 이전까지의 시기를 어떻게 부르느냐 하는 문제가 대두되고 있는데, 이 책에서는 일반적으로 써 온 '개화기'로 부르기로 한다.

2 뒤의 광고 (32) 참조.

3 우리나라에서 '광고'라는 말이 처음 신문에 나타난 것은 1883년 11월 20일자(朝鮮開國 492年 癸未 10月 21日 · 中國 光緖 9年) 〈漢城旬報〉의 '會社說'이라는 기사로서, 다음과 같은 문

우리나라 신문에 최초의 상업 광고가 실린 것은 독일계 무역회사인 세창양행이 〈한성주보〉 1886년 2월 22일자에 게재한 '德商世昌洋行告白'이다. 독일의 한 무역상이 우리나라에 영업소를 개설했다는 사실과, 살 물건과 팔 물건의 목록을 알리는 내용이다. 이 광고는 순한문으로 되어 있으며 '광고' 대신 '告白'이라는 용어를 썼다.

국한 혼용문 광고로서 최초의 것은 1886년 6월 28일자 〈한성주보〉에 실린 일본인의 광고 두 편이다. 하나는 '紺色緋色其他各色染液製造及染揚法傳授廣告'(푸른색과 붉은색 기타 각색 염색약 만드는 법과 염색하는 법을 가르쳐 주는 광고)라는 제목의 염색약 광고이고, 하나는 '日商廣告'라는 제목의 '濱田商店' 광고이다. 이들 두 혼용문 광고로부터 '광고'라는 용어가 사용되기 시작했다.

우리의 광고는 이렇게 시작되었다. 개화기 들어 외래의 문물이 많이 유입되면서 광고가 시작된 것인데, 이 시기는 근대 국어에서 현대 국어로 넘어오는 시기로서 언어적으로도 현대적 요소가 싹트는 시기라고 할 수 있다. 특히 광고문은 이전에 없던 새로운 언어활동의 산물로서 당시의 생생한 언어 사용의 모습을 보여 주는 '생활 한국어'의 성격을 가지고 있다는 점에서 그 가치가 있다. 개화기의 광고문을 통해 우리는 표기법, 문체, 문법 요소, 어휘, 표현 기법, 의미 구조 등 당시 국어

맥에서 사용되었다.

"그래서 이제 會社 規約 5條項을 다음에 적어 同好人에게 제공한다. 제1조: 처음으로 회사를 설립하고자 하는 자는 主旨를 세상 사람들에게 廣告하여 同志를 얻는다."

그런데 이 말은 'advertising'이라는 용어로서가 아니라 본래의 말뜻, 즉 '널리 알린다'는 의미로 쓰였다. 〈한성순보〉에는 상업 광고는 실리지 않았다. 이 신문은 조선 고종 20년(1883)에 우리나라에서 처음 펴낸 근대 신문으로 통리아문 박문국에서 순한문으로 인쇄하여 官報 형식으로 펴내었다. 고종 23년(1886)에 국한문 혼용의 〈漢城周報〉로 바뀌었다가 고종 25년(1888)에 폐간되었다. 〈한성순보〉와 〈한성주보〉의 기사 내용을 보려면 http://www.koreaa2z.com/hanseong/ 참고 바람.

의 여러 특징을 알 수 있을 뿐 아니라, 그 시대의 생활 문화까지도 엿볼 수 있다. 어떤 상품이 어떤 소비 계층을 타깃으로 해서 광고되고 있는가를 보면 그 시대의 물질관과 가치관이 드러나기 때문이다.

광고사에 있어서 개화기란 1886년 최초의 광고가 선보인 때부터 1910년 한일 병합 전까지의 기간을 가리키는데, 이 시기는 시간적으로도 길지 않고 광고의 수량도 상대적으로 적어서 그에 대한 연구는 연구사에서 짧게 언급하는 정도를 넘어서지 않고 있다. 특히 언어 표현에 대한 연구는 거의 이루어지지 않은 실정이다. 그리하여 본 장에서는 개화기의 광고문에 대해 특히 그 언어 표현 기법에 중점을 두어 고찰하고자 한다. 즉 어떤 표현 형식이 광고의 목적이나 전략과 어떻게 연관되는지, 어떤 방식으로 소비자를 설득하여 구매에 이르도록 유도하는지 등을 중심으로 살펴보고자 한다.

2. 소비자 대우하기

2.1. 띄어쓰기

현대 국어에서 띄어쓰기는 어절 단위로 띄어 써서 읽기에 편하도록 하는 것이 목적이지만,[4] 역사적으로는 경어법 표현의 한 수단이었다.

첫째, 높임의 대상이 되는 인물 앞이나 뒤를 띄어 쓰는 방법이 있었

4 오늘날과 같이 어절 단위로 띄어 쓰는 방식은 로스(Ross)의 〈Corean Primer〉(1877)와 스코트(Scott)의 〈언문말책〉(1887) 등 외국인이 지은 문법서에서 처음으로 사용되었는데, 개인적으로는 1882년 박영효가 쓴 〈사화기략〉에 처음 나타난다고 한다(민현식 1999:168~170 참고).

다. 전통적으로는 (1)㉠과 같이 존귀자 앞을 띄어 쓰는 방법이 사용되었으나, 로스와 한국인 조력자들이 번역한 〈예수셩교누가복음젼서〉(1882)에서는 (1)㉡과 같이 존귀자의 뒤를 한 칸 띄는 식으로 나타난다.[5]

(1)

㉠ 正統ᄋᆞᆫ이젯 皇帝[6]셔신後로샹녜ᄡᅳᄂᆞᆫ힛일후미라 (月印釋譜序 6b 협주)

㉡ 하느님의 압페셔올운쟈라쥬의 계명과네를좃차힝ᄒᆞ여 (예슈셩교누가복음젼서 1장)

둘째, 다음 (2)와 같이 밑에 칸이 남아 있는데도 줄을 바꾸어 존경 대상이 맨 위에(세로쓰기이므로) 놓이도록 하는 방식이 있었다.

(2)

……[7]言語不相通耳於是乎置院設官教誨而勸課之其在

世宗朝有曰崔世珍者取朴通事一册…… (朴通事諺解 序a)

이와 같은 경어법 표현 방식은 개화기의 광고문에서도 널리 찾아볼 수 있다. 높임법 띄어쓰기로는 존귀자 앞을 비우는 방식이 사용되었으며 존귀자 뒤를 띄는 방식은 사용되지 않았다. 한글 광고에서는 일반 어절 띄어쓰기와의 혼동을 피해 높임법 띄어쓰기가 쓰이지 않고 줄 바꾸기만이 사용되었다.

---

5 (1)㉡은 민현식(1999:169)에서 재인용함.

6 이하 밑줄은 저자가 표시함.

7 '……'은 생략된 내용이 있음을 가리킴.

주지하다시피 우리 표기법에서 띄어쓰기가 본격적으로 보급되는 계기가 된 것은 〈독립신문〉[8]의 창간이었다. 그러나 띄어쓰기 된 광고문이 처음 실린 것은 〈독립신문〉이 아니다. 이 무렵 〈The Korean Repository〉[9]라는 영문 잡지가 있었는데, 이 잡지 1895년 2월호에 실린 '샹ᄒᆡ즁셔셔원 고ᄇᆡᆨ'(上海 中西書院 告白)이라는 한글 영어 병용 광고의 한글 부분에 다음과 같이 띄어쓰기가 되어 있었던 것이다. 이 광고는 〈독립신문〉 창간호 광고보다도 1년 이상 먼저 나온 한글 전용문 광고일 뿐 아니라 띄어쓰기가 되어 있다는 점에서 우리 광고사에서 선구적인 위치를 차지한다.

(3)

THE ANGLO-CHINESE COLLEGE, Shanghai, China.

샹ᄒᆡ즁셔셔원 고ᄇᆡᆨ

이셔원을 ᄀᆡ셜ᄒᆞᆫ후 지금십여년이라 청국사ᄅᆞᆷ외에 죠션과 일본사ᄅᆞᆷ도 만이와셔 공부ᄒᆞ엿스며 미국교ᄉᆞ외에 이셔원에 삼년잇다가 미국대셔원에 가셔 오륙년공부ᄒᆞ고 온 죠션교ᄉᆞ잇서 동셔양학이 넉넉ᄒᆞ매 죠션ᄉᆡᆼ도가 오면 말몰나고로올폐업시니 총명ᄌᆞ뎨가 만이와 공부ᄒᆞ기 ᄇᆞ라노라

셔원부비

한문과 영어 죵일공부 ᄆᆡ년 이십ᄉᆞ원 영어 죵일공부 ᄆᆡ년 오십원 반일공

---

8 건양(建陽) 1년(1896) 4월 7일에 독립 협회의 서재필, 윤치호가 창간한 우리나라 최초의 민간 신문. 순 한글 신문으로 영자판과 함께 발간하여 처음에는 격일간으로 펴내던 것을 1898년 7월부터 매일 발간하다가 광무 3년(1899)에 폐간되었다. 처음에는 '독닙신문'으로 표기했으나 1896년 5월 2일부터 '독립신문'으로 바뀌었다.

9 〈The Korean Repository〉는 1892년 1월 미국 감리교 선교사 F. Ohlinger 부부가 창간한 영문 월간 잡지이다, 이 잡지는 1년간 발행된 뒤 1893년과 이듬해는 휴간하였다가 1895년 1월에 속간하였다. 독립신문 창간호(1896. 4. 7.)에 다음과 같이 이 잡지의 광고가 실렸다.

A monthly magazine dealing with all Korean questions of general or special interest. Price $3.00. (이하 생략)

부 ᄆᆡ년 삼십원 (이하 '차갑, 방셰, 식가, 하인삭' 생략)

이와 같은 새로운 띄어쓰기는 단어 단위로 띄어 쓰는 영어의 방식을 본뜬 것인데, 현대적 관점에서 볼 때 정확히 어절 또는 단어 단위로 띄어 썼다고 볼 수는 없다. 국어 문법이 정리되어 단어의 개념이 정립되고 나서야 현재와 같은 띄어쓰기로 발전하게 되었다.

광고문에서의 높임법 띄어쓰기는 우리나라 최초의 지면 광고인 '德商世昌洋行告白'에서부터 나타난다. 이 광고는 순한문으로 되어 띄어쓰기가 전혀 되어 있지 않은데, 다음 예에서 볼 수 있듯이 오직 이인칭어인 '貴客' 앞에만 한 칸을 띄어 쓴 것이다. 이는 경어법이 표현되기 어려운 한문에서 띄어쓰기를 활용하여 정중한 태도를 표현한 것이다. 이 광고의 뒷부분에도 '貴客' 앞의 띄어쓰기가 한 차례 더 나온다.

(4)
德商世昌洋行告白
啓者本行今開在朝鮮專收虎獺貂鼠牛馬狐狗各種皮貨幷人髮牛馬猪鬃尾角瓜蛤螺烟紙五倍子古銅錢等物凡蒙 貴客商□有此貨物不拘多寡概行收買卽祈將貨携至本行公平交易可也特此□聞[10] (이하 생략)
(알릴 것은 이번 저희 세창양행이 조선에서 개업하여 호랑이, 수달피, 검은 담비, 흰 담비, 소, 말, 여우, 개 등 각종 가죽과 인발(人髮), 소, 말, 돼지의 갈기털, 꼬리, 뿔, 발톱, 조개와 소라, 담배, 종이, 오배자, 옛동전 등 여러 가지 물건을 사들이고 있습니다. 손님과 상점 주인들이 가지고 있는 이러한 물건은 그 수량이 많고 적음을 막론하고 모두 사들이고 있으니 이러한 물건을 가지고 저희 세창양행에 와서 공평하게 교역하시기 바

10 식별이 어려운 글자는 □로 표시함.

랍니다.)[11] [한성주보 1866. 2. 22.]

최초의 국한 혼용문 광고인 다음 (5)에도 같은 목적의 띄어쓰기가 나타난다. 당시 국한 혼용문 광고는 띄어쓰기가 전혀 안 되었는데 역시 '貴國' 앞에만 띄어쓰기가 되어 있는 것이다.

(5)

日商廣告

弊店이 <u>貴國</u>에셔開市ᄒᆞ므로부터먼져三港□에開店ᄒᆞ여漸漸興旺ᄒᆞ니진실노 <u>貴國</u>婦人네ᄌᆞ죠도라봄믈힘입부미니極히感謝ᄒᆞ며昨年에 <u>貴國</u>이□荒을當ᄒᆞᄆᆡ日本穀物을마니輸入ᄒᆞ야벼不足ᄒᆞ믈구제ᄒᆞ야弊店이每□便에뎐ᄒᆞ여輸到ᄒᆞ야항상그賣買를便케ᄒᆞ고그價□를廉케ᄒᆞ야쟝ᄎᆞ벼 <u>貴國</u>에求ᄒᆞ는바를應ᄒᆞ노니此外各貨도無論大小ᄒᆞ고다弊店에□求ᄒᆞ야□務가서로興旺ᄒᆞ면利國便民ᄒᆞ미젹지아니ᄒᆞ리니이를위ᄒᆞ야<u>廣告ᄒᆞ노라</u>

[한성주보 1886. 6. 28.]

이 광고에서는 자기네 회사를 '弊店'이라 하여 겸손하게 칭하고, '이 상점이 조선의 세 항구에 개점한 이래 점차로 흥왕하는 것은 조선의 부인네들이 자주 돌보아 준 덕택이므로 감사를 표한다'는 내용으로 독자(소비자)의 환심을 샀으며, 높임법 띄어쓰기를 활용하여 더욱 정중하게 표현하였다.

이처럼 광고문 전체가 독자, 즉 잠재적 소비자를 정중하게 대우하는 분위기인 데 반해 종결어미가 '(廣告ᄒᆞ)노라'로 되어 해라체를 사용하고 있는 것은 일견 모순되게 보인다. 그러나 (5)에서 해라체가 쓰인 것

---

11 신인섭(1990:30)의 번역을 따름.

은 상대경어법상의 하대라기보다는 초기의 다른 광고들과 마찬가지로 기사문과 광고문의 문체를 구별하지 않았기 때문으로 해석된다.

국한 혼용문 광고로서 높임법 띄어쓰기를 활용한 예들은 다음과 같다. 다음 광고들에서는 종결어미에서도 상대경어법을 사용하여 일관성 있게 소비자를 대우하고 있다. 종결어에 상대경어법을 사용하게 되자 기사문과 광고문이 문체상 분명하게 구별되게 되었다.

(6)

高等紙卷烟大發賣廣告

右香烟은日本東京의弊會社第一工場에셔原料를精選ᄒᆞ야써製造ᄒᆞᆫ佳良의高等香烟인ᄃᆡ크게內外貴顯紳士의賞讚ᄒᆞᄂᆞᆫᄇᆡ라近來 大韓帝國內地에各種下等香烟이……矯正코져ᄒᆞ오니伏願 僉君子ᄂᆞᆫ幸히一試ᄒᆞ야써……此言의虛浪치아니ᄒᆞᆷ을知了ᄒᆞ심을特히謹告ᄒᆞᄋᆞᆸᄂᆞ이다 ['하아로' 담ᄇᆡ, 황성신문[12] 1900. 7. 28.]

(7)

此外의도東西洋各國靈藥이具備ᄒᆞ오니各地方의셔도隨用請求ᄒᆞ시면郵便으로보낼터이요各處藥業ᄒᆞ신ᄂᆞᆫ 僉位에게ᄂᆞᆫ特別割引放賣ᄒᆞ오니陸續注文ᄒᆞ심을敬望 [졔싱당ᄃᆡ약방, 대한매일신보 1908. 12. 20.]

혼용문 광고에서는 줄을 바꾸어 이인칭어를 맨 위에 놓음으로써 존경을 표시하는 방법도 사용되었다. (8)은 줄 바꾸기를 사용한 예이며,

---

12 1898년 9월 5일 창간됨. 국한문 혼용. 애국적 논필로써 풍운의 한말 정국을 매섭게 비판하다가 1905년(광무 9) 을사조약을 맞아 사장 장지연의 유명한 '是日也放聲大哭'으로 장지연이 구금되고, 신문도 정간당하였다가 수개월 만에 복간되었다. 이 신문은 고종황제로부터 음으로 재정적 지원을 받기도 하였으며, 독자도 중류층 이상에 두었는데, 일본의 국권침탈로 1910년 8월 30일 〈한성신문〉으로 개제하여 발행하다가 동년 9월 14일 제3470호로 폐간되었다.

(9)는 띄어쓰기와 줄 바꾸기가 함께 사용된 예이다. ㉡에서는 줄 바꾸기에 의해 '僉君子'에 대한 존경을 표시했고, ㉠과 ㉢에서는 띄어쓰기를 통해 존경을 표시했는데, ㉠과 ㉢의 존경 대상이 사람이 아니라 '시대'(聖世)와 '행위'(光臨)라는 점이 눈에 띈다. 즉 띄어쓰기와 줄 바꾸기에 의한 존경 표시가 인칭어에 국한된 것이 아니라 행위나 추상적 대상에까지 포괄적으로 적용되었음을 보여준다. 조선 시대의 자료에서도 '殿下, 上, 先王, 皇帝' 같은 인칭어뿐 아니라 '宗社, 先志' 같은 존귀자 관련어에서도 줄 바꾸기로 존경을 표시한 사례가 있다(최태영 1998:20).

(8)

廣告

弊舘에셔石油活動機를設ᄒᆞ고諸般印刷器具를一新히準備ᄒᆞ와各項書籍을精密迅速히刊行ᄒᆞ오니四海

僉君子ᄂᆞᆫ如雲來讀ᄒᆞ심을務望홈 [普文舘, 만세보 1906. 6. 17.]

(9)

特別大廣告

東大門內光武臺에셔陰本月二十七日브터諸般演藝를一新改良ᄒᆞ야古今奇絶ᄒᆞᆫ事를華倣ᄒᆞ고 ㉠聖世風流를教演擴張ᄒᆞ야

㉡僉君子의性情과眼目에感發愉快케玩賞品을設備ᄒᆞ얏ᄉᆞ오니反期 ㉢光臨ᄒᆞ심을敬要 [法國巴京에셔新購入ᄒᆞᆫ活動寫眞, 황성신문 1908. 6. 4.]

한글 광고문에서는 띄어쓰기에 의한 존경 표시 방법은 사용되지 않았고 줄 바꾸기만이 사용되었다. 한글 광고문은 대부분 어절 띄어쓰기가 되어 있었으므로 존경 대상의 앞을 한 칸 띄어도 어절 띄어쓰기에

묻혀 그 의도를 나타낼 수가 없었기 때문이었을 것이다. (12)와 같이 띄어쓰기가 되지 않은 한글 광고문도 있었는데, 그런 경우에도 한글 광고문의 일반적 추세에 따라 높임법 띄어쓰기가 사용되지 않고 줄 바꾸기만이 사용되었다.

(10)

……가쟝 량픔임을 폐쟝에셔 보증 이오며 이 죠일신쥬를 본월 십칠일노브터 발ᄆᆡ ᄒᆞ오니 ᄉᆞ방

졔군ᄌᆞᄂᆞᆫ 사다가 맛을 평론ᄒᆞ시오 [명동 죠일쥬쟝, 매일신문 1898. 11. 18.]

(11)

……품도 샹품이오 갑도 헐ᄒᆞ게 파옵ᄂᆞᆫ대 우리 샹점에만 잇슬쎈아니라 각쳐 담ᄇᆡ뎐에도 다 잇ᄉᆞ오니

쳠 군ᄌᆞᄂᆞᆫ 만이 사가시기를 바라오 [일본 동경 암곡 샹회 ᄃᆡ리, 매일신문 1898. 9. 27.]

(12)

피물회샤 고ᄇᆡᆨ

본샤에셔각ᄉᆡᆨ피물을렴가로매ᄆᆡᄒᆞ오니

쳠군ᄌᆞᄂᆞᆫ죵로대동셔시아ᄅᆡ의뎐도가로ᄅᆡ임ᄒᆞ심을바라ᄋᆞᆸ [매일신문 1899. 1. 27.]

띄어쓰기와 줄 바꾸기를 이용한 존경 표현 방식이 모든 광고에 적용되었던 것은 아니다. 띄어쓰기가 된 광고든 아니든 그와 같은 표현을 전혀 하지 않은 광고도 많았다. 그러나 광고 기법면에서 본다면 어떤 방법으로든 소비자를 존경하고 우대한다는 표시를 적극적으로 한 광

고가 더 설득력과 구매 유발력이 있지 않았을까 생각된다.

2.2. 상대경어법

초창기의 광고문은 경어법에 중립적인 해라체를 사용하고 있었다. 다음 (13)~(15)는 〈독립신문〉 창간호(1896. 4. 7.) 광고들이다. 이보다 먼저 나온 광고들인 앞의 (3)과 (5)도 해라체로 되어 있다.

(13)

가메야회샤

외국 샹등 물건을 파ᄂᆞᆫᄃᆡ 물건이 다 죠코 갑도 외누리 업더라

(14)

졔물포 륜션 츌발표

ᄉᆞ월 팔일에 혹ᄀᆡ마루가 부산 고베 등지에 가고 ᄉᆞ월 구일 견ᄉᆡ마루가 지부 쳔진 등지에 가고 ᄉᆞ월 구일에 샷쥬마마루 가 나가사기 힝항 등지에 간다더라

(15)

한영자뎐 한영문법

죠션 사ᄅᆞᆷ이 영국 말을 ᄇᆡ호랴면 이 두ᄎᆡᆨ보다 더 긴ᄒᆞᆫ 거시 업ᄂᆞᆫ지라…… 영국말을 ᄌᆞ세히 ᄇᆡ호랴면 이ᄎᆡᆨ이 잇서야 ᄒᆞᆯ 거시니라……ᄇᆡ지학당 한미 화 활판소에 와 사라

초기의 광고에서 해라체를 사용한 것은 굳이 독자를 낮추어 대우했다기보다는 기사문과 광고문을 문체적으로 구별하지 않았다고 보는 편이 옳을 것이다. 그러나 광고 횟수가 늘어나면서 광고문에 상대경어법이 사용되기 시작했다. 〈독립신문〉 창간호에서는 'ᄉᆞ민필지' 광고만 빼고는 모든 광고가 해라체로 되어 있는데, 같은 신문 1896년 10월 3일자 광고들에서는 모두 하오체로 바뀐 것이다. 즉 광고문의 문체가 독자(소비자)를 우대하는 쪽으로 바뀌어 가기 시작했다는 뜻이다. 다음 (16)~(19)는 10월 3일자 광고들이다.

(16)

셔울 식물회샤

외국과 ᄂᆡ국 각ᄉᆡᆨ 식물을……샹등 물건만 ᄆᆡᄆᆡ ᄒᆞ오 와셔 보시고 합의커든 단골노 졍ᄒᆞ시오

(17)

쥬식회샤

광쳥교 북쳔변에 잇ᄂᆞᆫ 이 회ᄉᆞᄂᆞᆫ……사가시기를 ᄇᆞ라오

(18)

고샬기 회ᄉᆞ

죠흔 셔양 반을이 이 회ᄉᆞ에 만히 잇스니 와셔 사가시요……고살기 집으로 차자 오시ᄋᆞᆸ

(19)

대죠션 은ᄒᆡᆼ챵립소광고문

죠션 은ᄒᆡᆼ의 자본금은 이십 만원으로……십오원으로 뎡ᄒᆞ엿ᄉᆞ오니……칠월 회ᄂᆡ로 도쥐 ᄒᆞ겟ᄉᆞ오니……은ᄒᆡᆼ창립소로 보ᄂᆡ시고 ᄌᆡᄎᆞ 삼ᄎᆞᄂᆞᆫ 은ᄒᆡᆼ 사무 춰셔 되ᄂᆞᆫᄃᆡ로 츄후 다시 광고 ᄒᆞ겟ᄉᆞᆸ

앞의 (13)~(15)에서는 독자가 주체인 동사든 광고주가 주체인 동사든 존경이나 겸양을 표시하는 형태가 전혀 나타나지 않는다. 이에 비해 (16)~(19)에서는 독자가 주체가 되는 동사에 일일이 존경 선어말어미 '-시-'를 붙였고, 종결어미에도 상대경어법을 적용하였다. 특히 (19)는 객체경어법 선어말어미 '-ᄉᆞᆸ-'까지 사용하여 독자에게 최상의 존대를 표시하였다.

상대경어법 어미로는 'ᄆᆡᄆᆡᄒᆞ오, 정하시오, ᄇᆞ라오, 사가시요' 등 하오체가 주로 사용되었다. '사가시요'에는 표기상 '-요'가 나타나지만 현대 국어의 해요체가 아니라 하오체로서 '-시-'의 모음에 동화된 표기다. 개화기의 광고에는 해요체가 나타나지 않는다.

(18), (19)의 '차자오시ᄋᆞᆸ, 광고ᄒᆞ겟ᄉᆞᆸ'은 하소서체의 평서법 어미 '-ᄂᆞ이다'가 생략된 것으로 객체존대의 선어말어미 '-ᄉᆞᆸ-/-ᄋᆞᆸ-'이 문어체에서 종결어미화한 것이다(이경우 1994:76). 이 어미는 신소설에서 사용되기도 하였지만 특히 개화기의 광고문에 널리 사용되었다.

이처럼 광고에서 적극적으로 경어법을 활용하게 된 이유는, 광고란 독자를 설득해야 하는 주관적 의사소통 행위이므로 독자를 우위에 놓는 전략이 필요하다는 사실을 인식하기 시작했기 때문인 것으로 해석된다.

그러나 광고문의 경어화가 모든 광고에 적용된 것은 아니었다. 다음 (20), (21)의 세창양행 광고는 (16)~(19) 광고보다 나중에 나왔는데도 상대경어법을 사용하지 않았다.

(20)

世昌 洋行 **졔물포**[13]

이 회샤에서 슈맛트라 석유를……누구든지 셕유 장ᄉᆞ ᄒᆞ랴면 인쳔 항구 셰챵양힝으로 셕유를 구 ᄒᆞ야 밧아다 팔면 큰리가 잇스리라 [독립신문 1897. 4. 15.]

(21)

世昌 洋行 **졔물포**

……누구던지 금계랍 장ᄉᆞ ᄒᆞ고십흔이ᄂᆞᆫ 이 회샤에 와서 샤거드면 도매금으로 싸게 주리라 [독립신문 1899. 6. 2.]

여기서 우리는 경어법을 사용하느냐 안 하느냐, 또는 어느 정도 등급의 경어를 사용하느냐가 광고의 타깃과 전략에 맞추어 선택되기 시작했다는 사실을 눈치 챌 수 있다. 앞에 든 광고문 중에서 최상류층을 대상으로 하는 광고인 (19)에서 가장 높은 등급의 경어법이 선택되었다는 사실은 매우 시사적이다. 은행 설립과 이율에 관심을 가질 만한 자본가들이 타깃이므로 최상급의 경어를 쓸 필요가 있었던 것이다.

반면에 (20), (21)은 석유나 금계랍 같은 외국 물품 수입 회사에서 국내 판매상들에게 고지하는 내용인데, 해라체를 사용한 것으로 보아 물자가 귀한 당시 사정, 즉 상품을 공급하는 무역회사 쪽이 판매상들보다 우위에 서 있다는 사실을 암시한다. 즉 공급자 측에 경쟁 상대가 없기 때문에 굳이 소매상인들에게 정중하게 다가가 설득할 필요가 없다는, 그저 사실을 알리기만 하면 된다는 태도가 엿보이는 광고라 하겠

---

13 이 광고에는 우리 광고 최초로 도안이 사용되었다. 석유 판매 광고에 조개 껍질 모양의 그림을 곁들인 것인데, 이후 금계랍 광고에서는 장수를 상징하는 학과 거북이, 화륜선 출발 안내 광고에는 태극기와 알파벳 M자를 쓴 깃발을 교차시킨 도안을 사용하였다.

다. (20), (21)과 같은 예외는 더러 있었지만 대략 1896년 말 쯤부터 광고문은 하오체가 대종을 이루게 되었다.

같은 시기에 '습니다' 체도 광고문에 사용되었다. 다음 (22), (23)은 일본인 '村井兄弟商店'의 'Hero' 담배 광고인데 약 1년의 간격을 두고 게재되었다. 특히 (23)은 높일 수 있는 최고 등급의 경어법을 사용하여, 주체경어법(-시-), 객체경어법(-숩-, -오-), 상대경어법을 두루 사용했다. 종결어미로 '-옵ᄂᆞ이다'를 사용하여 거의 궁중에서 쓰는 말투처럼 보일 정도로 최상의 존대를 표시하고 있다.

또한 (16)~(19)의 광고들이 직접적인 명령문으로 되어 있는데 반해, (22), (23)은 명령문을 쓰지 않고 광고주의 생각을 평서문으로 진술함으로써 한결 정중하고 세련되게 표현하였다. 그리하여 선택은 어디까지나 소비자의 몫이며 광고주는 다만 소비자를 위해 최선을 다할 뿐이라는 인상을 주는 것이다.

(22)

광고 大日本帝京村井兄弟商店 一手販賣

경셩진고ᄀᆡ 촌뎡형뎨샹회라 ᄒᆞᄂᆞᆫ뎐에셔 파ᄂᆞᆫ 희로라 ᄒᆞᄂᆞᆫ 지권연……만이 사시ᄂᆞᆫ 이의게ᄂᆞᆫ 갑을 감ᄒᆞ야 드리겟 ᄉᆞᆸᄂᆡ다 [매일신문 1898. 9. 27.]

(23)

上等紙卷烟草 ᄉᆡ히이로賞品광고

대한국 여러분게셔 더옥 ᄐᆡ평 ᄒᆞ시와 소일 ᄒᆞ오시니 반가옴을 엇지 측냥 ᄒᆞ리오……원컨ᄃᆡ 대한 여러분게셔 일젼보다 갑졀이나 사가심을 쳔만이나 바라옵ᄂᆞ이다 [독립신문 1899. 7. 12.]

(23)이 실린 지면의 하단에는 'ᄀᆡ리양힝 광고'와 '世昌 洋行 졔물포' 광고(앞의 (21))가 실려 있다. 'ᄀᆡ리양힝' 광고도 '만히 차져와 사 가심을 ᄇᆞᆯᄋᆞ나이다'로 끝을 맺어서 (23)과 마찬가지로 최상급의 상대경어법을 사용하고 있는데, 유독 세창양행 광고만은 경어법에 전혀 무신경한 광고를 내보낸 점이 흥미롭다. 세창양행은 우리나라에서 최초로 신문 광고를 하였고, 또 처음으로 광고에 도안을 사용하여 우리 광고에서 선구적 역할을 하였으면서도 언어 표현에는 신경을 덜 썼던 듯하다.[14]

1897년 이후 개화기 광고문에 사용된 문장 종결 형식들은 다음과 같다. 한글 광고는 (24), 혼용문 광고는 (25)이며 이미 인용된 형태들은 제외하였다. 한글 광고에서는 '하시오, 하오, 하ᄋᆞᆸ, 하겟ᄉᆞᆸ' 등이 대종을 이루는 가운데 명사형 종결형이 나타나고 있고, 혼용문에서는 한자어 명사나 어근 형식으로 종결되는 경우가 많았다. 전체적으로 보면 '-ᄋᆞᆸ/-ᄉᆞᆸ' 형 종결형이 이 시대 광고문의 두드러진 특징이다. (24)㉥은 현대 광고의 헤드라인에 즐겨 쓰이는 '○○은 △△'와 같은 형식의 미완결 명사문이다.[15]

---

14 세창양행 광고 중에서도 드물게 경어를 쓴 예가 있다. '화륜선 ᄎᆞ우ᄎᆞ우브' 출발 안내 광고(독립신문 1989. 2. 26.)로서 '션ᄀᆡᆨ들과 짐 붓칠이들은 미리 졔물포 셰챵 양힝으로 와셔들 뭇치시요'라고 하여 하오체를 사용하였다.

15 개화기의 광고문들은 거의가 헤드라인이니 본문 카피니 하는 개념이 없이 본문만으로 이루어져 있는데, 이 광고는 만화와 헤드라인, 말풍선까지 갖춘 현대적인 면모를 보이고 있다(한국 광고 100년 상:211 참고).

(24)

㉠ **로한은ᄒᆡᆼ 광고**: 다만 은갑만 쳐서 <u>밧을터힐너라</u> [그리스도신문 1897][16]

㉡ **이문사 광고**: 쥬ᄌᆞ모양은 <u>여차ᄒᆞᆷ</u> [매일신문 1898. 4. 28.]

㉢ **황성신문 구독 안내**: 션급은 엽 너돈이오 일년됴 션급은 <u>엽녁량두돈이옵</u> [매일신문 1898. 4. 9.]

㉣ 쏫**나무**ᄑᆞᄂᆞᆫ **쟝**ᄉᆞ: 군ᄌᆞᄂᆞᆫ 왕임 ᄒᆞ시기를 <u>바라ᄂᆞ니다</u> [매일신문 1899. 1. 18.]

㉤ **염색약 광고**: 각졈에셔도 팔고 긔외에도 다 <u>파옵</u> [만세보 1906. 10. 2.]

㉥ **염색약 광고**: 룡표와쏫표와◇표ᄂᆞᆫ세상에뎨일<u>물곰</u> [만세보 1907. 6. 12.]

(25)

㉠ 쎠**루너못든社의 표백제 소다 광고**: 此各種소다ᄅᆞᆯ<u>買得ᄒᆞᆯ事</u> [황성신문 1899. 11. 14.]

㉡ **소다發賣所告白**: 本發賣所로 來購試用ᄒᆞ심을 <u>切望</u> [황성신문 1902. 3. 19.]

㉢ **日韓書房 광고**: 最適ᄒᆞᆫ圖書를<u>販賣ᄒᆞᆷ</u> [만세보 1906. 9. 7.]

㉣ **濟生堂大葯房 광고**: 陸續注文ᄒᆞ심을要望 遠地에는小包郵便으로<u>信送ᄒᆞᆷ</u> [황성신문 1908. 11. 3.]

㉤ **졔**ᄉᆡᆼ**당**ᄃᆡ**약방 광고**: 注文ᄒᆞ심을<u>敬望</u> [대한ᄆᆡ일신보 1908. 12. 20.]

---

16 〈그리스도신문〉은 선교사 언더우드가 발간한 주간신문이다. 자료에 이 광고가 실린 연도만 표시되어 있다.

3. 광고 전략

초기의 광고는 사업의 내용을 알리는 정도였다. 물건을 파는 상점 같으면 이러이러한 좋은 물건을 싸게 파니 많이 사가시라는 내용과 상점의 위치를 알리는 것이 거의 전부였다. 그러나 점차 일본을 비롯한 외국의 상품이 많이 유입되면서 광고도 많아지고 경쟁도 생기게 되어, 광고의 내용도 좀 더 구체적으로 되어 갔고 새로운 기법의 광고도 등장하게 되었다. 현대 광고와 비교할 수는 없지만 당시로서는 참신하게 여겨졌을 광고들도 적지 않았다. 여기서는 개화기 광고들에 사용된 표현 전략을 살펴보고자 한다. 여러 가지 전략이 사용된 경우에는 가장 두드러진 것을 중심으로 서술한다.

3.1. 특장점 제시

초기의 광고에서는 광고하는 상품을 '상등 물건', '극상품 금계랍', '죠흔 바늘' 등과 같이 막연하게 표현하여 어떤 점에서 상등인지, 다른 제품과는 어떻게 다른지 하는 정보를 전혀 주지 않는 것들이 대부분이었다. 그러나 점차 단순 고지 형식에서 발전하여 광고하는 상품이 가진 특장점(特長點)을 구체적으로 제시하는 광고가 나타나기 시작했다. 소비자들이 상품에 대한 정보를 많이 가지고 선택할 수 있게 된 것이다. 그러나 객관적 근거 없이 장점만을 지나치게 부각시키게 되면 과장 광고가 될 소지도 있었다.

먼저 '희로'(Hero) 담배 광고를 보자.

(26)

광고 大日本帝京村井兄弟商店 一手販賣

경셩진고ᄀᆡ 촌뎡형뎨샹회라 ᄒᆞᄂᆞᆫ뎐에셔 파ᄂᆞᆫ 희로라 ᄒᆞᄂᆞᆫ 지권연은 ㉠동양에 유명ᄒᆞᆫ 담ᄇᆡ라 그품이 ㉡만이라 지권연보다 더 낫고 갑도 ᄆᆡ오 렴ᄒᆞ야 열개 너흔 ᄒᆞᆫ갑에 엽젼 두돈 오십갑 너흔 ᄒᆞᆫ함에 엽젼 여ᄃᆞᆯ냥인ᄃᆡ 이왕에 파든 희로가 안이오 새로 ᄆᆞᆫ든 졀품담ᄇᆡ라 ㉡이젼 희로 보다 십ᄇᆡ나 나흐며 ㉢갑속에 랍지로 싸셔 오래 두든지 쟝마를 지내여도 곰팡나지 안이ᄒᆞ고 맛이 변ᄒᆞ지 안이 ᄒᆞ오니 ᄉᆞ방 진신 졔군ᄌᆞ 들은 그리 아시고 진고ᄀᆡ 찬화의원 건너편 소셔화샹뎜으로 차자 오시오 그 외에도 다른 지권연이 만이 잇ᄉᆞ오니 ㉣만이 사시ᄂᆞᆫ 이의게ᄂᆞᆫ 갑ᄋᆞᆯ 감ᄒᆞ야 드리겟 습ᄂᆡ다 [매일신문 1898. 9. 27.]

위의 (26)은 현대 광고에 비추어도 별 손색이 없을 만큼 여러 가지 광고 기법을 활용하고 있다. 우선 ㉠은 일종의 평판(評判) 마케팅이다. 즉 소비자들이 상품의 품질보다 다른 사람들의 평판에 더 민감하다는 점을 겨냥한 것이다. 유명 브랜드를 선호하는 소비자의 과시 심리를 자극하는 전략이다.

㉡에는 비교법과 과장법이 사용되었다. 비교 광고에서 비교 대상은 코카와 펩시의 경우처럼 타사 제품일 수도 있고, '뉴ㅇㅇ'라든지 '새ㅇㅇ'라든지 '신ㅇㅇ'라 하여 자사의 이전 모델일 수도 있는데, 이 광고에서는 그 두 가지를 다 사용하고 있다. 마닐라('만이라') 지권연보다 낫다고 타제품과 비교하는 한편, 자사의 이전 제품과도 비교하고 있다. 그런데 이전 제품보다 십 배나 좋아졌다는 부분은 명백히 과장일 뿐 아니라 논리적으로도 함정을 포함하고 있다. 이전 제품보다 십 배나 좋아졌다면 이전 담배는 피울 수가 없을 만큼 형편없었다는 뜻이 되는 것

이다. 비교 기법은 이후의 광고에도 이어져서, 다시 또 비교할 필요가 생기니까 뒤의 (30)에서처럼 '식히이로賞品'이라고 하여 이중으로 '업그레이드' 표시를 하였다.

㉢은 소비자들이 골치를 썩는 문제를 알아서 해결해 주는 '생활 속의 문제 해결형'(Problems and Solutions)[17] 광고이다. 어른 앞에서는 감히 피울 수도 없을 만큼 귀중품이었던 담배가, 애지중지 아끼다가 장마 이후에 꺼내 보니 곰팡이가 슬었다면! 바로 이런 문제를 '랍지'[18]로 포장함으로써 해결한 첨단의 상품이라니 얼마나 솔깃한가. 게다가 ㉣에서는 많이 사는 고객에게 값을 할인해 준다고 하여 망설이는 고객의 결심을 재촉하고 있다. '동양에서 유명한, 품질이 십 배나 좋아진, 소비자가 원하던 바로 그 물건을, 값까지 할인해서' 판다고 하는 이 광고는 광고의 요건을 두루 갖춘 예라 하겠다.

3.2. 외국 선망 심리 자극

개화기의 광고들을 보면 이전까지의 삶에서는 없어도 별로 불편하지 않았을 이런 저런 소비품들이 물밀듯이 들어와 새로운 수요를 창출하기 위해 경쟁하던 상황을 엿볼 수 있다. 그 방법으로서 외국에 대한 선망을 부채질하는 광고가 자주 눈에 띈다. 미국과 같이 비교적 잘 알려진 나라뿐 아니라 이집트라든지 터키 같은 나라도 광고에 등장한다. 기본적으로 거의가 수입품 광고였으므로 다른 나라 이름이 언급되는

---

17 이화자(1998:103) 참고.

18 蠟紙. 밀랍이나 백랍 따위를 입힌 종이. 방습, 방수를 위한 포장용으로 쓴다.

정도는 보통이었지만, 그에 더해 미국 중에서도 버지니아('파아지니아')라든지 이집트('애급')의 카이로('가이로') 같은 구체적인 지역 이름까지 언급을 하면 더 새롭고 신기했을 것이다. 이러한 기법은 담배 광고에서 자주 사용되었는데, 전통적으로 담뱃대에 가루담배를 재워 피워 온 사람들에게 먼 이역에서 온 권연은 편리하고도 '모던'한 신문물의 상징으로 다가갔을 것이다.

(27)

샹등지권연초광고

ᄃᆡ한국쳠군자는평안ᄒᆞ시다ᄒᆞ니깁부기측냥업ᄉᆞ외다각셜우리회사로제죠ᄒᆞ는골연초(호오니)(히이로)는[19]……향긔만고빗치됴흔거스로유명한(도르고)「土耳古」의담베닙히하고미국「米國」파아지니아에셔나는담바를ᄀᆞᆯ희여만이석어셔공묘ᄒᆞᆫ긔계로골닌거시니…… [뎨국신문 1902. 8. 20.]

(28)

各種埃及紙捲烟直輸入廣告

弊店一手販賣의埃及紙捲烟은同國「가이로」府(우아후이야지스)商會에셔製造ᄒᆞᆫ거신ᄃᆡ…… [만세보 1906. 11. 2.]

담배와 같이 대량 생산되어 품질이 비교적 균일한 물건을 팔기 위해서는 상품의 내재적 가치 위에 그 상품이 갖지 않은 상징적 가치까지 얹어서 팔아야 하는데, 가장 효과적인 방법은 그 상품을 둘러싸고 있는 언어를 변화시키는 것이다. 예를 들면 광고 언어에 발음도 신기하고 그 뜻도 알 수 없는 신비스러운 외국어를 사용하는 것이다. 당시의 담배 광고들을 보면 다음 (29)와 같이 발음하기도 힘든 원어를 그대로 이

19 앞의 (26)에서는 '희로'로 표기했다. 아직 외래어 표기법이 확립되지 않았을 때였다.

름으로 사용하고 있었다. 뭔가 새롭고 이국적인 느낌을 주기 위해서였음을 짐작하기 어렵지 않다. 'Golden Bat', 'Spider', 'Telescope' 담배 광고에는 한글음도 달아놓지 않았다.

(29)

호옴(Home), 하아로(Hallo), 고인(Gold Coin), 바진(Virgin), 호니(Honey), ᄭᅩᆯ루도후잇슈(Goldfish), 리리이(Lily), Golden Bat, Spider, Telescope 등

3.3. 아부하기

광고에는 소비자에게 아부하는 표현이 흔히 들어간다. 다음 (30)의 '히이로'(Hero) 담배 광고를 보면 소비자를 가장 높은 곳에 모셔놓은 듯이 표현한 것을 볼 수 있다.

(30)

上等紙卷烟草 ᄉᆡ히이로賞品광고

㉠대한국 여러분게셔 더옥 ᄐᆡ평 ᄒᆞ시와 소일 ᄒᆞ오시니 반가옴을 엇지 측냥 ᄒᆞ리오 우리 가가에셔 졔죠 ᄒᆞ야 파ᄂᆞᆫ 권년쵸 히이로ᄂᆞᆫ 여러분의 ㉡놉푸신 은덕으로 말ᄆᆡ아마 날과 달에 졈졈 번셩 ᄒᆞ오니 감사ᄒᆞᆫ 마음과 깃분 뜻즐 엇지 다만 지필노 다ᄒᆞᆯ수 잇ᄉᆞ오릿가 그런고로 이번 우리 가가에셔 여러분의 거록 ᄒᆞ신 은혜 만분의 일을 갑고져 ᄒᆞ와 ㉢히이로 오십ᄀᆡ를 노흔 큰 함쇽에 필년 우ᄀᆡᄒᆞᆫ 샹품 ᄒᆞ나흘 노흘 거시니 원컨ᄃᆡ 대한 여러분게셔 ㉣일젼보다 갑졀이나 사가심을 쳔만이나 바라옵ᄂᆞ이다 [독립신문 1899. 7. 12.]

이 담배의 다른 광고들에 대해서는 앞서 (26), (27)에서도 언급한 바 있는데, 광고주인 '촌정형제상점'은 당시의 유력한 광고주로서 (30)은 신문 한 면의 2/3를 차지하는 대형 광고였다. 대형 광고답게 카피도 더 세련돼졌다. ㉡에서 소비자를 가장 높은 자리에 모시겠다는 마음을 표현하고 있는데, '놉푸신 은덕'이라든지 '거록ᄒᆞ신 은혜'는 소비자를 존중하는 정도를 넘어 아부에 이르고 있다.

㉠과 ㉣에는 의미론적 전제(presupposition)가 포함되어 있다. '대한국 여러분게셔 더옥 ᄐᆡ평 ᄒᆞ시와 소일 ᄒᆞ오시니'라는 내용은 '그렇다', '아니다'라는 사전 지식이 주어져 있지 않음에도 화자 측에서 일방적으로 '그렇다'라고 전제한 부분이다. 그러한 상황은 누구라도 되고 싶은 것이므로 굳이 '아니다'라고 부인할 필요가 없게 되고, 그럼으로써 소비자는 광고주의 말에 자신도 모르게 동의를 하기 시작하는 것이다. '일젼보다 갑졀이나 사가심을'도 마찬가지다. 실제로 그 담배를 한 번도 안 사 본 사람이라 할지라도 "난 산 적 없는데?"라는 반응을 보이기보다는 "남들도 다 산(샀)다는데 나도 사야지."와 같은 반응을 보이게 되는 것이다.

㉢에서는 50개 한 상자(함)에 한 갑씩을 더 준다는 사은품 약속을 빠뜨리지 않고 있다. 이왕 살 것이라면 사은품을 받을 수 있게 상자로 사라고 소비자의 결심을 촉구하는 것이다. 소비자에게 할인이나 사은품처럼 매력 있는 것도 드물 테니까.

3.4. 협박하기

'아부하기'와는 반대로 '협박하기' 광고도 있다. 다음 (31)은 '龜屋商廛' 광고인데, 맥주를 안 마시면 개화인이 아니라고 협박하고 있다. 그러나 뒤집어 보면 맥주를 마시는 사람은 개화인이라는 뜻이 되어 겉으로는 협박하고 있지만 아부의 한 방법이라고 볼 수도 있겠다. 게다가 이 맥주를 한국과 일본의 궁에서 어용하는 것이라고 하여, 이 맥주를 마시는 사람이 신분 상승의 느낌을 갖게끔 유도하고 있다. 한국과 일본의 궁에서 마신다는 것은 유명인 추천 광고 기법이다. 한문에 이어 혼용문으로 풀어 놓은 카피가 이어지는데 혼용문 부분은 인용하지 않는다.

(31)

ㅇ大韓帝國宮內府御用 ㅇ大日本宮內省御用

ㅇ可飮可飮可飮麥酒不飮麥酒者非開化之人 [황성신문 1903. 4. 1.]

3.5. 사용자의 증언

실제 사용자가 등장하여 상품을 사용해 본 소감을 말하게 하는 증언 광고(testimonial advertising)의 재미있는 사례가 있다. 포목전 주인 세 명이 자신의 영업 장소와 이름을 밝히고, 스스로 '純소다'(표백제)를 써 본 소감을 말하며 다른 사람에게 적극 권하는 내용이다. 사용자의 경험담이야말로 신뢰도를 높이는 첫걸음이라는 사실을 알고 있었던 것이다.

이 광고는 '슌소다'를 양잿물과 비교하는 비교 기법을 사용하였으며[20] 양잿물의 문제점을 해결해 준다는 면에서는 '생활 속의 문제 해결형' 광고의 성격도 겸한다. 양잿물은 그 이름의 '洋'에 나타나듯이 서양에서 들여온 잿물이라는 뜻으로, 빨래하는 데 쓰이는 수산화나트륨을 이르는 말이다. 짚이나 나무를 태워 그 재를 우려 만든 잿물을 쓰던 시대에 양잿물만 해도 새로운 것인데 그보다 더 좋은 표백제가 나왔다는 것이다.

세 사람의 증언 내용은 비슷한데 그 중 하나를 인용하면 다음과 같다. 써 보니까 옷감도 상하지 않고 색도 깨끗하며 값도 비싸지 않다는 내용이다.

(32)

純소다 瀑白廣告

근ᄅᆡ 양ᄌᆡ물 쓴후로 각죵 필육이 마니 손샹ᄒᆞ는고로 본인 포ᄇᆡᆨ소에셔 슌소다로 여러번 포ᄇᆡᆨᄒᆞᆫ즉 물건이 조금도 손샹치 아니ᄒᆞ고 ᄉᆡᆨ갈도 ᄭᆡ긋ᄒᆞ며 공젼도양ᄌᆡ물 포ᄇᆡᆨ보다 더ᄒᆞ지 아니ᄒᆞ오니 각쳐 포목뎐 쥬인이시던지 약간 필육 포ᄇᆡᆨᄒᆞ시랴는이는 본인의 포ᄇᆡᆨ소나 황토현 소다 발ᄆᆡ소로 와셔 말ᄉᆞᆷᄒᆞ시면 잘 슈응 ᄒᆞ오리다

창의문밧포ᄇᆡᆨ쥬인 閔秉順고ᄇᆡᆨ [뎨국신문 1902. 10. 25]

당시에 담배 광고 못지않게 많았던 것이 표백제와 염색약 광고였다. 염색약 광고 중에서 1907년 6월 12일자 〈만세보〉에 실린 광고가 만화

20 〈황성신문〉(1903. 9. 23.)의 '숄표셕유'(松票石油) 광고도 비교 광고이다. 내용을 말로 설명할 뿐 아니라, 숄표 셕유로 켠 등은 완전 연소되어 환한데 '他票油'로 켠 등은 그을음이 많이 나고 어두운 모양을 삽화로 나타내고 있다.

를 사용한 점에서 눈길을 끈다(앞의 (24)㉥ 참조). 화로에 빨래를 삶는 한 여성과, 빨래 방망이로 옷감을 두드려 빠는 또 한 여성이 등장하여 일본제 염색약의 우수성을 말하는 장면이 만화로 표현되어 있다. 만화이지만 사용자가 등장하는 점에서 일종의 증언 광고로 볼 수 있다. 순한글로 표기하고 만화까지 활용한 점에서 염색약의 실제 소비층인 여성들에게 쉽게 다가가려는 노력이 엿보인다.

익명의 소비자끼리 대화를 나누는 형식의 광고도 선보였다. 1909년 11월 14일자 〈대한ᄆᆡ일신보〉에 실린 '淸心保命丹'(濟生堂) 광고의 제목은 '참조흔걸'이다.

(33)
ㅇ旅行ᄒᆞᆯᄯᅢ나,집에잇슬ᄯᅢ에,恒常몸에진일藥은淸心保命丹밧게ᄯᅩ어ᄃᆡ잇나
참그럿치
ㅇ年年이冬節이면痰빗고기침ᄒᆞᄂᆞᆫ사ᄅᆞᆷ이오작만ᄒᆞᆫ가,그것슨우리나라土疾일세,다른ᄒᆡᄂᆞᆫ고만두고昨年겨울만ᄒᆞ야도,그藥먹고效驗본사ᄅᆞᆷ이萬餘名에達ᄒᆞ엿다네,
응藥이야참조치
ㅇ그쌘인가今年怪疾에……

이와 같은 대화가 일곱 토막이 이어져서, 마지막 대화는 그 약을 파는 곳을 묻고 대답하는 것으로 끝난다. 이 광고는 한자를 섞어 표기하고 있기는 하지만, 일상적인 구어체로서 라디오 드라마 대본을 연상하게 한다. 이 광고는 광고주가 소비자에게 직접 알리는 방식이었던 종래의 화법에서 벗어났다는 점에서 의미가 크다. 이 광고에서 소비자는

청자가 아니라 광고 속에 등장하는 두 인물의 대화를 듣고 그에 따라 판단하는 관찰자로 설정되어 있다. 그에 따라 정보는 더욱 객관성을 띠고 소비자에게 다가오게 된다.

3.6. 과장

'靈藥 萬金丹'은 토사, 복통, 두통은 물론 더위와 추위도 덜어 주고 식중독, 현기증, 식욕결핍, 氣鬱까지도 치료해 준다고 광고하고 있다. 결국 만병통치라는 뜻인데, 그뿐 아니라 온갖 병이 있는 사람은 물론이고 병이 없는 사람도 먹어야 한다고 하였다. 허위 과장 광고의 전형적인 예라 할 것이다. 소비자를 '신사와 귀부인'이라고 불러서 아부하기도 잊지 않았다.

(34)

……諸病에用ᄒᆞ면大効를直奏ᄒᆞ며無病ᄒᆞᆫ人이라도恒用ᄒᆞ면胃를淸ᄒᆞ며神을爽ᄒᆞᄂᆞ니故로大韓國紳士及貴婦人에게須臾도離치못ᄒᆞᆯ靈劑오

(가격과 판매처 생략)

寶丹及千金丹보다優等ᄒᆞᆫ良劑외다 [황성신문 1900. 6. 6.]

맨 끝에 한 줄 덧붙인 내용은 '보단'이나 '천금단'보다 우수한 약이라는 내용의 비교 광고이다. '만금단'은 이름부터가 의도적이다. 이름대로라면 '千金丹'보다는 '萬金丹'이 열 배쯤 우수할 테니까.

당시의 약 광고는 거의가 만병통치를 선전하는 과장 광고였다. '팔보단' 광고를 보자. 이 약만 있으면 병원이 필요 없을 것이다. 그 시대

에는 생전 처음으로 차를 타 보는 사람들이 차멀미를 많이 하였던 듯하다. 만금단, 팔보단, 인단 같은 '~단' 류 약의 효능에서 차멀미 해소가 빠지지 않았다.

(35)

(이약에 쥬치효능은 이와갓쇼) 체증과 흉복통과 현위두통과 빅나 챠 멀미와 담 히소의 뎨일이오 항샹 쟝복ᄒᆞ면 듣병을 예방ᄒᆞ고 입에 악취를 졔ᄒᆞᄂᆞᆫ 묘약이올시다…… [대한미일신보 1910. 1. 18.]

이 무렵 광고들은 '솜ᄐᆞᄂᆞᆫ 긔계'(대한미일신보 1910. 7. 6.) 하나라도 '동양에뎨일진보ᄒᆞᆫ긔계'라고 선전할 만큼 과장 광고가 흔했다. 〈황성신문〉(1910. 7. 27.)에 실린 '救世醫院' 광고에서는 심지어 '神仙되기를願ᄒᆞ고不死藥을求ᄒᆞ시ᄂᆞᆫ兄弟姉妹ᄂᆞᆫ' 신속히 청구하라고 할 정도였다.

3.7. 경품 및 시제품 무료 제공

사은품이나 경품 제공을 주요 내용으로 하는 광고도 흔했다. 일종의 행사 광고라 할 수 있다. 앞의 '히이로' 담배 광고들에서도 보았듯이 그 당시에도 담배의 시장 쟁탈전이 치열했다. 다음 담배 광고에서는 자기네 회사에서 파는 담배의 빈 갑을 가져오면 프랑스 파리에서 새로 들어온 영화 입장권을 주겠다고 선전하고 있다. 요즘도 과자 포장지의 상표나 어떤 표시를 오려서 보내면 경품을 주는 광고를 흔히 볼 수 있다.

(36)

法國巴京에셔新購入ᄒᆞᆫ活動寫眞

英美烟草株式會社에셔製造ᄒᆞᆫ有名ᄒᆞᆫ紙卷煙草空匣을持來ᄒᆞ시면許入ᄒᆞᆷ [英美烟草株式會社, 황성신문 1908. 6. 4.]

새로운 제품을 만들었으니 한번 무료로 사용해 보시라는 광고는 요즘도 '○○ 승용차 시승단 모집' 같은 데서 볼 수 있다. 다음 예가 그러한 광고이다. 내용으로 보면 혹시 '공익광고'가 아닌가 생각될 정도이지만 약국 선전 광고이다. 이 광고를 통해서 당시 우리 사회에 유입되었던 아편이 심각한 사회 문제를 일으키고 있음을 엿볼 수 있다.

(37)

근일각쳐에아편으로해를당ᄒᆞ고ᄯᅩ어리셕은사ᄅᆞᆷ들이ᄂᆞᆷ의빗을만히지고도아편을먹고죽ᄂᆞᆫ폐가죵죵잇스니가히탄식ᄒᆞᆯ일이로다내가오ᄅᆡ시험ᄒᆞᆫ됴ᄒᆞᆫ약이잇스니만일아편을먹고죽게된사ᄅᆞᆷ이잇거든속히와약을갓다쓰시되약갑슨ᄒᆞᆫ푼도밧지안니ᄒᆞᄋᆞᆸᄂᆞ이다 [小廣橋華商榮大亨欒千旃 白, 대한ᄆᆡ일신보 1908. 8. 20.]

3.8. 애국심 고취

일본의 침략 의지가 노골화됨에 따라, 민족의 장래에 위기의식을 느끼는 분위기가 다음과 같은 광고에 반영되어 있다. 공동의 선(善)인 애국심이나 민족의식에 호소함으로써 소비자의 공감과 동참을 이끌어내려는 것이다. 최근에 월드컵을 홍보에 이용한 사례라든지, '8.15 콜라'

런칭 광고('콜라 독립 만세!' 1998)에서도 활용되었던 기법이다. 이 광고가 실린 시기가 한일 병합 직전이었던 것을 생각해 보면, 외세의 침략을 걱정하는 사람들에게 이 광고가 호소력이 있었을 것이다. (38)은 '한양상회' 광고로서 자신들의 애국적 행위를 홍보하는 기업광고 성격을 띠고 있다.[21] (39)도 같은 광고주의 광고로서 보다 적극적으로 소비자의 동참을 호소하고 있다.

(38)

……同胞로뻐商工에有意ᄒᆞ야新案의物品을製造ᄒᆞ며或은確實ᄒᆞᆫ事業에對ᄒᆞ야ᄂᆞᆫ多大ᄒᆞᆫ手數와金錢을不惜ᄒᆞ고韋助啓導ᄒᆞ야뻐此를成功케ᄒᆞᄂᆞᆫ者도오작우리漢陽商會요

本邦의物産을輸出ᄒᆞ야海外의金融을吸引ᄒᆞᄂᆞᆫ者도오작우리漢陽商會요

(중략)

噫라似而不然ᄒᆞᆫ韓國人은已어니와진실노眞正ᄒᆞᆫ大韓國人으로漢陽商會를不愛ᄒᆞᄂᆞᆫ者ᄂᆞᆫ吾輩ᄂᆞᆫ일즉不見ᄒᆞ얏도다 [황성신문 1910. 6. 30.]

(39)

品質이同一이면外國物産을排ᄒᆞ고我邦産品을取用ᄒᆞᆷ이國民의本領이아닌가

不得已外國産品을使用치아니치못ᄒᆞᆯ境遇에ᄂᆞᆫ價格이同一커던同胞商會에셔求ᄒᆞᆷ이吾人의本意ㅣ아닌가(이하 생략) [황성신문 1910. 7. 10.]

'한양상회'는 광고에 남다른 감각이 있었던 듯하다. 단순한 사원모집 광고라도 다음과 같이 강렬한 인상을 주는 격문투로 만들었다. 외

21 그런데 '한양상회'에서 수입한 물건들이 '歐美雜貨, 洋酒食料品, 旅行用具, 高等文房具와, 土耳其, 埃及, 마닐라, 하바나 烟草' 등인 것을 보면, 광고문 내용과는 관계없이 요즘으로 치면 사치 소비재를 주로 수입하는 업체였던 듯하다.

래의 문물이 유입됨에 따라 전통적인 가족제도의 틀 속에 묶여 있던 젊은이들이 막연하게나마 경제적 정신적 독립을 꿈꾸기 시작했을 무렵 다음과 같은 광고가 그들의 독립 의지를 부추겼을지도 모른다.

(40)
우남녀뎜원몃명을모집ᄒᆞ오니제가버러먹고살졍신잇고실디경험의샹업가되기를원ᄒᆞᄂᆞᆫ쳥년은본월삼십일샹오십시에본뎜으로ᄅᆡ의ᄒᆞᆯᄉᆞ [대한ᄆᆡ일신보 1910. 3. 18.]

4. 결론

본 장에서는 개화기의 광고에 대하여 언어 표현 기법을 중심으로 고찰하였다. 구체적인 사례 제시에 앞서 우리나라 최초의 광고에 대하여 간단히 언급하였다.

개화기의 광고문에서는 소비자를 대우하기 위한 수단으로 띄어쓰기와 경어법을 활용하였다. 띄어쓰기는 존경하는 대상 앞을 한 칸 띄는 방법과, 존경하는 대상이 맨 위, 또는 맨 앞에 놓이도록 줄을 바꾸는 방법이 사용되었다. 한문 광고문에서는 띄어쓰기가, 한글 광고에서는 줄 바꾸기가 사용되었으며, 국한 혼용문 광고에서는 띄어쓰기와 줄 바꾸기가 모두 활용되었다.

초기의 광고문은 기사문과 마찬가지로 경어법에 중립적인 해라체를 사용하였다. 그러나 점차 광고문은 하오체와 합쇼체(또는 하소서체)를 사용하여 독자(소비자)를 존대하는 표현으로 바뀌었다. 광고의 타깃과 전략에 따라 경어법의 등급을 달리 선택한 사례도 있었다.

초기의 광고는 말 그대로 내용을 알리는 정도였지만 점차 다양한 광고 기법이 구사되기 시작했다. 개화기 광고들의 표현 전략으로는 특장점 제시, 외국 선망 심리 자극, 아부하기, 협박하기, 사용자의 증언, 과장과 비교, 경품 및 시제품 무료 제공, 애국심 고취 등을 들 수 있다. 현대 광고 못지않게 다양한 기법을 보여 주는 광고도 눈에 띄었다. 현대 광고에서는 비주얼이라든지 음악 같은 비언어적인 요소의 비중이 커졌지만 개화기의 광고에서는 언어 표현이 거의 전부였다.

참고문헌

강명자(1969), "한국 신문 반세기에 나타난 광고문의 변천", 신문평론 여름호.

고동화(1996), "카피", 한국광고 100년 상, 한국광고단체연합회.

김완석(1992), "광고 언어의 심리학", 새국어생활 2-2, 국립국어연구원.

김원규(1998), 카피, 카피라이팅, 카피라이터, 서울: 나남출판.

김충기(1995), "광고 매체의 어제와 오늘", 한국광고학회 편, 한국의 광고.

민현식(1999), 국어 정서법 연구, 서울: 태학사.

박효식 · 양영종(1997), 현대사회광고론, 대구: 형설출판사.

신인섭(1986), 한국광고사, 서울: 나남출판.

신인섭(1990), 광고학입문, 서울: 나남출판.

신인섭(1992), "우리 나라 광고 언어의 변천사", 새국어생활 2-2, 국립국어연구원.

윤호섭(1995), "근대 인쇄광고의 표현적 구성요소에 관한 연구", 한국광고학회 편, 한국의 광고.

이경우(1994), "갑오경장기의 문법", 새국어생활 4-4, 국립국어연구원.

이석주 외 5인(2002), 대중매체와 언어, 서울: 역락.

이현우(1998), 광고와 언어, 서울: 커뮤니케이션북스.

이화자(1998), 광고표현론, 서울: 나남출판.

장경희(1992), "광고 언어의 유형과 특성", 새국어생활 2-2, 국립국어연구원.

정진석(1996), "통사-광복 이전", 한국광고 100년 상, 한국광고단체연합회.

채완(2003), "개화기 광고문의 표현 기법", 한국어 의미학 12, 한국어 의미학회.

최태영(1998), "19세기말 국어의 띄어쓰기-독립신문을 중심으로", 국어국문학 121, 국어국문학회.

최형용(2000), "광고 전략과 언어적 중의성", 텍스트언어학 9.

한국광고단체연합회 편(1996), 한국광고 100년 상 · 하.

한국광고학회 편(1995), 한국의 광고.

광고정보센터, http://www.adic.co.kr/.

한성순보, 한성주보, http://www.koreaa2z.com/hanseong/

제2장
개화기 광고문의 문체

1. 서론

조선시대의 끝자락을 쥔 채 외래 문물을 받아들이기 시작하던 당시의 시대상처럼 개화기의 광고문에도 과거와 현재가 공존하고 있었다. 전통적인 한문으로 된 광고가 있었는가 하면, 한글 전용문, 국한 혼용문에 영문 광고까지 있었다. 일본어가 포함된 광고도 드물지만 있었다.

광고문은 당대의 소비 생활과 언어생활을 거울처럼 비춰주는 흥미롭고도 소중한 자료다. 그러나 국어 연구에 있어서 광고문이 진지한 고찰 대상이 된 일은 많지 않았고,[22] 국어사 연구 자료로서 따로 언급되지도 않아 왔다. 그간 개화기를 대상으로 한 광고 연구는 언어보다는 사회문화사적 관점에서 이루어진 경우가 대부분이었다. 그리하여

---

22 개화기 광고문을 언어적으로 분석한 연구는 개화기 광고문의 표현 기법을 다룬 채완(2003)이 있다. 광복 이전 광고를 전반적으로 다룬 연구는 정진석(1996), 〈독립신문〉에 실린 광고를 다룬 연구로는 김광수(1997), 박영준(2005)이 참고 된다. 김형철(1994)에서는 개화기 국어의 문체를 잘 정리하고 있으나 광고문을 따로 구별하지 않고 신문 자료로 다루었다. 김형철(1994)의 예문 중 (7), (9a), (9b)의 3 건만이 신문 광고문이다.

본 장에서는 개화기의 광고문이 펼쳐 놓은 다채로운 스펙트럼 중에서 표기 문자의 측면에서 본 문체의 특성에 중점을 두어 살펴보고자 한다.

고찰 대상은 최초의 신문 광고가 실렸던 1886년부터 한일 병합(韓日倂合)이 일어났던 1910년 8월까지의 신문 광고문으로 한정한다.

2. 문자와 문체

2.1. 한문체

최초의 신문 광고문은 한문체로서 독일 무역상 '世昌洋行'의 광고인 (1)이다. (2)는 약방 광고로 역시 한문체이다.

(1)

啓者本行今開在朝鮮專收虎獺貂鼠牛馬狐狗各種皮貨幷人髮牛馬猪鬃尾角瓜蛤螺…(이하 생략) [德商世昌洋行告白, 한성주보 1886. 2. 22.]

(2)

啓者近因旱澇不適赫炎代序怪疾盛行生□受傷卽中國所…(이하 생략)[23] [同壽館告白, 한성주보 1886. 7. 5.]

이 광고들이 실린 〈한성주보〉(漢城周報)가 국한 혼용문 신문이었는데 광고문은 한문으로 작성되었다는 점이 우선 눈에 띈다. (1), (2)는 소리 내어 읽었을 때 우리말이 되지 않으므로 우리말 광고라 할 수 없

23 콜레라가 유행할 때 실린 약방 광고. 광고 내용 중에 약 처방도 있다.

다. 광고문은 문자 그대로 '널리 알리는' 글이므로 되도록 많은 사람이 읽어야 하는데, 한문이 공식적인 문자로서 권위를 지녔던 시대라 하더라도 한문 교육이 특수 계층에게만 베풀어지던 시대에 이러한 광고는 독자의 폭을 상당히 좁혔을 것이다. 당시는 교육이 보편화되기 이전이라서 독자들의 문자 해독 능력에 차이가 클 때였으므로, 신문들은 목표 독자를 누구로 설정하느냐에 따라 문체를 달리 선택하였다. 서민과 부녀자를 겨냥한 〈데국신문〉과 진취적인 젊은 층을 이끌어 나가고자 했던 〈독립신문〉이 한글체[24]로 기사를 작성한 것은 그러한 전략을 보여 주는 것이다. 독자들은 읽기 편한 문체로 된 매체를 선택한다고 전제할 때 국한 혼용문 신문에 굳이 한문체 광고를 실었던 것은 의아한 일이다.

문체 선택에 있어 독자층에 더욱 민감할 수밖에 없는 광고문의 특성으로 볼 때, (1), (2)가 기본적인 목적에 반하면서까지 한문체 광고를 내보냈다는 것은 광고 문체의 선택이 가독성(可讀性)에 의해서만 결정되는 것은 아니라는 것을 말해 준다. 이 광고들이 한문으로 작성되었다는 사실은 한문만으로 문자 생활이 가능한 계층을 목표 소비자(target)로 설정했다는 것을 의미한다. 목표 소비자를 누구로 설정하느냐에 따라 그들이 지향하거나 적극적으로 수용하는 문체를 선택하는 것이다. (1), (2)가 한문으로 작성되었다는 사실은 광고를 수용하고 상품을 구매할 계층을 양보다는 질에 목표를 두어, 소비의 주도권을 쥔

24 흔히 한글 전용 신문으로 분류되어 온 매체라 하더라도 한자가 한 글자도 안 쓰인 것은 아니다. 〈독립신문〉도 초창기와는 달리 뒤로 갈수록 한자 표기가 늘어 갔다. '한글 전용문'은 〈독립신문〉 초기와 같이 한자가 한 글자도 안 쓰인 문장을 가리키고, '한글체'는 한자가 단독으로 노출되지 않고 병기된 글도 포함하며, 광고문의 경우 헤드라인이나 광고주가 한자로 표기되었더라도 본문이 한글 전용이면 한글체로 분류한다.

상류 계층의 남성으로 설정했다는 것을 말해 준다.

광고 전략의 측면에서 볼 때 한문체 광고는 일종의 '공손 전략' 내지는 '아부하기 전략'으로 해석된다. 어려운 용어나 외래어, 한문을 섞어 씀으로써 상대에 대한 존경심을 표현하는 전략이다. 현대의 아파트 이름에서 비싼 아파트일수록 알기 어려운 외국어 이름을 붙이는 것과도 상통되는 표현 전략이다(채완 2004:241 참조). '공부를 많이 하신 분이니까 이 정도는 아시겠지요.'라는 전제를 깔고 광고문의 독자를 유식한 계층으로 설정함으로써, 설령 그렇지 못한 독자들이라 하더라도 광고가 말하는 것이 뭔가 상층 계급에 속한 것이라는 인식을 무의식중에 갖게 하여, 그에 따른 권위와 신뢰성을 부여하는 표현 기법이다.

그러나 광고의 특성에 맞지 않는 한문체 광고는 오래 가지 못했다. 이후에도 한자로만 이루어진 변호사 개업 광고(황성신문 1904. 10. 4.)나, 책 제목과 저자, 출판사만을 한자로 표기한 광고(欽欽新書, 황성신문 1901. 7. 23.)가 있었으나 문장 형식을 이룬 한문체 광고는 거의 사라졌다.

한문체 광고가 바로 자취를 감추게 된 것은 꼭 한문을 이해할 수 있는 독자의 수가 적은 것이 이유라고만은 할 수 없다. 당시 한문보다 훨씬 적은 수의 독자를 가졌을 영문체 광고가 오히려 한문체 광고보다 많았던 것이다. 당시에 영문으로 된 신문과 잡지가 발간되면서 영문 광고를 실었던 것인데, 그것은 영어를 해독할 수 있는 계층이 많아서였기 때문이 아니라 새로운 사조와 문물을 영어에 실어 전달함으로써 '새로움'의 효과를 배가시키려는 전략이었던 것이다. 근대화의 물결이 밀려들어 오는 사회 분위기 속에서 한문은 이미 지나간 것, 낡은 것이라는 인식을 벗어나기 어려웠고, 그러한 낡은 그릇에 새로운 문물을 담아서 소개할 수는 없었던 것이다.

또한 일본 등을 통해 쏟아져 들어오기 시작했던 서구의 언어로 된 상품명과 상표명을 뜻글자인 한자로 표기하는 것이 너무 어려웠던 것도 한문체 광고를 사라지게 한 이유의 하나가 되었다. 예컨대 〈뎨국신문〉(1900. 4. 9.)에 실었던 '村井兄弟商會'의 담배 광고는 전문을 한자로 표기하고도 '호니, 새 히이로, 바진[25]'이라는 담배 상표는 한글로 표기하였다. 그리하여 한문체 광고는 자연스럽게 한글, 한자 혼용체나 한글체에 자리를 내어주게 되었다.

2.2. 한글, 한자 혼용체

한자 표기가 주가 되고 연결어 정도만 한글로 표기한 한글, 한자 혼용체[26] 광고가 나오면서 비로소 우리말 광고가 시작되었다고 할 수 있다. 한자어가 많고 모든 한자어가 한자로 표기되어 있더라도 조사와 어미가 있는 우리말 문장이므로 중국의 문어인 한문 광고보다 쉽게 접근할 수 있었다. 가령 문자를 모르는 사람에게 한문 광고문을 읽어 주면 전혀 알아들을 수 없지만, 혼용문을 읽어 준다면 단어에서는 막힐지언정 문장 자체를 이해하고 뜻을 파악하는 일은 그리 어렵지 않을 것이기 때문이다. 광고문을 '읽고 이해하기'의 관점이 아니라 '듣고 이해하기'의 관점에서 본다면 혼용체 광고로부터 우리말 광고가 시작되었다고 할 수 있다. 일한(日漢) 혼용문의 영향을 받은 국한(國漢) 혼용문은

---

25 Honey, Hero, Virgin.

26 이하 '혼용체'로 부름.

이후 개화기의 대표적인 문체가 되어[27] 유길준의 『서유견문』(1895)에서 그 전형을 볼 수 있다.

최초의 혼용체 광고는 다음 (3), (4)와 같은 일본인의 광고였다.

(3)

弊店이 貴國에셔開市ᄒᆞ므로부터먼져三港□에開店ᄒᆞ여漸漸興旺ᄒᆞ니진실노 貴國婦人네ᄌᆞ죠도라봄믈힘입부미니極히感謝ᄒᆞ며昨年에 貴國이□[28]荒을當ᄒᆞᄆᆡ日本穀物을마니輸入ᄒᆞ야뼈不足ᄒᆞ믈구졔ᄒᆞ야弊店이每□便에뎐ᄒᆞ여輸到ᄒᆞ야항상그賣買를便케ᄒᆞ고그價□를廉케ᄒᆞ야쟝ᄎᆞ뼈貴國에求ᄒᆞᄂᆞᆫ바를應ᄒᆞ노니此外各貨도無論大小ᄒᆞ고다弊店에□求ᄒᆞ야□務가서로興旺ᄒᆞ면利國便民ᄒᆞ미젹지아니ᄒᆞ리니이를위ᄒᆞ야廣告ᄒᆞ노라 [濱田商店, 한성주보 1886. 6. 28.]

(4)

本國大坂…(중략)…各處의셔染色法이만ᄒᆞᆫ고로其中에假法도잇고或純全ᄒᆞᆫ法도잇ᄡᅳ니眞假를알기어렵다ᄒᆞ더라…(중략)…染液製造法과染揚法을ᄭᆡ닷게ᄒᆞ노니원컨ᄃᆡ天下各國ᄉᆞᄅᆞᆷ이此業에用心ᄒᆞᄂᆞᆫ이ᄂᆞᆫ若干金圓을보ᄂᆡ여 生□ᄒᆞ기를購ᄒᆞ고겸ᄒᆞ야染色法을□에긔록ᄒᆞ노라(이하 생략) [紺色緋色其他各色染液製造及染揚法傳授廣告, 한성주보 1886. 6. 28.]

(3)은 무역회사 광고이고, (4)는 염색약 광고이다. 전통적으로 '백의민족'이라 하여 흰 옷을 즐겨 입었던 우리나라가 염색약 생산자와 판매자에게는 문자 그대로 '블루 오션'으로 보였던지 염색약 광고는 개화기부터 일제 강점기에 걸쳐 가장 활발히 광고되었던 상품 중 하나였

27 용비어천가 이래의 전통적인 국한문체와, 개화기의 혼용문체의 차이에 대해서는 민현식(1999:172~173) 참고.

28 식별이 어려운 글자는 □로 표시함.

다. (3), (4)는 일본인 광고주의 광고였으므로 일본식 용어와 문체로 작성되었다. 최초의 광고에서는 '광고'를 '告白'이라고 했는데 일본인의 광고가 들어오면서 '廣告'라는 용어가 사용되었다. '고백'은 일제 강점기까지도 간간이 쓰였으나 일본 광고의 득세로 점차 '광고'만이 쓰이게 되었다.

(3), (4)를 통해 우리는 초기 혼용체 광고의 몇 가지 특징을 볼 수 있다.

첫째, 문단 전체가 한 문장으로 된 장문이라는 점이다. (3)은 광고문 전문인데 한 문장으로 이루어져 있다. 이러한 유장(悠長)한 문체는 짧고 간결한 단문이나 때로는 문장의 주성분도 갖추지 않은 토막글로 이루어지는 현대의 광고문과는 현격한 차이를 보이고 있다. 광고문이 장문이었던 것은 당시의 일반적인 문체 특징이기도 했지만, 아직은 공급자 위주의 시장이어서 광고 물량이 많지 않아 광고비의 부담이 그리 크지 않았던 것도 한 요인이었을 것이다. 당시에는 하나의 광고를 여러 매체에 동시에 실었고 또 오랜 기간을 계속 광고하여 길게는 한 달 이상을 매일 싣기도 했다. 세창양행은 같은 광고를 몇 년 동안 거의 매일 내보냈을 정도였다.

둘째, 띄어쓰기가 안 되어 있다. 〈독립신문〉에서 본격적으로 띄어쓰기를 보급하기 전에는 국어 표기법에 경어법 띄어쓰기 이외의 어절 띄어쓰기는 사례가 드물었고, 광고문의 경우도 마찬가지였다. 한글문이 영어식 띄어쓰기를 선택한 이후에도 혼용문은 일본어처럼 붙여 쓰기를 계속하였다. 〈독립신문〉에서 혼용체 광고[29] 중 하나에 (5)㉠과 같이 띄어쓰기를 시도한 사례가 있지만 단발로 그치고 그 이후에는 다시

29 〈독립신문〉에도 혼용체 광고가 여러 건 실렸다. (39) 참조.

붙여 썼다. (5)㉡은 같은 광고가 붙여 쓰기로 실린 예다.

(5)

㉠ 本塾에셔 學科를 擴張 ᄒᆞ야 學員을 募集ᄒᆞ오니 願學 僉君子ᄂᆞᆫ 陽曆 三月 晦日[30]內로 本塾 事務所로 來問ᄒᆞ십

但年齡은 十五歲로 三十歲 ᄭᆞ지[31] (이하 생략) [漢城義塾, 독립신문 1899. 3. 22[32]]

㉡ 本塾에셔學科를擴張ᄒᆞ야學員을募集ᄒᆞ오니願學 僉君子ᄂᆞᆫ陽曆三月晦日內로本塾事務所에來問ᄒᆞ십

但年齡은十八歲로三十歲ᄭᆞ지 (이하 생략) [漢城義塾, 황성신문 1899. 3. 21.]

셋째, (3), (4)를 보면 경어법 띄어쓰기를 하고, 이인칭 경칭인 '貴國'을 썼으며, 자기네 회사는 '弊店'이라고 겸손하게 칭하면서도 종결어미는 해라체인 것이 눈에 띈다. 초기 광고문은 대체로 기사문과 같은 해라체를 썼고 주체 존대 선어말어미 '-시-'도 사용하지 않았다. 이는 하대하기 위한 의도라기보다는 신문 기사와 광고의 차이를 분명히 인식하지 않고 중립적인 문어체를 그대로 사용하였기 때문이었던 것으로 해석된다. 그러나 점차 팔고자 하는 상품이 많아짐에 따라 광고가 많아지고, 소비자의 선택권이 확대되면서 소비자를 우대하는 광고문의 문체가 형성되었다. (3), (4)보다 3년 뒤에 나온 광고인 앞의 (5)

---

30 회일=그믐날.

31 두 광고에 대상자의 나이가 달리 표시되어 있다. 〈황성신문〉에는 18세 이상으로, 〈독립신문〉에는 15세 이상으로 나와 있다.

32 이 광고는 3월 22일부터 29일까지 매일 실렸다. 같은 광고가 여러 날 실린 경우 하루만 표시함.

와 다음 (6), (7)을 보면 공손함을 나타내는 '-오-', 존경을 나타내는 '-시-'와 청자 존대 종결형이 사용되었음을 볼 수 있다.

(6)

甲午乙未兩年間에日淸交戰本末과我國에關ᄒᆞᆫ事ᄅᆞᆯ上海셔發刊ᄒᆞᆫ中東戰紀…(중략)…貝物廛劉鉉家에往ᄒᆞ야購去ᄒᆞ시되價文ᄋᆞᆫ每秩一册에五十錢이오 [重譯中東戰紀, 황성신문 1899. 5. 20.]

(7)

高等紙卷烟大發賣廣告

右香烟ᄋᆞᆫ日本東京의弊會社第一工場에셔原料ᄅᆞᆯ精選ᄒᆞ야써…(중략)…矯正코져ᄒᆞ오니伏願 僉君子ᄂᆞᆫ幸히一試ᄒᆞ야써此言의虛浪치아니ᄒᆞᆷ을知了ᄒᆞ심을特히謹告ᄒᆞᄋᆞᆸᄂᆞ이다 ['하아로' 담빅, 황성신문 1900. 7. 28.]

넷째, 문장부호가 거의 사용되지 않았다. 문장부호가 없더라도 연결어미로 절과 절의 의미 관계가 표시되는 국어의 특성에 따라 의미 해독에는 어려움이 없다. 혼용체 광고에 사용된 문장부호는 쉼표[33]와 괄호 정도지만 그 용례가 드물다.

(8)

㉠ 科目

經書, 日語, 地理, 歷史, 算術, 作文, 物理學, 化學, 法學, 經濟論, 政治學, 國際法 [漢城義塾, 황성신문 1899. 3. 21.]

㉡ 木材, 石材, 石炭, 煉化石, 葛, 麻, 草索, 草鞋, 葉草, 米穀, 饌需等物 [大韓國內鐵道用達會社廣告, 황성신문 1899. 7. 8.]

---

33 (8)의 '쉼표'는 아직 다른 문장부호가 전혀 쓰이지 않고 있는 상황이므로 현대 규범의 쉼표라기보다는 전통적으로 사용되어 온 '권점'일 가능성도 있다.

개화기 말기에는 표기로 보면 한자가 섞여 있으나 어휘나 문법요소의 사용 등에서 볼 때 한글체에 가까운 다음과 같은 광고문도 있었다. 대부분의 광고문이 고지체(告知體)의 밋밋한 문장이었던 시대에 (9)는 대화체로 이루어진 참신한 광고다.[34] 일제 강점기로 가면 한자 혼용 비율이 낮고 일상어를 사용한 광고들이 많아지지만(채완 2005 참조), 이 무렵의 혼용체 광고는 기본적으로 딱딱한 문어체였다. (9)와 같은 광고문은 일제 강점기에 '한자 섞인 한글체'(채완 2005:15), 즉 한글체에 일부 한자어만 한자로 표기하는 형식으로 모습을 바꾸어 존재하게 된다.

(9)

○旅行ᄒᆞᆯᄯᆡ나,집에잇슬ᄯᆡ에,恒常몸에진일藥은淸心保命丹밧게ᄯᅩ어ᄃᆡ잇나

참그럿치

○年年이冬節이면痰빗고기침ᄒᆞᄂᆞᆫ사ᄅᆞᆷ이오작만ᄒᆞᆫ가,그것슨우리나라土疾일세,다른히ᄂᆞᆫ고만두고昨年겨울만ᄒᆞ야도,그藥먹고效驗본사ᄅᆞᆷ이萬餘名에達ᄒᆞ엿다네

웅藥이야참조치

○그섄인가今年怪疾에…(이하 생략) [淸心保命丹, 대한ᄆᆡ일신보, 1909. 11. 14.]

34 김형철(1994:102)에서는 개화기의 국어 문장을 문어체와 구어체로 나누었는데, (9)는 한자 표기가 많이 사용되기는 하였지만 언문일치에 가까우므로 구어체로 분류된다고 하였다.

2.3. 한글체

우리 광고의 언어에 큰 변혁을 가져온 계기가 된 일은 한글 신문의 발간이다. 1896년에 창간된 〈독립신문〉에는 다양한 상품 광고가 한글과 영문으로 실렸다.[35] 1898년에는 〈ᄆᆡ일신문〉과 〈뎨국신문〉이 창간되어 한글문 광고들을 신게 됨에 따라, 1896년~1899년 사이의 광고는 한글문이 대세를 이루게 되었다(뒤의 (34) 참조).

(10)

셔양물건과 청국 물건을 파ᄂᆞᆫᄃᆡ 샹등셔양 슐과 각ᄉᆡᆨ 담ᄇᆡ가 만히 잇더라 [안창회샤, 독립신문 1896. 4. 7.]

(11)

世昌 洋行 **졔물포**[36]

이 회샤에셔 슈맛트라 석유를 만히 가지고 도가로 셕유 장ᄉᆞ 들의게 팔터이니 누구든지 셕유 장ᄉᆞ ᄒᆞ랴면 인천 항구 셰챵양ᄒᆡᆼ으로 셕유를 구 ᄒᆞ야 밧아다 팔면 큰리가 잇스리라 [독립신문 1897. 4. 15.]

(12)

이문샤 광고

남대문안 이문샤 ᄎᆡᆨ판에 각죵 쥬ᄌᆞ가 구비ᄒᆞ오니 누구시던지 셔ᄎᆡᆨ을 츌간코ᄌᆞ ᄒᆞ시ᄂᆞᆫ 이ᄂᆞᆫ 오시기를 ᄇᆞ라오 쥬ᄌᆞ모양은 여차홈 [ᄆᆡ일신문 1898. 4. 28.]

(13)

정동벽문 북쪽 모퉁이 벽돌집에셔 상품 금계랍과 밀가루와 석유를 파는

35 혼용체 광고도 몇 건 실렸으나 전체적인 비중으로 보면 미미한 정도였다.

36 세창양행은 회사명을 반드시 한자로 표기하였다.

ᄃᆡ 갑도적고 물건이 됴흐니 와셔들 사가시오 [고살기 상점, 뎨국신문 1898. 9. 20.]

한글체 광고의 특징은 다음과 같이 정리된다.

첫째, 어려운 한자어가 적게 사용되고 고유어, 일상어가 사용되어 언문일치로 한 걸음 다가간 모습을 보인다. 한글체 광고는 표기 문자나 어휘만 달라진 것이 아니라 혼용체에 비해 문장이 짧아지고 구조도 단순해져서 구어체에 보다 가까워졌다.[37] 같은 내용의 광고를 한글체와 혼용체로 각각 실었던 사례들을 살펴보면 (14)처럼 표기 문자만을 한글로 바꾼 정도로 거의 일치하는 경우도 있지만, 대부분 (15), (16)처럼 아예 문장 자체를 바꾸어 혼용체와 한글체의 문체적 차이를 뚜렷이 대비시켜 주고 있다.

(14)

㉠ 본샤에셔각ᄉᆡᆨ피물을렴가로매ᄆᆡᄒᆞ오니

쳠군ᄌᆞᄂᆞᆫ죵로대동셔시아ᄅᆡ의뎐도가로ᄅᆡ임ᄒᆞ심을바라ᄋᆸ [피물회사 고ᄇᆡᆨ, ᄆᆡ일신문 1899. 1. 27.]

㉡ 本社에셔各色皮物을廉價로買賣[38]하깃ᄉᆞ오니四方僉君子ᄂᆞᆫ鐘路大東書市下前衣廛都家로來臨하시ᄋᆸ [皮物會社, 황성신문 1899. 2. 1.]

(15)

㉠ ᄆᆡ화 괴셕숑

휜ᄃᆡ ᄃᆡ입에 문의가 잇고 복슈쵸

슈션 한란쵸 쇼쳘 죵려

---

37 민현식(1994:38)에서는 개화기의 광고문을 '구어체 문어'로 분류하였다.

38 보통 '賣買'로 쓰지만 이 광고에서는 두 글자의 순서가 바뀌어 쓰였다.

우기훈 각식 쏫나무와 기타에도 구경홀만훈 식물등이 허다이 잇ᄉ오며 갑도 ᄆ이우 염ᄒ오니 쏫 됴화ᄒ시는
텸군ᄌ는 왕임 ᄒ시기를 바라ᄂ니다
왜쟝터 동편아ᄅ 육죵원 [쏫나무파는 쟝ᄉ, ᄆ일신문 1899. 1. 18.]

㉡ 花梅 怪石松
縞笹(竹葉有紋) 福壽草
水仙 寒蘭草 蘇鐵 竹棕閭
右開ᄒ各色美麗花樹와其他에玩賞할만ᄒ植物等이許多히有ᄒ며價直은至極尠[39]價로出售할터이오니花客諸君은陸續[40]이枉臨ᄒ심을伏望ᄒ옵ᄂ이다
倭將台東下 育種園 [花樹發客, 황성신문 1899. 1. 19.]

(16)

㉠ 죠일쥬쟝은 수년젼 브터 쳥쥬을 죠양ᄒ야 ᄒ마다 긔후와 풍토를 궁구ᄒ야 그 공효가 묘ᄒ듸 이루워 당년에 죠양ᄒ 쳥쥬는 완젼이 흠이 업셔 몃ᄒ를 지내여도 맛이 변ᄒ지 안이ᄒ고 위싱에도 가쟝 량픔임을 폐쟝에셔 보증 이오며 이 죠일신쥬를 본월 십칠일노 브터 발ᄆ ᄒ오니 ᄉ방
졔군ᄌ는 사다가 맛을 평론ᄒ시오 [ᄆ일신문 1898. 11. 18.]

㉡ 朝日酒場은數年前브터淸酒를釀造ᄒ야年年歲歲氣候風土에硏究ᄒ야其功成妙ᄒ와當年에釀造淸酒는完全無缺ᄒ야幾歲月를經過ᄒ야도變味치안코衛生上에最良홈을弊場이保証이오며此朝日新酒를本月十七日브터發賣ᄒ오니四方諸君子는購求評味ᄒ시옵 明洞 朝日酒場 謹白 [독립신문 1898. 11. 17.][41]

---

39 尠=尟 적을 '선'. '尠價'는 〈표준국어대사전〉(이하 〈사전〉)에 없고 '善價'만 있음.

40 끊이지 않고 계속함.

41 〈뎨국신문〉(1898. 11. 17.)에도 '朝日酒場' 혼용체 광고가 실렸지만 인용하지 않음.

다음 (17), (18)은 (15), (16)의 ㉠과 ㉡을 각각 대비하여 표로 보인 것이다. 짧은 글임에도 거의 모든 표현이 달라졌음을 볼 수 있다.

(17)

㉠	㉡
ᄆᆡ화	花梅
ᄒᆡᆫᄃᆡ ᄃᆡ입에 문의가 잇고	縞笹(竹葉有紋)
ᄭᅩᆺ나무와	美麗花樹와
구경ᄒᆞᆯ만ᄒᆞᆫ	玩賞할만ᄒᆞᆫ
잇ᄉᆞ오며	有ᄒᆞ며
갑도 ᄆᆡ우 염ᄒᆞ오니	價直은至極尠價로出售할터이오니
ᄭᅩᆺ 됴화ᄒᆞ시ᄂᆞᆫ 텸군ᄌᆞᄂᆞᆫ	花客諸君은
*	陸續이
왕임 ᄒᆞ시기를 바라ᄂᆞ니다	枉臨ᄒᆞ심을伏望ᄒᆞᄋᆞᆸᄂᆞ이다
왜쟝터 동편아ᄅᆡ	倭將台東下
ᄭᅩᆺ나무파ᄂᆞᆫ 쟝ᄉᆞ	花樹發客

(18)

㉠	㉡
죠양ᄒᆞ야	醸造ᄒᆞ야
ᄒᆡ마다	年年歲歲
긔후와 풍토를 궁구ᄒᆞ야	氣候風土에研究ᄒᆞ야
그 공효가 묘ᄒᆞᆫᄃᆡ 이루워	其功成妙ᄒᆞ와
죠양ᄒᆞᆫ 쳥쥬ᄂᆞᆫ	醸造淸酒ᄂᆞᆫ
완젼이 흠이 업셔	完全無缺ᄒᆞ야
몃ᄒᆡ를 지내여도	幾歲月를經過ᄒᆞ야도
맛이 변ᄒᆞ지 안이ᄒᆞ고	變味치안코
위ᄉᆡᆼ에도 가쟝 량픔임을	衛生上에最良홈을
폐쟝에셔	弊場이
이	此
사다가 맛을 평론ᄒᆞ시오	購求評味ᄒᆞ시ᄋᆞᆸ

(17), (18)을 보면 혼용체를 한글체로 바꾸는 과정에서 단어 대 단어로 대응시킨 것이 아니라, 적절한 어구로 풀어 주거나 마땅한 표현이 없으면 전체 의미에 지장이 없는 한도 내에서 건너뛰기도 하여 아예 새로운 문장으로 만들었다. 예컨대 '價直은至極尠價로出售할터이오니'를 직역하면 '값은 매우 좋은 값으로 팔 터이니'가 되어 의미가 중복되므로 '갑도 ᄆᆡ우 염ᄒᆞ오니'로 간결하게 옮겼다. 한문과 우리말에서 어순이 다른 경우는 'ᄆᆡ화'와 '花梅', '죠양'과 '釀造'과 같이 어순을 바꾸었다.

둘째, 문장의 길이가 혼용체에 비해 짧고 간결해졌다. 앞의 (3)~(7)이 전문을 인용하기 어려울 정도로 길고, 광고 메시지 자체보다 인사말 등 상황 배경 설명을 장황하게 했던 데 비해, (10)~(13)은 '어디서(누가) 무엇을 파니 사 가라'는 식으로 메시지에 집중하여 짧게 마무리하였다. 한문은 낡았지만 권위 있는 문체였고, 한글체는 새롭지만 좀 가벼운 문체로 여겨졌다면, 혼용체는 그 중간쯤으로 한글체보다는 '문자'가 섞인 격식적인 문체로 인식되어 인사치레를 좀 더 갖추었기 때문이 아닌가 생각된다.

셋째, 한글체는 띄어쓰기가 되어 있어 읽고 이해하기 쉽다. 띄어쓰기는 현대의 어문규범과 같은 어절 단위가 아니라 대략 의미 단위로 띄어 써서 가독력을 높여 주었다.[42] 한글문에 띄어쓰기가 채용된 것은 영어의 영향도 있지만, 혼용문과 달리 단어나 어절 사이의 경계를 표시할 방법이 없는 한글문의 선택이라고 해석할 수 있다. 혼용문은 실사는 한자로, 조사나 어미는 한글로 씀으로써 어간과 어미, 명사와 조사

---

42 정승철(1999:28)에서 이 무렵의 띄어쓰기에 대해 '어절형'과 '구형'(句形)이 있지만 일관성이 있었던 것은 아니라고 했듯이 초기의 띄어쓰기에서 어떤 규칙을 찾아내기는 어렵다.

를 자연스럽게 구별해 주어 띄어쓰기와 같은 효과를 낼 수 있지만, 한글문은 그것이 불가능하기 때문이다.

광고문에서 처음으로 띄어쓰기를 한 것은 〈Korean Repository〉(1895년 2월호)에 실린 '샹히중셔셔원 고빅'(上海中西書院告白)이었다.

(19)

샹히즁**셔셔원 고**ᄇᆡᆨ

이셔원을 ᄀᆡ셜ᄒᆞᆫ후 지금십여년이라 청국사ᄅᆞᆷ외에 죠션과 일본사ᄅᆞᆷ도 만이와셔 공부ᄒᆞ엿스며 미국교ᄉᆞ외에 이셔원에 삼년잇다가 미국대셔원에 가셔 오륙년공부ᄒᆞ고 온 죠션교ᄉᆞ잇서 (이하 생략)

광고문에 나타나는 띄어쓰기는 한글체의 쇠퇴와 함께 혼용체식 붙여 쓰기로 되돌아가게 되었다. 초기의 한글문 광고는 띄어쓰기가 되어 있었지만, 오히려 뒤로 갈수록 띄어쓰기가 되지 않은 사례들이 나타난다. 일본 광고문의 문체가 우리나라 광고문에 영향을 주어 띄어쓰기 없는 일본식 혼용문이 점차 광고문의 양식을 지배하게 된 것이다. 이러한 사실은 동일한 광고주의 광고가 초기에는 띄어쓰기를 하다가 이후에 띄어쓰기 없는 방식으로 바뀐 사례들을 통해 확인할 수 있다. 다음 (20)은 '춘명형뎨샹회'의 담배 광고인데, 1898년과 1899년의 〈미일신문〉과 〈독립신문〉 광고에서는 띄어쓰기를 하였으나 1902년 〈뎨국신문〉의 광고에서는 붙여 쓰고 있다.

(20)

㉠ 경셩진고긔 촌뎡형뎨샹회라 ᄒᆞᄂᆞᆫ뎐에셔 파ᄂᆞᆫ 희로라 ᄒᆞᄂᆞᆫ 지권연은 동양에 유명ᄒᆞᆫ 담ᄇᆡ라 그품이 만이라 지권연보다 더 낫고 갑도 ᄆᆡ오 렴ᄒᆞ야… (이하 생략) [희로 담배, ᄆᆡ일신문 1898. 9. 27.]

㉡ 上等紙卷烟草 ᄉᆡ히이로賞品광고

대한국 여러분게셔 더옥 ᄐᆡ평 ᄒᆞ시와 소일 ᄒᆞ오시니 반가옴을 엇지 측냥ᄒᆞ리오 우리 가가에셔 졔죠 ᄒᆞ야 파ᄂᆞᆫ 권년쵸 히이로ᄂᆞᆫ… (이하 생략) [히이로 담배, 독립신문 1899. 7. 12.]

㉢ ᄃᆡ한국쳠군자는평안ᄒᆞ시다ᄒᆞ니깁부기측냥업ᄉᆞ외다각셜우리회사로제죠ᄒᆞ는골연초(호오니)(히이로)는각국각쳐에셔… (이하 생략) [히이로 담배, 뎨국신문 1902. 8. 20.]

특히 〈대한ᄆᆡ일신보〉가 띄어쓰기 없는 한글체 광고를 많이 실었다. 〈뎨국신문〉과 〈황성신문〉에도 붙여 쓴 한글체 광고가 실린 적이 있으나 한두 건에 그치고, 대부분의 붙여 쓴 한글체 광고는 〈대한ᄆᆡ일신보〉에 실렸다.

(21)

대광교남쳔변리발소에셔리발ᄒᆞ옵든님춘원이가죵로뎐긔회사웃골목면ᄌᆞ젼으로이ᄉᆞᄒᆞ옵기광고ᄒᆞ오니쳠군ᄌᆞᄂᆞᆫᄅᆡ림ᄒᆞ옵시기를쳔만복망홈 님춘원 고ᄇᆡᆨ [리발소 이ᄉᆞ, 대한ᄆᆡ일신보 1907. 9. 6.]

(22)

우칙은순국문으로세계에유명ᄒᆞᆫ법국부인약안씨의ᄉᆞ젹을번역ᄒᆞ엿ᄉᆞ오니무론남녀ᄒᆞ고ᄋᆡ국셩이유ᄒᆞ신동포ᄂᆞᆫ맛당이보실셔칙이오니륙속구람ᄒᆞ시옵쇼셔 [신쇼셜 ᄋᆡ국부인젼, 대한ᄆᆡ일신보 1907. 10. 8.]

넷째, 초기에는 종결어미가 기사문과 같은 해라체로 되어 있었으나, 상대경어법을 사용하기 시작하면서 점차 광고문 특유의 경어체 문체가 형성되었다. 경어법 사용 양상은 혼용체 광고와 별 차이가 없다.

(23)

이 인도 샤향과 인도 샤향슈는 불란셔에셔 뎨죠 ᄒᆞᆫ거시니 참 샹지 샹품이라 졔군ᄌᆞ와 졔 부인<u>씌셔</u> 만히 사러 오기를 <u>바라옵나니다</u> [인도 샤향, 독립신문 1897. 4. 15.]

(24)

남대문안 창동 올흔손편 신뎐 신셕준의 가가에셔 엽 권연쵸를 만드난ᄃᆡ 여송연만 못치 아니ᄒᆞ니 <u>사가시요</u> 사다가 ᄑᆞᆯ녀ᄒᆞ면 갑도 싸게 <u>ᄒᆞ오리다</u> [엽 권연초, 뎨국신문 1898. 11. 4.]

다섯째, 한글체에서도 문장부호는 거의 사용되지 않았다. 한글체의 모델이 되었던 것이 영문인데 영문의 띄어쓰기는 바로 받아들였으면서도 문장부호는 받아들이지 않았다. 쉼표가 더러 사용되었으며, 드물게 '( )'와 '「 」'가 사용되었다.

(25)

진고ᄀᆡ마루타기에유명ᄒᆞᆫ큰저ᄌᆞ가잇스니즉텬상점(天商廛)이라물건인즉 쳘궤와각ᄉᆡᆨ쳘물,솟,쥬젼자,차관,남비,가위,칼,맛치,쥴,풍노,장ᄉᆡᆨ의양쳘긔계와목슈의연장긔계와각ᄉᆡᆨ죠흔사긔와왼갓긔계와각ᄉᆡᆨ잡죵과더위에쓰기죠흔양산등…(이하 생략) [天商廛, 황성신문 1899. 4. 10.]

(26)

샹등지권연초광고

……우리회사로제죠ᄒᆞ는골연초(호오니)(히이로)는……향긔만고빗치됴흔거스로유명한(도르고)「土耳古」의담베닙히하고미국「米國」파아지니아에셔나는담바를ᄀᆞᆯ희여……[뎨국신문 1902. 8. 20.]

2.4. 영문체

〈독립신문〉과 〈대한ᄆᆡ일신보〉 영문판에는 영문 광고가 실렸다. 서양 문물의 조류를 타고 들어온 영어가 새로운 소비생활을 전파하는 광고와 손잡는 것은 자연스러운 일이었다. 영어를 해독하지 못하는 독자에게도 영어 광고는 그 자체만으로서 뭔가 새로운 것, 앞서가는 것이라는 메시지를 전달할 수 있었다.

다음은 〈독립신문〉에 실린 영문체 광고들이다. 영문체 광고는 (27)~(29)와 같이 옆에 한글체 광고를 나란히 싣는 경우도 있고, (30)처럼 영문체 광고만 싣는 경우도 있었다.

(27)

㉠ GENERAL STORE KEEPER.

Fresh California Butter, Cheese, Flour, Ham, Bacon, Canned Fruits, Vegetables &c. &c. just arrived.

㉡ 외국 샹등 물건을 파ᄂᆞᆫ ᄃᆡ 물건이 다 죠코 갑도 외누리[43] 업더라

[K. Kameya 가메야회샤, 독립신문 1896. 4. 7.]

---

43 물건 값을 받을 값보다 더 많이 부르는 일. '외누리 업다'는 것은 현대어로 표현하면 '원가로 판다'는 뜻이다. 현대 표기법으로는 '에누리'로서, '값을 깎는 일'이라는 의미로 사용된다.

(28)

㉠ We are the only Korean firm which make foreign clothes, foreign shoes, hats, and leather goods. First-class tailors and shoemakers. Orders are promptly filled and prices moderate.

㉡ 광쳥교 북쳔변에 잇ᄂᆞᆫ 이 회ᄉᆞᄂᆞᆫ ᄂᆡ부와 군부와 경무쳥에 슈용지물을 공납 ᄒᆞᆯ량으로 언약ᄒᆞ고 갓과 신과 옷슬 샹픔 물건 으로 팔되 빗ᄉᆞ지 아니ᄒᆞ니 사 가시기를 ᄇᆞ라오

[JUSIK COMPANY 쥬식회샤, 독립신문 1896. 10. 3.]

(29)

㉠ I have just received a new consignment of European and American goods.

Malaga raisins	Per[44]	lb.	$ .40
Pudding raisins	"	"	" .25
Corn-meal	"	"	" .12
Newly Roasted Moka Coffee per lb.			" .75
Java Coffee			" .70
Russian Caviare	per lb.		" 1.75
Smoked Salmon	"	"	" .55
Chefoo Jams	per con		$ .30
Blackberry Jams	"	"	" .35
Russian Salt Salmons per		lb.	" .30

Japanese Coal is expected in a week. Price (best quality) $12 per ton. Second class $11.

Flour, Cigars, Stoves, Olives, etc. Prices moderate.

---

44 대문자로 쓸 필요가 없는 부분이지만 원문대로 살림. 본저에서 인용하는 광고들은 오자 포함 원문대로임.

㉡ 죠흔 셔양 반을이 이회ᄉᆞ에 만히 잇스니 와셔 사가시요 갑도 헐 ᄒᆞ고 품도 샹등이니 셔울 졍동 고샬기 집으로 차자 오시ᄋᆞᆸ
[GORSCHALKI고샬기 회ᄉᆞ, 독립신문 1896. 10. 3.]

(30)

NOTICE.

Depositors and patrons of the First National Bank of Japan are hereby notified that, the twenty years charter of said Bank having expired, the business will from this day be carried on under the name of the First Japanese Banking cooperation, and the Capital has been increased to 4,500,000 yen.

Manager.

[First Japanese Banking cooperation, 독립신문 1896. 10. 3.]

(27)~(29)를 보면 한글체와 영문체 광고가 같은 내용을 언어만 달리 해서 실은 것이 아니라 두 광고가 합해져서 내용을 완성하도록 구성된 것임을 알 수 있다.[45] 즉 한글만 아는 독자와 영어 해독이 가능한 독자를 달리 설정하고 그에 따라 언어를 선택하고 내용을 다르게 했던 것이다.

예를 들면 (27)㉠은 '신선한 캘리포니아 버터, 치즈, 밀가루, 햄, 베이컨, 과일 통조림, 채소' 등 판매하는 상품 목록을 싣고 있고, (27)㉡은 구체적인 품목 소개 없이 '외국 샹등 물건'이라는 것과 물건이 좋고 값이 싸다는 말만 하고 있다. 영어를 모르고 서양 문물을 별로 접해 보지 못한 독자들에게는 '버터, 치즈, 햄, 베이컨' 같은 상품명을 일일이 나열해도 무엇인지 알기 어려웠을 것이므로 '외국 샹등 물건'이라고

45 박영준(2005:133)에서도 〈독립신문〉에 같은 광고가 한글과 영문으로 실린 경우 그 내용이 일치하지 않는다는 점은 지적하였으나, 각각의 내용이라든지 그 기능에 대해서는 언급하지 않았다.

해서 호기심을 유발하는 정도로 그치고, 외국인에게는 당시 구하기 쉽지 않았을 필수품이므로 무엇을 파는지를 구체적으로 나열할 필요가 있었다. 두 언어를 다 이해하는 독자라면 두 광고에서 상품의 종류와 함께 품질 좋고 값이 싸다는 정보를 모두 얻게 된다. 즉 두 광고가 단순히 되풀이된 것이 아니라 상호 보완적 작용을 하고 있는 것이다.

(28)도 영문 광고에서는 외국 옷, 외국 신, 외국 모자와 가죽 제품을 만든다고 상세히 안내한 데 비해 한글 광고에서는 '닉부와 군부와 경무청에 슈용지물을 공납'하기로 언약했다는 점을 강조하여 신뢰성을 높이는 데 주력하였다. (29)도 영문 광고에서는 '건포도, 옥수수 가루, 커피, 러시아 산 철갑상어알젓(caviare), 잼, 훈제 연어' 등을 안내하고 있는 반면, 한글 광고에서는 값 싸고 품질 좋다는 내용이 주가 되고 상품 소개는 '서양 바늘' 얘기밖에 없다.

(30)은 은행 이름을 바꾼다는 내용으로서 대부분의 일반 독자들과는 관련 없는 광고라고 여겼는지 영문 광고만 실었다.

다음 (31)과 같이 똑같은 내용을 한글체와 영문체로 동시에 광고한 사례도 있다. 분실 광고이므로 가능한 한 많은 사람이 읽을 수 있도록 두 언어로 동시에 광고하였다. 우리나라에는 없었던 물건인 'shawl'을 '이불'로 번역한 것이 재미있다.

(31)

㉠ 졔물포 가는 길 베리고기에셔 외국 부인에 털노 짠 이불을 일허스니 누구던지 경직훈 사룸이 이거슬 엇엇거든 이거슬 가지고 독립 신문샤로 오면 샹급을 만히 탈터이오

㉡ LOST!

A ladies' shawl, nearly new, was lost on the road to Chemulpo near the mountain called Berikokai. The honest finder may bring the same to the office of this paper, he will receive a suitable reward.

2.5. 한글, 한자, 가나 혼용체

한일 병합 이전의 광고에서는 아직 가나가 거의 눈에 띄지 않았던 가운데, (32), (33)과 같은 광고가 눈에 띈다.

(32)는 낯선 영어 상품명을 가나로 표기하여 외래품 선망 의식을 부추기는 기법의 광고다. 이 광고에는 세 가지 문자가 사용되었는데, 가나 표기 부분에서 멋을 부려 'ゥ井スキ'(whiskey)와 'ホワ井ット'(white)의 '이'로 읽힐 부분을 'イ'로 쓰지 않고 훈독되는 한자 '井'으로 표기하여 변화를 주었다. 'イ'를 써서 단순히 음만을 나타내지 않고, 술을 만들기 위한 '물'을 퍼 올리는 우물을 연상시키는 '井'을 사용함으로써 하나의 기호로 복합적인 의미를 환기하는 표현 기법이다. 인쇄 광고에서 문자와 글자체의 선택이 정보 전달 이상의 시각적 효과를 발휘한다는 사실을 인식하고 있었던 것이다. 'ブラクエンドホワ井ット', 'ゥ井スキ' 는 독특한 서체로 회사 이름이나 상품을 표기하여 정체성을 표현하는 로고타이프(logotype)의 초기 사례라고 할 수 있다.

(32)

ウ井スキ 우이스기上品直輸入

부락구엔도호아잇도 ブラクエンドホワ井ット

弊店一手販賣의묵계낭우이스기ᄂᆞᆫ品味良好ᄒᆞ야世界各國에傳播皆知ᄒᆞ

오니上品우이스기求ᄒᆞ시ᄂᆞᆫ이ᄂᆞᆫ弊店에來求ᄒᆞ시옵

木品은京城及仁川各洋貨店에서도販賣ᄒᆞ오
京城貞洞 大昌洋行 [우이스기, 만세보 1906. 12. 5.]

'新井藥房'의 '仁丹' 광고에서는 상품명이 'THE JINTAN'이라는 영어와 'ジンタン'이라는 가나로 표기되었는데 정작 '인단'이라는 한글 표기는 보이지 않는다. 본문은 한글, 한자 혼용체지만 커다란 글자로 부각된 헤드라인은 (33)과 같은 일본어이다. 나폴레옹 모자를 쓰고 카이저수염을 단 남자 얼굴로 대표되는 이국적인 상표와 함께 제시된 일본어 헤드라인은 새로운 라이프스타일이 도래했음을 알리는 데 일조를 했을 것이다.

'인단'은 일제 강점기의 '아지노모도'와 함께 '새로운 라이프스타일 제시' 전략을 쓴 대표적인 상품이다. '인단' 광고는 일제 강점기의 주요 광고들 중 가장 빈번하게 일본어를 사용하였다. 내용적으로도 일본적 색채가 강해서 일본의 개천절인 기원절(紀元節) 경축 광고를 내기도 하고, 소위 '皇國臣民ノ誓詞'를 광고에 싣고 그것을 절취하여 눈에 띄는 장소에 붙이라고 홍보를 하는 등 일제 군국주의 색채를 강하게 띤 광고를 내보냈다(채완 2005:20~22).

(33)
完全する懷中藥 優秀する口中香劑 [仁丹, 만세보 1907. 5. 28.]

'인단' 광고가 실린 직후인 1907년 6월 30일에 〈만세보〉는 친일 내각 기관지인 〈대한신문〉으로 탈바꿈하게 된다. 광고에 일본어를 도입하는 데 앞장섰던 것이 〈만세보〉의 정치적 성향과 무관하지 않았음을 짐작하게 한다.

3. 문체 선택의 요인

이제까지 살펴본 바와 같이 광고문의 문체는 몇 가지 복합적 요인에 의해 선택된다. 그 첫 번째 요인은 광고가 실리는 매체의 문자 표기 방침이다. 1886년부터 1910년 강제 병합 전까지 광고가 실렸던 주요 신문의 발간 상황과 각 신문의 표기 문자를 정리하면 다음과 같다.[46]

(34)

신문명	발행 기간	문체
한성주보(주간)	1886. 1. 25.~1888. 6. 6.(음력)	국한 혼용체
독립신문	1896. 4. 7.~1899. 12. 4. 1897. 1. 5. 국문판과 영문판 분리	한글체 영문체
ᄆᆡ일신문	1898. 1. 〈협성회 회보〉 → 1898. 4. 9. 〈ᄆᆡ일신문〉, → 1899. 4. 14. 〈상무총보〉	한글체
뎨국신문	1898. 8. 10.~1910. 8. 2.	한글체
황성신문	1898. 3. 2. 〈경성신문〉 → 1898. 4. 6. 〈대한황성신문〉 → 1898. 9. 5. 〈황성신문〉 → 1910. 8. 6. 〈한성신문〉	혼용체
대한ᄆᆡ일신보	1904. 7. 18. 〈대한ᄆᆡ일신보〉 1905. 8. 11. 국한문판과 영문판 분리 1907. 5. 23. 한글판 창간 → 1910. 8. 30. 〈매일신보〉	혼용체 영문체 한글체 (3종 발간)
만세보	1906. 6. 17.~1907. 6. 30.	혼용체

46 김충기(1996:62~64)를 참조하여 정리함.

당시의 지식인들은 기본적으로 계몽적 입장에서 글을 썼으므로 자신이 어떤 문자에 익숙한가에 의해서가 아니라 독자를 어떤 계층으로 설정하느냐에 따라 문체를 선택하였다. 신문사의 방침에 의해 문체가 선택됨에 따라 신문에 연재되는 소설들도 해당 매체의 문체에 크게 좌우되었다고 하며(김영민 2005:109), 광고문도 마찬가지여서 같은 내용의 광고가 매체에 따라 한글문으로 실리기도 하고 혼용체로 실리기도 하였다(앞의 (14)~(16) 참조).

대중의 계몽에 앞장섰던 신문 발행인들은 앞 다투어 한글문을 보급하여 한문 교육을 제대로 받지 못한 대중들의 문자 해독력을 높이고 정보의 평등화에 기여하였다. 그러한 분위기 속에서 한글체, 영문체, 혼용체의 3종 언어로 발행했던 〈대한믹일신보〉는 당시 1만 부가 넘는 발행부수로 최대의 신문이 되었다. (34)에서 볼 수 있듯이 개화기에 발간된 신문들의 문체는 한글체가 가장 많고 다음이 영문체와 혼용체였다. 그러나 한글 신문이 잇따라 폐간된 이후 1900년을 기점으로 한글문은 점차 줄어들었다. 〈뎨국신문〉[47]과 1907년에 창간된 〈대한믹일신보〉 한글판이 여전히 한글 신문으로 존재했으나 〈독립신문〉 시대만큼 한글체 일색의 광고면은 찾기 어렵고 혼용체 광고가 많이 실렸다. 일제 강점기를 거치면서 한글 전용의 광고문은 찾기 어렵게 되었다.

문체 선택을 결정하는 두 번째 요인은 광고주의 상품 타깃 설정이다. 모든 광고문이 매체의 문체와 일치한 것은 아니다. 광고주가 상품의 소비자로 설정한 계층의 언어생활에 맞추어 광고문의 문체를 선택한 것이다. 광고문은 독자를 설득하는 것이 목적이므로 독자가 충분한 정보를 얻을 수 없는 광고문은 존재 이유를 상실한다. 광고주들은 한문

---

47 1903년 7월 7일부터는 제호를 한자 〈帝國新聞〉으로 바꿈.

교육을 받을 기회가 거의 없었던 서민이나 부녀자가 주 소비층이 되는 상품은 한글체로 광고하는 것이 효과적이고, 한문에 익숙한 계층에게는 뜻글자인 한자를 섞어 쓴 혼용체 쪽이 의미 전달이 빠르며, 첨단적인 상품 광고에는 영어가 잘 어울린다는 것을 알게 되었다.[48]

다음 예들은 혼용체를 사용했던 〈황성신문〉에 실린 한글체 광고들이다. 〈황성신문〉에 실린 광고들은 대부분 혼용체였지만 다음과 같이 한글체로 된 광고가 더러 눈에 띈다. 이 광고들의 공통점은 한정된 계층이 아니라 모든 사람들이 읽어야 할 내용이라는 점이다.

(35)

㉠ 독립 신문은 우리 나라에 ᄎᆞ음으로 발명ᄒᆞᆫ 국문 신문 인ᄃᆡ ᄀᆡ명 샹에 유익ᄒᆞᆫ 론셜과 외국 통신과 젼보ᄅᆞᆯ 만이 긔ᄌᆡ ᄒᆞ엿ᄉᆞ오니 쳠 군ᄌᆞ난 만이 들 ᄉᆞ셔 보시오

㉡ ᄆᆡ일 신문은 국ᄂᆡ에 ᄎᆞ음으로 ᄆᆡ일 츌판ᄒᆞᆫ 신문 이온ᄃᆡ 론셜 잡보에 긴요ᄒᆞ고 ᄌᆞᆷ미 잇ᄂᆞᆫ 말이 만ᄉᆞ오니 쳠군ᄌᆞᄂᆞᆫ 만이 ᄉᆞ들 보시오

㉢ 뎨국 신문은 근ᄌᆞ에 신셜ᄒᆞᆫ 신문이온ᄃᆡ 학문 잇ᄂᆞᆫ 말과 긔이ᄒᆞᆫ 소문을 만이 긔ᄌᆡ ᄒᆞ엿 ᄉᆞ오니 쳠 군ᄌᆞᄂᆞᆫ ᄉᆞ들 보시오 [신문 구독 권유, 황성신문 1898. 9. 15.]

(36)

양지아문 에셔 ᄉᆡ문안에셔 양지 ᄒᆞ다가 긔계에 달닌 쥬셕 으로 ᄆᆡᆫ든 츄ᄅᆞᆯ 일엇 ᄉᆞ오니 어든 이ᄂᆞᆫ 본아문 으로 보ᄂᆡ면 돈 ᄉᆞ원을 샹여 ᄒᆞᆯ터이오

48 상품의 타깃에 따라 광고 언어가 달라지는 것에 대한 연구는 김광수(1997)를 들 수 있다. 이 논문에서는 〈독립신문〉에 실린 국문과 영문 광고가 각각 어떤 상품을 광고하고 있는지를 조사했다. 국문 광고에서는 의약품과 출판(책) 광고의 비중이 가장 높았는데, 이는 당시 계몽과 질병퇴치가 주요 이슈였다는 시대상을 반영한다. 영문 광고에서는 도소매/유통과 은행/금융/보험, 서비스 관련 광고의 비중이 높았는데, 이는 외국인들이 주로 상업에 종사하며, 여가 시간이 많고 구매력이 컸음을 짐작하게 한다고 보았다(pp. 81~82).

모졔ᄂᆞᆫ 좌에 그렷ᄉᆞᆸ [주석 추 분실, 황성신문 1899. 5. 1.]

(37)

ᄉᆡᆼ이 사진ᄒᆞᄂᆞᆫ 법을 ᄇᆡ화 쥬ᄌᆞ골셔 ᄉᆡᆼ영관을 ᄀᆡ설ᄒᆞ와 동셔양 군ᄌᆞ에 권고ᄒᆞ심을 힘닙ᄉᆞ온바 근일에 ᄯᅩ 라동에 봉션관을 ᄀᆡ설 ᄒᆞ엿ᄉᆞ오니 누구시던지 ᄌᆞ긔 면목과 졍치를 오ᄅᆡ도록 젼ᄒᆞ시려 ᄒᆞ시ᄂᆞᆫ 쳠군ᄌᆞ들은 차자오심을ᄇᆞ라ᄂᆞ이다

ᄉᆡᆼ영관 봉션관 쥬인 촌샹힝ᄌᆞ랑 고ᄇᆡᆨ [봉선관, 황성신문 1899. 5. 6.]

(35)는 〈독립신문〉, 〈ᄆᆡ일신문〉, 〈뎨국신문〉의 구독을 권유하는 광고다. 이들은 모두 한글 신문인데 혼용체 신문인 〈황성신문〉에 광고를 냈다. 기왕 혼용체 신문을 구독하고 있는 한자 선호층을 새로운 독자로 끌어들이기 위해 한글체 광고를 냈다.

(36)은 주석으로 만든 추를 분실했으니 찾아 주면 보상하겠다는 광고로, 역시 남녀노소 모두 읽을 수 있게 한글로 작성하였고 추의 모양까지 삽화로 제시하였다. 찾고자 하는 물건이 기계 부속품이므로 기계 관련 일을 하는 독자의 계층을 염두에 두고 한글로 작성하였다.

(37)은 사진관 광고다. 첨단 업종답게 한글체로 광고하여 독자층을 넓히는 감각을 발휘하였다.

앞서 예로 든 (25)도 상점 이름만 한자로 표기하고 본문은 순한글이다. 철물과 잡화를 파는 상점 광고로서, 상류층보다 서민들에게 더 쓸모가 많은 상품을 취급하고 있음을 볼 수 있다.

광고문의 문체를 결정했던 세 번째 요인은 시대적 흐름이다. 이 무렵의 문체 추이를 최초의 한글 신문인 〈독립신문〉의 사례를 중심으로 간단히 살펴보기로 한다.

〈독립신문〉은 창간 당시 한글과 영어만 사용하였고 숫자도 한글로

표기하였다.[49] 그러나 초기의 〈독립신문〉에도 예외적인 한자 표기가 있었으니 광고란의 '世昌 洋行'이었다. 세창양행은 한글 광고에서도 회사명을 '世昌 洋行'이라는 한자로 표기하였다. 일종의 로고타이프였던 것인데, 이 문제에 관한 한 신문의 표기 방침보다 광고주의 입장이 더 힘이 있었다는 것을 보여 준다. 세창양행은 당시에 광고를 가장 많이 냈던 주요 광고주 중 하나로 거의 매일 광고를 싣다시피 했다. 이후 광고들에서 전화번호 따위를 한자로 표기하는 일이 눈에 띄게 되었지만 아직 광고의 본문은 철저한 한글 전용이었다.

1897년 7월 24일에는 '이문샤' 광고에 '養鷄法 撮要 定價葉一兩'이라는 한문 헤드라인이 등장했다. 이후 헤드라인만 한문이고 본문은 한글인 광고가 선보이기 시작했다.

본문이 혼용문으로 작성된 광고는 (38)이 처음이었다. 모든 한자어를 한자로 표기했고 띄어쓰기도 없는 전형적인 혼용문이었다.

(38)

十一月十一日上午十一時獨立舘

大韓慶宴에本舘委員은請帖업시齊會ᄒᆞ시믈望홈 [大韓慶宴, 독립신문 1897 11. 2.]

49 그런데 1896년 10월 17일자(84호) 영문판 제호 밑에 '(明治二十九年九月十四日遞信省認可)'라는 한자 표기가 등장한다. 신문 인가 사항을 밝히면서 일본 연호 '明治'를 연도 표기에 사용한 것이다. 한글판에는 창간호에서부터 '건양 원년', 4면의 영문판에는 '1896년'이라는 서기 연도를 써 왔던 것에 비추어 보면 의아한 일이 아닐 수 없다. '明治~'는 같은 해 12월 31일자 영문판 마지막 호까지, 그리고 영문이 별도로 분리된 후(1897. 1. 5.)에도 이 인가 사항은 계속 표기되었다. 이후 폐간(1899. 9. 14.) 직전인 1899년 6월 22일부터는 '건양원년 四월七일 롱샹공부인가'와 위의 '明治~'가 병기되었는데 이 양식으로 폐간일까지 계속되었다. 한편 한글판에는 '건양'이라는 연호를 계속 썼으며, 1896년 11월 19일부터 1면 앞머리에 '건양 원년 ᄉᆞ월 칠일 농샹 공부 인가'라는 인가사항을 표시했다.

〈독립신문〉에 실린 혼용체 광고를 연도별로 살펴보면 다음 (39)와 같다. 당시 광고들은 한 번만 실리는 경우가 드물었고 며칠씩 계속 실리는 것이 일반적이었다. 짧게는 이틀간만 실린 예도 있지만('鐵道用達會社') 길게는 한 달 이상을 휴간일을 제외하고 매일 실린 광고('朝日酒場' ①, ②)[50]도 있었다. 그러므로 혼용체 광고의 건수 자체는 적더라도 〈독립신문〉에 혼용체 광고가 실린 날짜는 훨씬 여러 날이었다. 혼용체 광고가 1899년에 집중된 사실은 〈독립신문〉 기사문에 한자 표기가 증가한 양상과 일치한다. 이 무렵의 〈독립신문〉은 기사 본문도 이제는 더 이상 한글 전용이 아니었다.[51] 매체 자체가 한자를 병용하게 되면서 혼용체 광고에 대해서도 더 이상 거부감을 갖지 않게 되었던 것이다.

(39)

1897	1898	1899
11. 2.~11. 11. 大韓慶宴[52]	11. 17.~12. 21. 朝日酒場①	1. 10.~2. 17. 朝日酒場② 1. 12.~2. 17. 開文社 3. 22.~3. 29. 漢城義塾 4. 11.~4. 12. ᄆᆡ일신문移設 4. 21.~4. 22. 鐵道用達會社 5. 20.~5. 20. 培英義塾 10. 11.~10. 14. 金弘錫 廣告 10. 23.~10. 30. 皇城唐材房告白 11. 30.~12. 4. 事務所

50 朝日酒場은 혼용체 광고를 1898년과 1899년에 각각 한 달 이상 동안 게재하였는데, 카피 내용이 다르므로 ①, ②로 표시하였다. ①은 앞서 예로 든 (16)ⓛ이고 ②는 다음과 같다.

蔽酒場의酒品精美ᄒᆞᆷ은已爲告白이오나
僉君子에新禧를謹賀ᄒᆞᄋᆞᆸ기ᄂᆞᆫ此酒를終南山下에富興岩泉으로專히釀ᄒᆞ오니愛賞ᄒᆞ시ᄂᆞᆫ
僉公은壽齊南山ᄒᆞ시고財源富興ᄒᆞ시ᄋᆞᆸ 朝日酒場恭賀
[朝日酒場, 독립신문 1899. 1. 10.~2. 17.]

51 〈독립신문〉의 한자 혼용 양상에 대해서는 박영준(2005) 참조.

4. 결론

본 장에서는 우리나라 신문에 최초로 광고가 실린 1886년부터 한일병합이 일어나기 전인 1910년 8월까지를 개화기로 설정하고 그 기간 동안 신문에 실린 광고문의 문체에 대하여 고찰하였다.

최초의 광고문은 한문으로 작성되었다. 한문은 주도적 문체로서의 권위를 가지기는 했으나 가독층이 두텁지 못했고 새로운 문물과 사조를 담기에 적절하지 못하여 한문체 광고는 오래지 않아 사라졌다. 외래어로 된 상품명을 표기하기에도 뜻글자인 한자는 적합하지 않았다.

한글, 한자 혼용체 광고는 일본인에 의해 처음 시작되어 일본 혼용문의 영향을 많이 받은 문체 특징을 보인다. 혼용체 광고는 혼용체 신문인 〈황성신문〉에 주로 실렸다. 〈독립신문〉을 비롯한 한글 신문이 주도하던 1899년까지도 혼용체 광고는 한글문 광고에 비해 비중이 작았으나, 1900년 이후에는 혼용체 광고가 대세를 이루게 되었다. 광고 자체가 일본인 광고주에 의해 주도되었고 정치사회적으로도 일본의 힘이 커짐에 따라, 광고문의 외양은 일본 혼용문의 영향을 특히 많이 받게 되었다.

한글체 광고는 〈독립신문〉의 발간 시기인 1896~1899년 사이에 가장 활발히 게재되었다. 1900년 이후 혼용체에 눌리게 되어 한글체 광고는 점차 쇠퇴했으나, 일제 강점기에는 한글체와 같은 일상어 문체에 일부 한자어만 한자로 표기하는 '한자 섞인 한글체'로 모습을 바꾸어 존재하게 된다.

---

52 같은 광고지만 11월 2일의 광고 내용과 11월 4일~11월 11일 사이에 실린 광고가 문장이 약간 달라졌다. 2일 자에는 (38)이 실렸고, 4~11일 자에는 '大韓慶祝會를擧行흘터인딕本舘委員들은請牒업시라도齊會ᄒ시요'라고 하여 문장이 훨씬 자연스러워졌다.

영문체 광고는 일차적으로는 당시 한국에 머물렀던 서양인들을 타깃으로 삼았으나, 새로운 문물의 전파 수단으로서 정보 전달 이상의 의미를 가졌다. 같은 광고를 영문과 한글문으로 나란히 싣기도 했는데, 그런 경우 영문을 한글로 번역한 것이 아니라 각각의 타깃에 따라 별개의 내용을 담았으므로 두 언어를 다 이해하는 독자는 더 많은 정보를 얻을 수 있었다.

일본어가 섞인 광고도 몇 건 존재하여 일제 강점기의 일본 광고의 득세를 예고하였다.

신문 광고문의 문체 선택 요인은 세 가지로 요약된다. 첫째, 매체의 표기 방침이다. 기사의 문체에 맞추어 광고도 한글문, 혼용문, 또는 영문 등으로 작성되는 것이 일반적이었다. 문체를 결정한 두 번째 요인은 광고의 타깃이다. 광고주가 상품의 타깃에 맞추어 문체를 선택하는 것인데, 그런 경우 기사문과 광고문의 문체가 일치하지 않는다. 세 번째 요인은 시대적 흐름이다. 최초의 한글 신문인 〈독립신문〉은 광고문도 순 한글로 작성했지만 점차 광고문에 한자가 섞이고 혼용문도 실게 되었다. 다른 매체들도 마찬가지로서, 어렵게 시도된 한글 광고문은 계속 이어지지 못하고 혼용문에 주도권을 넘겨주었다. 한일 병합 이후 한글 전용문 광고는 거의 자취를 감추게 되었다. 모처럼 싹튼 한글문이 발전하지 못하고 일제의 침탈로 막을 내린 것이다.

참고문헌

1. 자료

한국광고단체연합회 편(1996), 한국광고 100년 상.

한국문화개발사(1978), 〈황성신문〉(영인본).

한국신문연구소(1977), 〈협성회 회보〉(〈ᄆᆡ일신문〉 합본)(영인본).

한국신문연구소(1976), 〈대한ᄆᆡ일신보〉(영인본).

LG상남언론재단(1996), 〈독립신문〉(영인본).

광고정보센터, http://www.adic.co.kr/.

신문박물관 http://www.presseum.or.kr/html/cyb_ad.html

2. 논저

국립국어원 편(1999), 표준국어대사전, 두산동아

국사편찬위원회 편(2007), 광고, 시대를 읽다, 두산동아.

김광수(1997), "독립신문의 광고 분석", 언론과 사회 1997 봄(통권 15), 성곡 언론문화재단.

김영민(2005), 한국 근대소설의 형성과정, 소명출판.

김충기(1996), "매체", 한국광고단체연합회 편, 한국광고 100년 상.

김형철(1994), "갑오경장기의 문체", 새국어생활 4-4, 국립국어연구원.

민현식(1994), "개화기 국어 문체 연구", 국어국문학 111, 국어국문학회.

민현식(1999), "개화기 국어 문법", 국립국어연구원 편, 국어의 시대별 변천 연구 4.

박영준(2005), "1890년대 신문 광고 언어 연구—독립신문을 중심으로", 한국어학 27, 한국어학회.

정승철(1999), "개화기 국어 음운", 국립국어연구원 편, 국어의 시대별 변천 연구 4.

정진석(1996), “광복 이전”, 한국광고 100년 상.

채완(2003), “개화기 광고문의 표현 기법”, 한국어 의미학 12, 한국어 의미학회.

채완(2004), “아파트 이름의 사회적 의미”, 사회언어학 12-1, 한국사회언어학회.

채완(2005), “일제시대 광고 카피의 연구”, 인문과학연구 11, 동덕여대 인문과학연구소.

채완(2010), “개화기 광고문의 문체”, 어문논집 43, 중앙어문학회.

제3장 일제 강점기 광고문의 형식과 전략

1. 서론

일제 강점기에는 새로운 문물이 미처 우리말로 개념화되거나 명명되지 못한 채 외국어 이름과 함께 우리나라에 들어왔다. 새롭게 소개되는 '근대'의 생활양식(lifestyle)은 그 생활양식에 걸맞은 소비품의 구매를 부추겼다. 광고되는 상품도 매우 다양하였다. 많은 상품들이 우리의 필요에 의해서가 아니라 일제의 식민지 정책에 의해 들어온 것이므로 새롭게 수요를 창출하여 판매를 해야 했고, 그러기 위해 광고가 넘쳐날 수밖에 없었다. 광고주들은 소비자의 지갑을 열기 위해 다양한 광고 전략을 사용했다.

일제 강점기의 국어 자료로는 문학 작품, 교과서류, 신문 기사, 광고 카피 등을 들 수 있다. 이 중 광고 카피는 당시의 '생활 한국어'로서 동시대인의 언어 감각을 가장 잘 나타낸다. 문어 형태를 하고 있으면서도 현장의 구어 감각을 반영하고 있으며, 신어가 가장 먼저 사용되는 텍스트이기도 하다. 본 장에서는 일제 강점기의 광고 카피를 수집하여 문장 형식에 따라 분류하고, 당시 광고에 사용된 대표적인 표현 전략을 살펴보고자 한다.

자료는 〈한국광고 100년 상〉과 웹사이트인 〈광고정보센터〉(http://www.adic.co.kr)에 등록되어 있는 일제 강점기 신문 광고 자료들 중에서 뽑았다.[53]

2. 문장 형식

카피는 하나의 간단한 구나 문장, 혹은 단락으로 이루어지기도 하지만, 대체로 헤드라인, 본문, 슬로건 등의 요소로 구성된 여러 단락으로 이루어진다. 따라서 카피 전체가 한 가지 문장 형식으로 구성되기보다는 평서문과 명령문, 의문문, 청유문 등이 적절히 배합되어 있는 경우가 대부분이다. 여기서는 카피의 문장 형식이 광고의 목적 혹은 개념(concept)을 어떻게 실현시켜 주느냐 하는 점에 중점을 두고 살펴보기로 한다.

2.1. 평서문

평서문 형식의 카피는 대체로 상품의 특장점(特長點)을 설명하는 내

53 '광고정보센터'에는 모두 2,470건의 일제 강점기의 인쇄 광고 자료가 이미지로 실려 있는데, 그 중 신문 광고가 2,435건이다. 인터넷으로 '광고정보센터 → 광고자료'로 들어가면 각 시대별 광고 자료들을 검색할 수 있다.

용을 담고 있다. 신뢰성을 높이기 위해 새로운 용어나 학설, 구체적인 숫자 등을 동원하기도 하는데, 그 객관적 근거는 확인하기 어려운 경우가 많다.

'쵸코레-트/쪼코레-트, 포켓트, 카로이(칼로리), 에네루기-, 포-드 와인, 칼슘, 영양, 열량, 포도당, 철분' 등과 같은 외국어와 전문용어, 신용어들은 '5,300칼로리, 99%' 같은 구체적인 수치와 결합되어[54] 과학적이고 첨단적인 느낌으로 호기심과 지적 허영심을 자극하며 소비자들을 현혹했다. 아마도 당시에 신식 교육을 받지 않은 사람이라면 한 번 보아서는 그 뜻을 이해할 수 없는 부분도 있었을 것으로 짐작된다. 표현도 과장된 경우가 많아서, 새로운 군것질 거리에 지나지 않는 초콜릿을 '健康美血色美·音聲美를創造하는' '포켓트에너흘수잇는豪華로운食卓'으로서 '味覺과榮養의一大饗宴'이라고 광고하는 식이었다. (3)에서 칼로리가 높다고 광고하는 부분에서, 전반적으로 영양이 부족하여 살찌는 것이 풍요함의 상징이었던 당시의 시대적 분위기를 엿볼 수 있다.

(1)

{<u>健康美血色美·音聲美를創造하는</u> 三大特質을가장合理化한 大衆의쵸코레-트} '新時代의大衆을보다더朗快히健康케森永파라마운트·쵸코레-트는나왓습니다'[55] [森永 파라마운트 쵸코레-트 1931. 6. 16.]

---

54 현대 광고에서도 '타우린 1000mg', '2% 부족할 때', '남양 3.4 우유' 식으로 구체적인 수치를 제시하는 광고 기법이 여전히 사용된다.

55 카피가 독립된 내용의 여러 단락으로 구성된 경우에는 '가 카피', '나 카피'와 같이 각각 ' '로 묶어 표시한다. { }로 묶인 부분은 헤드라인이다. 〈한국광고 100년 상〉의 '일러두기'에 의하면 1910 년 한일 병합 이후 1920년에 동아 조선 등의 민간지가 창간되기 전에는 신문 광고는 모두 〈매일신보〉에 실렸고, 민간지 창간 이후는 하나의 광고가 각 신문에 중복되어 실렸기 때문에 신문명을 일일이 밝히지 않는다고 하였다. 여기서도 같은 이유로 광고가

(2)

'葡萄糖은人體의榮養補給에不可缺인것이다赤玉포-드와인은多量의葡萄糖과鐵分칼슘等을含有한强力慈精源으로써其效果는임의榮養學界의確認하는바이다' [赤玉 포-드와인 1935. 4. 23.]

(3)

{포켓트에너흘수잇는豪華로운食卓이다} '世上에잇는味覺의粹를모인一片!더욱히그中에包含된榮養은五三○○카로이[56]라고하는驚異的熱量을含有하야體內에서곳에네루기-가된다이야말로簡便하게되는味覺과榮養의一大饗宴이다' [森永 밀크쪼코레-트 1936. 2. 17.]

(4)

{九十九%가純植物性이다} '最近婦人들의整髮에는丹頂직구가大流行이다', '丹頂직구의主體는純粹度九十九%가純良한植物油다.……[57]' [丹頂직구 1937. 1. 30.]

초창기의 광고문은 해라체를 사용하고 있었다. 초기의 광고에서 해라체를 사용한 것은 굳이 독자를 하대했다기보다는 기사문과 광고문을 문체적으로 구별하지 않았기 때문이었다. 그러나 점차 경어체로 바뀌어 갔는데, 광고 카피는 기사문과 달리 독자를 설득해야 하므로 독자를 우위에 놓는 전략이 필요하다는 사실을 인식하였기 때문이었던 것으로 해석된다.

대부분의 광고가 경어를 사용하는 가운데 설명문 형식의 카피에서는 위의 (2)~(4)와 같이 해라체를 사용하는 일도 많았다. 해라체는 불

실린 날짜로 출처를 대신한다.

56 '칼로리'의 잘못.

57 생략된 부분을 '……'로 표시함. 카피는 단락 단위로 인용하되 각 단락의 일부분을 생략할 때 이 부호를 사용함.

특정 다수 독자를 대상으로 하는 문어체의 중립적 문체로서, (2)~(4)와 같이 설명문에 사용되면 마치 신문 기사나 교과서의 서술 같은 느낌을 주어 권위를 더해 주는 효과가 있다.

한편으로는 친근하고 이해하기 쉬운 일상어 설명 광고도 있었다. 어려운 한자어나 전문용어 대신 고유어를 많이 사용하고, 바로 곁에서 말하는 듯한 느낌을 주는 구어체 광고들이다. 구어체 광고에는 고유어가 많이 사용되었으므로 표기도 주로 한글로 되어 어떤 계층에게나 쉽게 이해될 수 있는 것이 장점이다. 특히 조미료나 간장, 치약 같이 주부들이 직접 선택하고 사용하는 일상 생활용품의 광고에서 쉬운 우리말을 많이 사용하였다.

구어체 광고에서는 대부분 최상의 상대경어법인 합쇼체를 사용하였다. 아래 예들 중에서는 (6)만이 해라체를 사용하고 있는데, 이 카피는 만화 주인공 '멍텅구리'가 밥상을 받고 나서 아지노모도가 떨어진 것을 알고 급히 사러 나가는 모습을 보고 혼잣말 하듯이 말하는 내용이므로 경어를 사용하지 않은 것이다. (9)는 어린이를 주요 소비 계층(타깃)으로 하는 광고로서 해요체를 사용하였다. 해요체는 합쇼체보다 덜 정중하지만 더 친근해서, 예를 들면 유치원 교사가 어린이들에게 말하기에 적합한 말투이다. (9)의 '논아먹어요'는 평서문 형식이지만 명령문이나 청유문으로도 해석할 수 있어 중의적이다.

(5)

{먹을만하다} '손님에입에셔먹을만하다하는조흔평판은천금을던저 광고하난이보다 몃배나속하며학실한선전이됩니다먹을만한 음식은세상이다─아는아지노모도로손쉽게됩니다'{모─든요리에업지못할 味の素아지노모도} [아지노모도 1928. 10. 15.]

(6)

{맛이잇다업다는녯날이약이} '직금세상은 요리맛이 잇다 업다 이약이할 문뎨가안된다 아지노모도만치면 모-든 요리음식은곳 맛잇게되는고로…' [아지노모도 1930. 2. 2.]

(7)

{日本서第一信用잇는라이온齒磨} '분가루가곱고냄새가조흐며효과가만흔라이온치마는어린이들로부터늙은이까지즉집안어느분한테나조흔치마입니다' [라이온 齒磨 1930. 5. 13.]

(8)

{직힌다!밥상을직힌다} '맛이라던지, 냄새라던지, 빗갈이라던지, 정말로 마루킹보다 優秀한, 醬油는업다고稱讚하는소리가全國의廚房으로부터 들려옵니다. 그도, 그럴것이, 마루킹醬油는,……他品의追隨를 不許하는, 조흔맛과, 냄새, 빗갈을가지고잇습니다' [마루킹醬油 1937. 10. 20.]

(9)

'元氣잇게되여요맛이아주조아요!다함께사이조케논아먹어요' [森永 밀크캬라멜 1937. 11. 21.]

(7)을 보면 '늙은이'가 요즈음과 달리 낮추는 뜻이 없었음을 알 수 있다. 바로 뒤에서 '어느분'으로 높이고 있으며, 문장 전체가 합쇼체로서 매우 정중하게 표현되어 있기 때문이다.

(8)은 문체상으로 특이한 예이다. 마치 얼굴을 마주 보고 하는 대화처럼 쉼표로써 휴지(休止)를 적절히 배치하고, '그도, 그럴것이'와 같은 구어체 디딤말을 섞어 가며 소비자 하나하나를 일 대 일로 설득하는 듯한 카피이다. 한자어가 간간이 섞여 있기는 하지만 현학적인 전문용어나 낯선 외국어가 섞이지 않고 일상어로 구성되어 소비자에게 쉽

게 다가간다.

평서문 광고는 대체로 단언 형식의 헤드라인과 설명 형식의 본문으로 이루어진다. 헤드라인에서는 이유를 설명하지 않고 결론만을 제시하여, 소비자들에게 이론(異論)을 제기하거나 의문을 가질 기회를 주지 않고 딱 잘라 말해 버린다. 그 이유가 궁금하면 본문을 읽게끔 유도하는 것이다. 전형적으로 헤드라인은 짧은 격문투인 경우가 많다. 문장의 짧은 호흡은 소비자의 빠른 결단을 촉구하는 심리적 효과도 있다.

설명의 방식으로 특이한 예는 계산식으로 설명을 대신한 '카루피스' 광고이다. 신식 분위기가 물씬 나고 과학적으로 보이기까지 하는 설명 방식으로 당시로서는 상당히 독창적이고 색다른 느낌을 주었을 것으로 짐작된다. 계산식에서 '圓, 錢' 등 일반어를 눈에 띄지 않는 작은 글자로 처리함으로써 얼핏 보면 숫자만이 보이도록 한 점도 카피 작성자의 의도를 읽게 한다. 이해를 돕도록 원래의 모습에 가깝게 인용하였다. (실제로는 글자와 숫자의 크기 비율이 훨씬 더 크다.) 이 광고에서는 당시 광고에 흔하지 않던 영어까지 병용하여 이국적 분위기를 더하여 주었다.

(10)

'카루피스1本은六倍로물타면13杯가됩니다–컵한잔은 겨우–

青紙包1本 1圓30錢÷30=一杯分 4錢强

赤紙包1本 95錢÷30=3錢强'

'「카루피스」는高尙하고도經濟的인滋强飮料입니다'

'CALPIS ECONOMICAL EQUATION' [카루피스 經濟式 1936. 4. 21.]

다음 (11)은 유한양행의 광고로서, 역시 낯선 화학식과 수학 공식을 내세워 눈길을 끌었다. 헤드라인을 전후 맥락 없이 '아니다! 이것은 X+Y다'라고 내세워서 궁금증을 유발하고 있다. 본문 카피를 읽고서야 주된 성분에 또 하나의 성분이 결합되어 특효를 낸다는 내용임을 알게 된다.

(11)
{아니다! 이것은 X+Y다} '……그有效成分이二個로되여 그中의하나인 NH_2SO_2를 X라고하면 Y라는別個의特效成分이結合되여잇서 協同作用을發揮할뿐아니라 治淋劑의先驅者로서……' [G-U-Cide 1939. 12. 6.]

2.2. 청유문

청유문 형식의 광고는 소비자의 동참을 촉구하는 내용을 담는다. 직접적으로 상품의 구매 자체를 권하기 전에 바람직한 공익적, 도덕적 행동, 혹은 선망하는 상황을 제시하고 함께 하기를 제안하여, 상식적인 사람이라면 굳이 거부할 수 없도록 분위기를 몰아간다. 이때 상황 제시에는 평서문이, 동참 권유에는 청유문이 사용되는 것이 전형적인 구성이다.

일단 소비자가 그러한 행동에 동참할 마음이 생기도록 한 후에는 상품의 구매에도 동참하도록 유도한다. 이러한 기법은 낯선 사람에게 처음 말을 걸 때 날씨 얘기를 한다든지 상대가 동반하고 있는 어린이를 칭찬한다든지 하는, 특별히 적의가 없는 사람이라면 당연히 동의할 만한 화제로써 대화를 시작하는 수법과 비슷하다. 현대의 캠페인 광고,

공익 광고와도 비교할 수 있다. 이러한 형식의 광고는 특히 일본의 군국주의적 충성심 선전에 활용되었다.

(12)

{今日은紀元節[58]} '仁丹을飮하고仁丹元氣와仁丹美聲으로一齊히軍代를歌합시다!愉快히詛조케遊합시다!!' [仁丹 1915. 2. 11.]

(13)

'힘 센 곰「참캐라-멜森永」과함께 훨 훨 朝鮮을한바퀴돌자' [森永 캐라-멜 1931. 5. 19.]

(14)

{森永의外函(미루구가라메루 미루구쵸코레-도)이負傷戰士의 慰問金이 됩니다} '負傷戰士를慰勞합시다!', '자아 森永의갸라메루와쵸코레-도로 元氣百倍,愛國投入函에進軍이다!'[59] [森永 쵸코레-트 1932. 5. 14.]

(15)

{躍進朝鮮世界第一位 마라손王孫南兩君萬歲} {마라손의王國朝鮮의健兒} '孫基禎 南昇龍兩兄은우리의無上의榮譽! 마라손을制覇햇습니다 우리도滋養의菓子모리나가캬라멜을먹고무럭무럭자라나 先輩의뒤를이어오는날의오림픽에는 우리들의힘으로 이榮光을永遠히직힙시다' [森永 ミルク캬라멜 1936. 8. 21.]

58 일본의 개천절.

59 삽화에 어린이들이 줄지어 투입함에 과자 곽을 넣는 모습이 묘사되었는데 어린이들 중 하나는 일장기를 들고 있다. 만주사변(소위 '支那事變')의 부상병을 위문하자는 군국주의에 호소하는 캠페인 광고이다.

다음은 건강 캠페인 성격의 청유문 광고들이다.

(16)

'……다갓치胃腸을健全케하기爲하야누구나胃腸良劑活命水를服用합시다' [活命水 1936. 8. 11.]

(17)

'寢前에蜂포도酒를잡수십시다 이것은무엇보다安眠熟睡의糧甘美한飮用氣分中에……더욱血行을盛히하야 晝의疲勞를一掃하고……' [하찌 포도주 1939. 3. 8.]

청유문은 화자를 포함한 복수의 주어에게 어떤 행동을 함께 하기를 권하는 형식이므로, 상대에 따라 경어법이 달라진다. 대체로 청유문 광고에는 '합시다'형 종결어미가 사용되었는데, 위의 예 (13)은 어린이들이 청자가 되므로 해라체를 썼고, 나머지 예들에서는 하오체와 합쇼체를 썼다. 그러나 청유문의 특성상 극존대는 성립하기 어려우므로 '~합시다'는 형태상으로는 합쇼체처럼 보이지만 화용적으로 하오체 정도에 해당한다.

(14)에는 '됩니다, 합시다, 진군이다'의 세 가지 종결법이 사용되어 눈길을 끈다. 설명 부분은 합쇼체를 사용하여 배경 상황을 정중하게 알린 후, '위로합시다'로 동참을 권유하였다. 끝에 가서는 '진군이다'라는 해라체 단언으로 마무리하였는데, 단언은 청자에게 찬성이나 반대를 표시할 기회가 주어지지 않는 일방적 통고이기 때문에 명령문보다도 더 강한 명령의 효과를 얻을 수 있다.

2.3. 명령문

명령문 형식의 광고는 소비자에게 직접적으로 행동을 촉구한다. 경품이나 현상 행사에 참가를 권하는 내용, 상품 구매를 촉구하는 내용, 소비자에게 유익하다고 믿을 만한 어떤 행동을 하도록 촉구하면서 간접적으로 상품 구매를 유도하는 내용 등이 명령문 형식의 카피로 표현된다.

명령문 형식의 광고라고 해도 대체로 카피 전체가 명령문으로 구성되지는 않는다. 평서문 카피와 혼합되어 있는 것이 일반적으로서, 평서문으로 상품의 특성이나 배경 상황을 설명하고 명령문으로 구매를 권한다.

(18)

'時候의變ᄒᆞᄂᆞᆫ春期ᄂᆞᆫ血道(히스테리)의起ᄒᆞ기易ᄒᆞᆫ時인즉弱ᄒᆞᆫ婦人은常服藥으로中將湯을服用ᄒᆞ시오' [中將湯 1916. 4. 21.]

(19)

'다시못볼박람회꼭보고가시오경제되고!!간단하게!!맛내난!!죠미료아지노모도' [아지노모도 1929. 10. 12.]

(20)

{女學生의皆樣森永 쵸코레-트賞에參加하시요!!} '빗갈,맛,항내……모다弊社三十年의歷史가나흔 빗나는森永 쵸코레-트를爲하야여러분의豊富한感想을꼭말삼해주시오' [森永 쵸코레-트 1931. 3. 7.]

(21)

'새해에는소원성취하시고아지노모도를더욱애용합시요' [아지노모도 1934. 1. 5.]

명령문 형식의 카피에서도 대부분 하오체와 합쇼체를 사용하여 독자를 존대하고 있다. (21)은 문자 그대로의 '합쇼체'를 사용하여 주목을 끈다. 현대 국어에서는 합쇼체라는 이름은 있지만 실제로 '합쇼'를 사용하지는 않는데 일제 강점기에는 실제로 사용되고 있었음을 보여준다.

다음은 독특한 종결어미가 사용된 예들이다.

(22)
{仁丹은壯健이라는替語!!仁丹은愉快라는代名詞!!} '恒常仁丹잡슈는男女兒童들은이러ᄒᆞ게嬉嬉ᄒᆞ고樂樂ᄒᆞ다然則注意ᄒᆞ시는父母님네는必히仁丹을準備ᄒᆞ시옵', '그런故로愉快壯健을望ᄒᆞ시는人은年始의今日부터쏵날마다仁丹을잡슈시오' [仁丹 1915. 1. 1.]

(23)
'{보라!!놀낸다-산다!} 三者合一되는것이것이修養全集講談全集이라고한다지금出來!벌서서점에陣列 다쌀니보라그러하고우리들의誠意를알어다우' [修養全集, 講談全集 1928. 10. 15.]

(24)
{腦는活動의原動力이다!} '무거운頭…피로된頭…便秘不眠…神經衰弱…憂鬱等을…KO(녹아웃)시키라!' [健腦丸 1934. 5. 18.]

(22)는 평서문과 명령문으로 구성되어 있는데, 평서문 부분은 해라체, 명령문 부분은 합쇼체가 사용되었다. 그리하여 평서문 부분(恒常~ᄒᆞ다)이 화자의 주관적 '생각'이 아니라 일반적으로 알려져 있는 객관적 '사실'이라는 느낌을 준다. 이어지는 명령문에 사용된 'ᄒᆞ시옵'은 개화기 광고문의 전형적인 고지체(告知體) 종결형으로서 이 무렵까지

도 더러 사용되었음을 보여 주고 있다.

(23)의 '알어다우'는 친근한 사이이면서 하대(下待)하는 대상에게 사적(私的)인 대화에서 사용하는 명령형 어미로서, 광고 카피에 이러한 형태가 사용된 것은 어떤 식으로도 설명하기 어렵다. (23)의 헤드라인 부분은 '왔노라, 보았노라, 이겼노라' 류의 단문 슬로건을 모방한 예로서 '보라'는 격문이나 슬로건에서 잘 쓰이는, 불특정 다수에게 사용하는 하라체다. (24)의 '시키라'도 하라체다. (23), (24)의 평서문 부분의 해라체 어미들은 평서문 카피 형식에서 자주 볼 수 있는 것이어서 별 문제가 없다.

2.4. 의문문

의문문 형식의 카피는 질문을 제시하여 궁금증을 유발하고, 그 질문에 대한 대답을 독자 스스로 찾게 함으로써 독자의 참여를 유도하는 방식이다. 물론 그 답은 광고의 내용 가운데 제시되어 있어서 광고를 읽고 나면 해답을 알게 된다. 그 상품을 구입하면 문제가 해결된다는 것이다.

(25)는 가부(可否) 의문문, (26), (27), (29)는 설명 의문문, (28)은 확인 의문문이다. 확인 의문문에는 대답이 필요하지 않다.

청자가 독자로 설정된 (25), (27)에는 합쇼체가 사용되었고, 자문(自問) 혹은 시험 질문 형식인 (26)과 (29), 어린이끼리의 대화로 설정된 (28)에서는 반말체가 사용되었다.[60]

---

60 의문문의 종류와 특성에 대해서는 이익섭·채완(1999:234~248) 참고.

(25)

'君[61]이今十日에京城에서開催되는朝鮮物産共進會를機會삼아高尙ᄒᆞ고有利ᄒᆞᆫ事業을得ᄒᆞ시렵닛가?……' [화평당약방 1915. 9. 9.]

(26)

{不景氣!生活難!如何히해서익여나갈가?開運의鍵은本書에잇소!} [運勢大鑑 1926. 2. 2.]

(27)

{貴下는愛兒를爲하야엇지하시겟슴니가?} [仁丹型體溫計 1928. 11. 24.]

(28)

'엄마가 딴고약이면 아니된다고 꼭 됴고약을 사오라고 그러셋다! 종기에는 됴고약이 제일이니까 그러-치?' [됴고약 1934. 12. 23.]

(29)

{青春日記} '미스터콜럼비아는누구인가?' [콜럼비아 레코드 1936. 9. 2.]

2.5. 대화체

카피가 서술형으로 되어 있지 않고 광고에 등장하는 인물(들)의 대화로 처리되어 있는 예들도 있다. 대화체 카피는 소비자에게 직접 말을 건네는 것이 아니라, 등장인물끼리 대화를 주고받게 하고 소비자는 관찰자의 입장에 놓음으로써 마치 '입소문'을 전달하는 듯한 느낌을 주어 신뢰감을 더하려는 기법으로, 앞의 예 (28)이 그 예이다. 대화를 나누는 주인공은 삽화로 표현했고, 대화와 서술을 구별해 주는 말 풍선

---

61 합쇼체와 호응할 수 없는 2인칭 대명사 '君'이 사용된 것은 일본어의 영향으로 짐작된다.

은 사용되지 않았다.

(30)

'甲 ……朝日洋行의染料ᄂᆞᆫ色이高尙ᄒᆞ고染力이強ᄒᆞ다ᄒᆞ고……

乙 참그럿치요우리집할먼이ᄂᆞᆫ넷적물건은다品이됴타ᄒᆞ시지만그런것이안이오……

丙 그럿소只今金孫의어먼이의말은……

丁 ……朝日洋行의品質이됴흔것은不言可詳이오' [朝日洋行 染料 1911. 9. 8.]

(31)

'[問] 모시모시 光化門 1153번아車상이서요근일에각신문지상에굉장하게나는[전긔신액]이라하는약이무삼병에그다지신효한지……

[答] 네-뎐긔신액이요참저도신액을사용하야보앗습니다만은실로그효력이전신전화보다도더속해요.……' [電氣神液 1927. 6. 5.]

(32)

{음단련코 정햇다} '음 이하숙옥이면됫다! 이것보게 아지노모도를 쓰는 집일세! 음식맛은 불문가지다!' [아지노모도 1934. 5. 5.]

(30)은 독일제 염료 광고로서, 네 명의 부인이 염료의 효과에 대해 대화를 나누는 내용이다. 옛날 것이라고 다 좋은 것은 아니라면서 새로 나온 염료의 효능을 앞 다투어 선전하고 있다.

(31)은 두 신사가 약의 효능을 이야기하는 내용인데, 약효가 마치 '전화처럼' 신속하다는 것을 표현하기 위해 전화 통화라는 형식을 등장시켰다. 사람을 만나기 위해 먼 곳까지 가지 않고도 전화로 만남의 목적을 달성할 수 있다는 것은 놀라움 그 자체였고, 따라서 전화는 '빠

름'의 상징으로서 부족함이 없었다. 현대 광고에서도 두통약의 약효가 빠르다는 것을 나타내기 위해 모델이 오토바이를 타고 나타난다든지 하는 기법이 사용된다. 한편 문답자의 말에서 같은 이름이 '전긔신액'과 '뎐긔신액'으로 달리 표기되어 구개음화의 반영이 일정하지 않다. 맞춤법 통일안이 제정되기 전의 표기 현실을 엿보게 하는 부분이다.

(32)는 하숙집을 구하러 다니는 학생들이 아지노모도 쓰는 집을 하숙집으로 정한다는 내용이다. 일본식 교복을 입고 하숙을 구하러 다니는 학생들을 묘사한 삽화는 당시의 하나의 풍속도라 하겠다.

3. 표현 전략

3.1. 과장

과장은 초창기 광고에서 가장 즐겨 사용된 기법이다. 과장에서 한 걸음 더 나아가면 허위 광고가 된다. 현대적 의미의 광고는 미국의 바넘(P. T. Barnum)으로부터 시작되었는데, 그 광고 전략은 한 마디로 '능란한 사기'였다. 바넘은 광고에 대한 유명한 정의인 '약속이되, 과장된 약속'을 사람들의 관심을 끄는 언어와 이미지로 전환시킨 사람이었다. 자신이 이끌던 서커스를 '지상 최대의 쇼'라고 부른 것 자체가 과장 광고의 한 전형이었다(Twitchell, 2000:30).

일제 강점기에도 허위 과장 광고가 범람하여 그 피해 사례가 늘어나자 총독부에서는 광고를 규제할 수 있는 조항이 포함된 「경찰범 처벌규칙」을 공포하였다(1912년 3월 25일).[62] 1933년 10월에는 총독부 경무국에서 신문 잡지 광고 지침을 경찰부에 하달하였고,[63] 경찰부는 그 내용을 각 언론기관에 통보하였다(정진석, 1996:21). 그러나 다음과 같이 과장 광고는 얼마든지 찾아 볼 수 있었다.

(33)

'인장표고무신은모양좃코견고하기는강철보다낫사오니一次試用하시되요사이위조인장표가만사오니갓쓰고안진인장표를주의하시요' [인장표고무신 1926. 3. 3.]

(34)

'국수장국에아지노모도를利用하십시오조금만너시면當場에百倍의美味로맛이擴大합니다' '宮內省御用品' [아지노모도 1926. 4.]

(35)

{子供과動物의國} '아사다아메를 먹어바요 경주에도 一等이라나' '이번은 아사다아메를 먹엇스니까 아니 진다나' '추어도 아사다아메를 먹으면 감긔는 아니든다' [아사다아메 1935. 2. 26.]

(36)

{不老長壽 · 强精回春 · 更少年補藥} '藥效가廣告와다르면代金을送金치마시오' [百補丸 1936. 4. 26.]

---

62 (총독부령 제 40호) 이 법령은 '신청이 없는 광고를 하고 그 대료(代料)를 청구하거나 또는 억지로 광고의 신청을 요구하는 자'와 '과대 또는 허위의 광고를 하여 부정의 이익을 도모한 자'에 대해서는 구류 또는 벌금을 물리도록 규정하고 있다.

63 불량광고로 인정되는 것은 신청을 받더라도 일체 게재를 거절해야 하며 규정에 위반하는 광고가 실리는 간행물에 대해서는 행정처분을 단행하겠다는 것이었다. 정치적으로 고위층을 비방하거나 외설적이고 저속한 광고를 싣지 말라는 경고도 있었다.

(33)은 고무신 광고인데, 고무신이 강철보다 견고할 수는 없으므로 과장이다. '주의하시요'가 '확인하시오'의 의미로 사용되었다.

(34)는 조미료 광고인데, 맛이 '백 배'나 좋아진다는 것은 아무래도 과장일 것이다. 맛이라는 것이 주관적인 것이어서 몇 배가 좋아졌느냐를 객관적으로 측정할 수 없다는 맹점이 있기는 하지만 그래도 백 배는 과장이라고 볼 수밖에 없다.

(35)에서 기침약을 먹으면 경주에 일등을 한다든지 감기가 아니 든다든지 하는 것은 애교스러울 정도로 터무니없는 과장 광고이다. 이 약을 먹으면 감기가 아니 든다고 함으로써 치료약을 마치 예방약인 것처럼 선전하고 있는 부분은 허위 광고라고 볼 수 있다.

(36)은 약효가 광고와 다르면 대금을 송금하지 말라는 말로 그 진실성을 역설하고 있으나, 늙지 않고 다시 소년이 된다는 것은 실제로는 불가능하므로 과장이다.

3.2. 애국심 자극

민족애나 애국심을 자극하는 전략도 즐겨 사용되었다. 여기서 애국심은 두 가지로 나누어야 한다. 당시 우리는 나라를 빼앗긴 상태였으므로 우리의 민족애, 동포애를 되살리자는 것이 하나이고, 또 하나는 정반대로 일본에 대한 애국심, 다시 말해 군국주의적 충성심을 부추기는 내용이다.

3.2.1. 민족애에 호소

일제의 식민지 정책으로 인해 우리나라는 소비 시장으로 전락할 수 밖에 없어서, 당시 광고되던 상품은 대부분 일본을 통해 들어온 외래품이었다. 그러한 가운데 국산품도 생산되었으나 품질이나 자본력으로 일본제나 다른 외국제 물품을 뛰어넘기는 어려웠다. 그리하여 민족애, 동포애에 기대어 국산품 애용을 호소하였다. 그러나 물량 자체가 일본 상품을 따라갈 수 없었기 때문에 그러한 광고가 많지는 않았다.

특히 '동양목'이 국산품 애용 광고에 적극적이었다. 다른 상품들이 우리가 만든 제품이라는 것만을 강조한 반면, 동양목은 국산품이라는 것과 함께 품질의 우수성도 당당하게 내세웠다.

(37)

'同情하야주시옵소서,우리사람의經營인本店을' [友助堂時計鋪 1923. 3. 22.]

(38)

'언제든지잇지맙시다우리손으로맨든우리동포의옷감동양목해동저를' [동양목 1927. 7. 19.]

(39)

'二千萬우리民族의가장適切한春秋冬衣服감은갑싸고튼튼한우리물건인東洋木이제일' [東洋木 1927. 9. 28.]

(40)

'現代的理想的經濟的인二千萬우리同胞의男女衣服감인힌더럼과검은더럼타지안이하고모양이훌융한兩色나는東洋木' [東洋木 1927. 11. 23.]

(41)

{排他主義와 經濟國難} '……自給自足의公德心으로特히朝鮮産의白眉인鳳山, 鷄林炭을愛用하심을切望함……' [朝鮮合同炭鑛 1931. 11. 14.]

(42)

'愛用합시다朝鮮産純麻布世昌苧鮮布' [世昌廣唐布 1934. 6. 21.]

3.2.2. 군국주의 고취

일본의 침략 전쟁을 고무하고, 온 국민을 전쟁터의 군인처럼 정신무장 시키고자 하는 군국주의 고취 광고는 1930년대 들어 만주사변을 일으키는 등 침략 야욕이 노골화되면서 빈도가 높아진다. 광고뿐 아니라 '日本號國防 學生服'(1939. 7. 4.) 같은 상표명에서도 군국주의 색채가 드러났다. 군국주의 고취 광고는 두 가지로 나눌 수 있는데, 그 하나는 소위 '황국 신민'으로서의 충성심을 내세우는 광고들로 다음과 같은 예들이 있다.

(43)

{祝へ! 日本の誕生日!} '우리의 기운은 日本의기운 캬라멜을먹엇드니 기운이더난다' [森永 밀크캬라멜 1937. 2. 12.]

(44)

{國民精神總動員!!!} {榮養報國さけ의常食!} [아케보노 연어통조림 1938. 2. 26.]

(45)

('皇國臣民ノ誓詞'를 박스 속에 전문을 싣고) '切取하시와 눈에뜨이는場所에부쳐주십시오…….' [인단 1938. 3. 26.]

또 하나는 매사를 전쟁과 연관시켜 호전적으로 표현하고, 전쟁과 관계없는 일상어를 군사용어로 표현하는 광고들이다. 특히 '모리나가'(森永)의 과자 광고가 군국주의 고취에 열심이었다. 광고를 보면 모든 어린이들을 전쟁 예비군으로 키우려는 것처럼 보일 정도이다. 가치관이 형성되는 과정에 있는 어린이들에게 달콤한 과자와 군국주의를 결합하여 섭취시킨 그들의 전략이 엿보이는 대목이다. 앞의 (14) 같은 광고가 대표적인 예인데, 이 광고에는 줄 지어 과자 곽을 투입함에 넣는 어린이 삽화가 곁들여 있다. 그 중 한 어린이는 일장기를 들고 있다. 1932년 5월 29일자 광고에도 같은 슬로건이 사용되었다.

다음 (46)은 제2차 세계대전이 발발하고 일본의 군국주의 침략정책이 말기로 접어들 때의 광고이다. '敵軍을擊滅하여서'와 같은 표현에서 다급함이 느껴진다.

(46)
{카라메루도싸우고잇다!} '애기의成長을妨害하는粗惡한 菓子, 榮養이적은菓子, 不潔한菓子, 무근菓子는카라메루의敵입니다! 敵軍을擊滅하여서애기의榮養을직혀줍시다' [森永 밀크카라멜 1939. 12. 3.]

다음 예들도 호전적인 광고들이다. 일상적인 상품에 '습격, 방어진, 적군, 응징, 폭탄, 전선, 전사' 같은 살벌한 군사 용어를 사용한 것을 보면 당시 일본인들이 전쟁에 대해 집단적인 강박관념에 사로잡혀 있었음을 알 수 있다.

(47)

'嚴冬! 살이트고서리에꺼른대살결거침에襲擊을밧는살결의非常時이니 멘소레-탐으로完全히防禦陣을싸흡시다' [멘소레-탐 1937. 1. 17.]

(48)

'横暴敵軍의膺懲은爆彈으로하지마는泄瀉腹痛의爆擊은헤루프로그리고……' [헤루프(The Help) 1938. 1. 5.]

(49)

{産業戰線에서는분께!} '……産業戰士의 愛飮料로서하로도缺할수업습니다.' [하찌 포도주 1939. 3. 8.]

3.3. 추천 및 증언

유명인이 추천하거나 그들이 즐겨 사용한다는 식의 광고로는 다음과 같은 예들을 들 수 있다. (50)은 중화민국 총통과 부총통을, (51)은 이 왕가를, (52)는 일본 궁내성을 품질 보증으로 이용한 광고들이다. (53)에는 '유명한 의학박사'가 동원되었다.

(50)

{中華民國正副大總統も仁丹} - 중화민국 총통과 부총통이 인단을 위해 휘호를 하사했다는 내용.[64] [仁丹 1916. 11. 22.]

(51)

{近代女性(근딕녀셩)은모다愛用者(애용자)} '李王家御用達' [아지노모도 1928. 11. 6.]

64 내용이 장황하므로 직접 인용하지 않고 그 내용을 요약하여 소개하였다.

(52)

{味の素小罐特賣} '宮內省御用達' [아지노모도 1935. 3. 15.]

(53)

{有名한 醫學博士 森田資孝先生推奬} [노-신 1935. 4. 23.]

유명인이 아닌 일반 소비자가 해당 상품을 사용하고 효력을 보았다고 증언하는 광고도 있었다. '틔양됴경환'은 (54)와 같이 전국 각지의 부인들이 이 약을 먹고 자식을 낳았다고 증언하는 광고를 냈다. 앞의 (30)에서도 대화를 통해 염료의 우수성을 증언하는 광고를 볼 수 있지만, 대화자가 특정인이 아니라 '甲, 乙, 丙, 丁'으로 되어 있어 가상의 대화라는 것이 드러나므로 증언으로 받아들여지지는 않는다. 그러나 (54)는 증언자가 사는 곳과 이름이 명시되어 있고, 사진은 아니지만 아기를 안은 부인들의 삽화까지 곁들여서 신뢰감을 높여 주고 있다.

(54)

{胎養調經丸으로貴子을生흔證據} -天安驛 徐光年 氏 婦人, 平昌 李基永 氏 婦人 등 모두 열 명이 증언하는 내용. [틔양됴경환 1915. 3. 11.]

3.4. 새로운 생활양식의 제시

식민지 시대는 가치관 혼란의 시대이기도 했다.[65] 전통적인 가치관

65 일제 식민지 시대의 세태는 신명직(2003)에 잘 소개되어 있다. 이 책은 1920~1930년대에 신문에 연재되었던 안석영의 만문만화(漫文漫畵)를 중심으로 당시 시대상을 서술하고 있다.

이 무시당하고 무엇이든 새로운 것이 좋은 것이라는 풍조가 물밀듯이 확산되었다. 일제에 의한 근대화란 곧 새로운 수요의 창출을 의미했다. 그러나 대부분의 생활필수품을 자급자족했던 농경 사회인 우리나라에서 전통적인 생활양식을 그대로 유지해서는 소비를 늘릴 수가 없었다. 일제는 철도를 놓고 백화점을 세우고 박람회를 열어 가며 전에는 한 번도 본 적이 없는 소비품들을 선보였고, 소비자들은 소비가 미덕이라는 새로운 생활양식에 세뇌를 당해가기 시작했다. '근대'란 곧 앞서가는 것이고 좋은 것이며, 의문의 여지가 없이 따라가야 하는 절대적 가치였다.

광고에서도 '근대'라는 개념은 하나의 새로운 이데올로기로 자리 잡았다. 바로 앞의 예 (51)에서처럼 '근대는 좋은 것'이라는 개념은 이미 '전제'된 것이므로 부정할 수 없었다.

(55)

'近代人에게香氣로운膳物헤치마코론은언제든지당신의姉妹입니다……'
[헤치마 코론 1934. 6. 16.]

(56)

{近代風景거리에 오피스에 劇場에 美人들은모다 美와魅力의近代化粧料 탕고도랑의愛用者} [탕고 도랑 1935. 1. 31.]

그러면 '근대'의 생활양식이란 어떤 것일까? 우리는 다음 광고에서 그 일단을 엿볼 수 있다. '리그레 치윙껌'(Wrigley chewing gum)은 처음에는 '飮酒, 食事, 喫煙 後에' 입안을 청정하게 하고 호흡을 상쾌하게 하는 '씹는 과자'(1927. 3. 18.)라고 하여 새로운 기호품의 출현을 알리는 데 중점을 두었지만, 점차 껌 씹는 행위를 근대적 생활양식과 결합시키며 수요를 확대해 나갔다. '呼吸, 消化, 渴(목마름 해소), 齒(치아 청결), 香味'(1928. 4. 21.)와 같은 효능을 알리는 것에서 나아가 예 (57)과 같이 구체적인 상황을 제시하며 껌을 씹으라고 권하고 있다. 몸소 움직이지 않는 것이 귀한 신분의 증거이던 시절에 운동을 한다는 것은 생소한 개념이었으며,[66] 껌을 씹으며 등교하는 아이는 선망의 대상이었을 것이다. '딴스'라든지, 성악도 처음 접하는 문화이고, 사무실에서 근무한다는 것은 문자 그대로 '하이칼라' 신분을 의미했다. 담배 피운 후에 껌을 씹어 입 냄새를 없애는 것은 신사의 예의였다. 즉 껌을 씹는다는 것 자체가 새로운 문화, 근대를 체험하는 일이었던 것이다.

(57)

'리그레-의치윙검은運動家에게元氣를줍니다……', '(식사 후에 이를 못 닦고 등교하는 것을 걱정하는 어머니에게) 「어머니걱정마시오 時間이느저가니까 리그레-의치윙검을씹으며가겟습니다」', '事務所에서일하는사람에게는리그레-의치윙검이神經을緩和하고精神을統一하므로……', '食事後에리그레-치윙검을十分間쯤씹으십시오……', '聲樂家가노래를始作하기前에반다시……', '……딴스를始作하기前又는딴스하는中에……', '喫煙後……' [리그레 치윙검 1934. 5. 18.]

세숫비누 광고도 많았다. 비누 광고는 공장에서 만든 세숫비누를 처음 접한 소비자들에게 위생 관념을 새로운 생활양식으로서 주입시켰다. (58)은 세숫비누의 수요를 창출하기 위한 캠페인 광고이다. 치약

66 고종황제가 외교관들이 땀을 뻘뻘 흘리며 축구를 하고 있는 것을 보고 '힘든 일은 아랫것들 시키시지 않고…'라고 말했다는 우스개가 있을 정도이다.

광고도 비슷한 방식의 캠페인 광고를 냈는데, 아침에 일어나 소금으로 양치하는 것이 전부였던 시절에 (59)와 같이 자기 전에도 치약으로 이를 닦으라고 채근하였다.

(58)

'學校에서도라와서花王石鹼으로손을씻으십시다', '손잡이를쥐엿든손은花王石鹼으로씻으십시다', '기저귀를박궈챈손은花王石鹼으로씻으십시다', '花粧[67]은자기前에花王石鹼으로깻긋하게씻으십시다' '기여서온兒孩의손을花王石鹼으로씻으십시다', '一日의疲勞를花王石鹼으로시원하게씻어내버립시다', '事務를다보고는花王石鹼으로손을씻으십시다', '食事하기前에花王石鹼으로손을씻으십시다', '運動한뒤에는花王石鹼으로손을씻으십시다' [花王石鹼 1932. 5. 14.]

(59)

'주무시기前에도니를닥그십시오', '어린째부터니를닥그십시오' [라이온齒磨 1930. 9. 6.]

'아지노모도'는 광고를 통해 근대적 가족 모델을 제시하기도 하였다. (60)은 삽화로 어린 딸을 데리고 외출하는 잘 차려입은 부부의 뒷모습을 보여 주었다. 물론 부인의 손에는 아지노모도 병이 들려 있다. 전통적으로 부부 동반 외출이라는 것이 생소한 데다가 어린아이까지 데리고 외출하는 것은 더욱 드문 일이었을 당시에, 그러한 삽화는 모든 여성의 동경의 대상이 되는 근대적 생활양식을 구체적으로 예시하는 것이었다.

(61)은 화신 백화점 광고에 등장한 상품들이다. (60)의 주인공들이

---

67 우리 표기법으로는 '化粧'이 맞는다.

사용했음직한 물품들이 판매되고 있었다.

(60)

{살림살리의근본} '아지노모도를 음식에처서 손쉽게 맛잇게 하야 먹는것은이상적 살림살리법입니다……' [아지노모도 1934. 11. 25.]

(61)

'무지메린쓰, 본견시마스팡, 모자, 메리야쓰, 와이샤쓰, 봄유행넥타이, 양말, 봄부인쇼루, 봄부인양산, 장갑, 손수건, 연필, 萬年筆, 繪具, 가방, 란도세루, 製圖器, 잉크, 잉크스탠드, 공책, 벤또곽, 수통, 女學生用재봉상자, 學生靴' [和信百貨店 1935. 3. 22.]

3.5. 외국 선망 심리 자극

3.5.1. 외제품 혹은 수출품 부각

외국에서 온 낯선 물건들을 팔기 위해 외국의 문물을 동경하도록 자극하는 광고도 많았다. 해당 상품이 외국에서 수입된 것, 또는 외국으로 수출하는 것이라거나, 원료가 외국에서 온 것이라거나, 외국의 유명 인사가 보증한다거나 하는 식으로 광고하였다. (62)는 미국으로 수출하는 제품임을 강조했고, (63)은 권위 있는 미국의 일류 감정자가 인증하였다고 광고하고 있으나 그것이 누구인지는 밝히지 않았다. (64)는 동양의 정수를 추출하여 만든 제품이라고 선전하였다.

(62)

{只今이나흘쌔} {日本에서아메리카에가는有名藥} [神經痛류마지스 1928. 4. 18.]

(63)

{上質스콧취式} '權威잇는 米國一流鑑定者에게서左記와如한그品質의 確認나린위스키-산토리-' [산토리 위스키 1934. 4. 24.]

(64)

{原料는東洋의粹} '……濠洲의牛脂 南洋의椰子油 滿洲의大豆油 日本近海의魚油鯨油……' [花王石鹼 1935. 6. 27.]

3.5.2. 외국어 사용

이국적인 분위기를 조성하고 외국과의 관련성을 강조하기 위해 카피에 외국어를 사용한 광고들도 많았다. 외국어를 사용한 흥미로운 광고로는 우선 다음 두 사례를 들 수 있다.

(65)

{月中玉兎說明藥} '슷모닝하우두유두앗차失禮ᄒᆞ얏슴니다本身은月中玉兎로多年搗藥에從事ᄒᆞᆷ으로……미나상사요-나라' [普惠藥房 각종 약 1915. 1. 1.]

(66)

'An Appreciation to Doctors' '醫師諸賢에게謝禮함! 弊行이우리社會民衆保健과衛生向上을爲하야……' [네오톤 1937. 7. 11.]

(65)는 약 광고로서, 달에서 다년간 약을 찧던 옥토끼가 약효를 설명하는 형식의 신년축하 광고이다. 옥토끼가 여러 나라를 다니다 보니 무심결에 영어가 튀어나왔다는 변명과 함께 영어로 시작해서 본문은 접사류만 한글인 국한 혼용문이고 끝은 일본어 인사로 마무리하였다. 표기는 한글과 한자로 되어 있지만 국어, 영어, 일본어의 3개 국어가 동원된 이채로운 광고이다. 지구 위의 여러 나라만으로도 부족해서 달나라까지 동원되었으니 가히 국제적이 아니라 우주적인 광고라 할 것이다.

(66)은 유한양행의 광고로서 미국 수입품임을 강조하기 위해 영어로 제목을 단 예이다. 의사들이 네오톤을 많이 처방해 주어 고맙다는 감사장 형식의 광고인데, 이 광고 외에도 유한양행에서는 'Consult With your Doctor(醫師에게問議하라)'(1935. 2. 24.)라는 광고도 냈다. 영어 단어 정도가 아니라 문장을 사용한 것인데, 유한양행의 창립자인 유일한(柳一韓)이 미국에 유학하여 공부한 것과도 관련이 있을 것이다. 1930년 6월 22일자 광고에서는 회사 이름을 'NEW ILHAN & COMPANY. DRUGCS'라고 표기하였다. '유일한'이라는 이름에서 성을 'New'로 표기하여 중의적으로 표현한 것이다. 당시 국산품 광고들은 대체로 일본을 비롯한 외국 상품의 광고에 비해 허술한 편이었는데, 유한양행 광고는 상당히 서구적이고 세련되었다.

그밖에 외국어를 사용한 카피들의 예를 들어 보면 다음과 같다. 상표명을 제외하고 외국어가 포함된 부분만을 짧게 인용한다.

(67)

'<u>베-스샛-루 후도샛-루 론데니스</u> 用具' [篠崎半助支店 1914. 10. 11.]

(68)

'……世에定評잇는탄록푸다이야를用홀事' [탄록푸 다이야 1918. 7. 30]

(69)

{봄이왓다!!輕快한쓰푸링코-트를} [丁子屋 洋服店 1926. 4. 1.]

(70)

'……完全無缺한웰님式또노뽄發聲映畵……', '……사운드토-기' [團成社 1930. 1. 27.]

(71)

'……乘用車及시보레-.도랏구의朝鮮咸鏡南北道.忠淸南北道.江原道京畿道의特約販賣店으로……' [시보레 1930. 8. 1.]

(72)

'봄이왓슴니다-아조音樂의 「시-슨」이되엿슴니다-사시랴면 山口로' [山口樂器店 1931. 3. 31.]

(73)

{뻑키景品附쎄일} [毛皮 1932. 12. 16.]

(74)

'石鹼界의 『푸린스』' [스메쓰비누 1934. 12. 21.]

(75)

{포켓트에너흘수잇는豪華로운食卓이다} '…… 包含된榮養은五三00카로이라고……에네루기-가된다…… [森永 밀크쪼코레-트 1936. 2. 17.]

(76)

'貴여운애기들에!第一조화하고, 健康第一인선라잇콘비[68]' [선라잇 콘비 1937. 1. 8.]

68 '콘비'는 상하가 붙은 어린이용 내의.

한글을 이용해서 외국어를 표기할 때 우리말에 없는 음운을 표기한 방식도 눈에 띈다. (73)과 같이 설측음 [l]을 'ㄹㄹ'로 표기한다든지 (70)에서처럼 [f]를 'ㅇㅍ'로 표기하여, 나름대로 원어 발음에 충실하려 한 모습을 보인다.

3.6. 경품 제공

상품을 사는 사람에게 경품을 제공한다는 광고도 즐겨 사용되었다. 요즘의 경품 광고에서 볼 수 있는 수법들이 모두 사용되고 있었다. 예나 지금이나 공짜로 얻는 덤은 소비자에게 매력 있기 때문이다. (77), (78)은 상품 구입자에게 무료로 영화를 보여 준다는 것이고, (80)은 병마개에 경품이 들어 있다는 내용이다. 마일리지를 부여한다는 (82), 사용 소감을 글로 적어 내는 백일장을 개최한다는 (79)와 같은 광고도 있고, (83)과 같이 이중으로 추첨하여 두 번 상품을 탄다는 광고까지 있었다. 경품도 상당히 다채로웠다. (81)을 예로 보면 1등에게는 고급 책상, 자전거, 금고를, 2등에게는 일본화(그림), 바둑판, 유모차, 시계, 자동저울 등이 주어졌다.

(77)

'칼표빈갑과<u>우미관활동샤진입장권으로교환</u>ᄒᆞᄋᆞᆸᄂᆞᆫ것은본월팔일ᄭᆞ지만밧습고오날부터위시ᄒᆞ야자힝거표의빈갑를좌긔쳐소로가져오시면우미관활동사진입장권을드리ᄋᆞᆸᄂᆡ다' [칼표 권련 1914. 4. 3.]

(78)

{「라이온」치마분愛用者優待活動寫眞大會開催} [라이온 치마분 1930. 6. 18.]

(79)

{女學生의皆樣森永 쵸코레-트賞에參加하시요!!} [森永 쵸코레-트 1931. 3. 7.]

(80)

{병마개王冠景品付特賣} [사구라쎄-루 1932. 5. 4.]

(81)

{赤玉 포-도와인大懸賞當籤發表} [赤玉 포-도와인 1934. 9. 13.]

(82)

[明治쵸코레-토 1936. 9. 20.] – 순일본어 광고로서, 초콜릿 안에 기재된 점수 1백점을 모으면 5전에 해당하는 초콜릿과 캐러멜을 증정한다는 내용.

(83)

{다시抽籤으로二重으로賞品을탄다} {ALL SERVICE} [헤치마크림 1936. 12. 21.]

3.7. 감성 자극하기

다음 예들은 상품 구매를 직접 권하기보다는 감성적인 분위기를 조성하여 소비자가 그 분위기에 이끌려 상품을 구매하고 싶어지도록 유인하는 광고들이다. 젊고 아름다운 여성이 삽화에 등장하는 것이 일반적이다.

(84)

{마음상쾌} '얼게빗[69]자리가느닷케 고읍게 갈나부친새카만머리고상한냄새그리운자태아!상쾌하다이로써미소노포마-드의純과良이빗나는것입니다' [미소노 포마드 1930. 6. 18.]

(85)

'푸른하늘푸른언덕코론으로살작열븐化粧한美肌에시치는五月바람이여' [헤치마 코론 1935. 5. 12.]

(86)

{사랑과힘의滋養飮料칼피스} '가만히잇서야해요!입가에스치는맛-쌍카풀진눈初夏의캐매라가딸가닥박히는풀가티싹트는그들의사랑!' [칼피스 1937. 6. 3.]

(84)에서는 머리에 포마드를 발라 단정하게 빗은 모습을 '얼게빗자리 가느닷케 고읍게 갈나부친 새카만 머리'와 같이 회화적인 언어로 묘사했고, (85)에서는 살짝 뿌린 향수 냄새가 오월의 바람에 실려 온다는 감각적 묘사로 로맨틱한 상상을 불러일으킨다. (86)은 감성적인 카피와 함께 아름다운 젊은 여성이 잔디밭에 엎드려 있는 삽화를 사용했다. 카피도 마치 영화 속 한 장면처럼 달콤하다. 칼피스의 특장점이라든지 칼피스를 구매하라는 메시지는 들어 있지 않지만, 칼피스를 마시며 연인과 로맨스를 키우고 싶은 마음이 저절로 들게 하는 광고라 하겠다.

---

69 얼레빗.

4. 결론

본 장에서는 일제 강점기의 광고 카피에 대해서 형식적인 면과 내용적인 면으로 나누어 분석해 보았다. 논의된 내용을 요약하여 결론을 삼는다.

평서문은 단언 형식의 헤드라인과 설명 형식의 본문으로 이루어지는 것이 전형적이며, 주로 상품의 내용과 특성을 설명하기 위해 사용되었다.

청유문은 소비자의 동참을 호소하는 광고에 적합한 형식이다. 공익적이고 도덕적인 행동을 함께 하고 아울러 상품 구매에도 동참하라는 내용으로 이루어지며, 이러한 광고는 일본의 군국주의 선전에 자주 활용되었다.

명령문은 소비자의 구매를 직접적으로 촉구하는 광고에 사용되었다. 카피 전체가 명령문으로 이루어지는 일은 많지 않고, 대체로 평서문으로 상품의 특성을 설명한 후 명령문으로 구매를 권하는 형식으로 구성되었다.

의문문 형식의 광고는 상대적으로 많지 않았다. 문제를 제시하고 나서, 그 문제의 해답이 바로 그 상품이라는 내용으로 카피가 구성되었다.

대화체 카피는 광고 속의 등장인물끼리 대화를 나누고 소비자, 곧 독자는 관찰자가 되는 형식의 광고로서, 마치 '입소문'을 전하는 듯한 느낌을 주어 신뢰감을 높이려는 기법이다.

상품 판매를 촉진하기 위한 광고 기법은 다음과 같다.

과장은 가장 손쉽게 사용된 기법이었다. 어떤 약이든 만병통치약이라고 광고하는 식으로 약 광고에 많았다.

애국심을 자극하는 전략도 사용되었다. 두 가지로 나눌 수 있는데, 하나는 우리가 만든 상품에 대해 동포애, 민족애에 호소하며 구매를 촉구하는 광고이고, 또 하나는 일본제 상품을 군국주의적 충성심과 결부시켜 판매하려는 광고이다. 전쟁과 무관한 일상어를 전쟁용어로 표현한 예들도 이에 속한다.

유명인이나 이 왕가(李王家), 일본 궁내성 등의 추천을 내세운 광고가 성행하였다. 일반인이 사용 후에 효과를 보았다는 증언 광고도 있었다.

새로운 생활양식을 적극 주입하면서, 그러한 생활양식을 따르기 위해서는 이러한 상품이 필요하다는 식의 광고도 활발하였다. 전통적 생활양식에서라면 필요하지 않았던 조미료, 껌, 구강 청정제, 세숫비누 같은 상품들이 이러한 전략에 의해 수요를 창출하였다.

외국 선망 심리를 자극하기 위해서는 외제품이라거나, 외국으로 수출하는 상품이라는 사실을 내세웠다. 카피에 낯선 외국어를 사용함으로써 외제품을 연상시키거나 외제품임을 강조하였다.

그밖에, 경품을 제공하는 고전적 전략도 사용되었으며, 아름다운 젊은 여성 모델과 로맨틱한 카피로 감성을 자극하는 광고도 눈에 띄기 시작하였다.

참고문헌

강명자(1969), "한국 신문 반세기에 나타난 광고문의 변천", 신문평론 여름호.

김혜숙(1999), "광고의 언어 표현 행위에 나타난 사회언어학적 특성", 사회언어학 7-2, 한국사회언어학회.

신명직(2003), 모던쌧이, 京城을 거닐다, 서울: 현실문화연구.

신인섭(1986), 한국광고사, 서울: 나남출판.

이석주 외(2002), 대중매체와 언어, 서울: 역락.

이은희(2000), "광고 언어의 생략 현상", 국어교육 103, 한국어교육학회.

이익섭 · 채완(1999), 국어문법론강의, 서울: 학연사.

이현우(1998), 광고와 언어, 서울: 커뮤니케이션북스.

이화자(1998), 광고표현론, 서울: 나남출판.

정진석(1996), "통사-광복 이전", 한국광고 100년 상, 사단법인 한국광고단체연합회.

채완(2003), "개화기 광고문의 표현 기법", 한국어 의미학 12, 한국어의미학회.

채완(2005), "일제 시대 광고문의 형식과 전략", 이중언어학 27, 이중언어학회.

한국광고단체연합회 편(1996), 한국광고 100년 상 · 하, 사단법인 한국광고단체연합회.

한국광고학회 편(1995), 한국의 광고.

Twitchell, J. B. (2000), *Twenty Ads that Shook the World: the Century's Most Groundbreaking Advertising and How It Changed Us All*. 김철호 (옮김)(2001), 욕망, 광고, 소비의 문화사, 서울: 청년사.

광고정보센터 http://www.adic.co.kr/index.do.

제4장
일제 강점기 광고문의 문체

1. 서론

일제 강점기는 국어의 사용 면에서 볼 때 하나의 혼란기요 과도기라 할 수 있다. 개화기에 싹튼 국어와 한글에 대한 자각이 본 궤도에 오르기도 전에 일제의 침탈이 이어져 국어 생활은 위기를 맞게 되었다. 우리의 필요에 의해서가 아니라 일본의 강제에 의해서 일본말이 우리말을 오염시켰으며, 일본을 통해 들어온 광고는 이전까지 경험하지 못했던 새로운 양식의 언어생활로서 국어의 어휘와 문체에 광범위한 영향을 끼쳤다.

개화기에 현대적 의미의 광고가 처음 우리나라에 도입된 이래, 일제 강점기에는 일제의 식민지 정책에 의해 다양한 상품이 들어오고, 많은 인쇄 매체들이 만들어지면서 광고의 양이 폭발적으로 늘어나게 되었다.

일제 강점기 광고를 보면 상품 자체뿐 아니라 그러한 상품을 사용할 수밖에 없도록 새로운 생활양식(lifestyle)을 적극적으로 소개하고 모방을 부추김으로써 새로운 수요를 창출하는 광고 기법들이 활발하게 사용되었음을 볼 수 있다. 결과적으로 광고가 우리의 전통적 생활 문화를 파괴하는 데 하나의 역할을 했던 것이다. 일제의 군국주의 침략이 한창일 때는 캐러멜 하나 사 먹는 것도 일본에 대한 충성, 일본 군인의 충성심에 대한 찬양으로 연결시켰다. 난 데 없이 나타난 '아지노모도'는 단순히 음식 맛을 돋우어 주는 데서 그친 것이 아니라 '근대 여성'의 새로운 생활양식을 제시하면서 우리의 부엌을 점령하였고, 아지노모도에 길들여진 입맛은 광복 후에도 20 년 이상 아지노모도를 우리의 부엌에 머무르게 했다. 일제 강점기에 광고된 상품들을 보면 당시 우리의 생활문화가 어떤 변화를 겪고 있었는가가 적나라하게 드러난다.

광고는 우리의 문자 생활에도 적지 않은 영향을 끼쳤다. 훈민정음 창제 이후에도 공적인 문자 생활에서는 한자(한문)를 주로 사용해 왔고, 한글은 주로 개인적인 편지나 문학 작품에 한정되어 사용되어 왔던 것이 당시까지의 상황이었는데, 인쇄 광고에서는 처음부터 순 한글체 문장을 적극적으로 채용하였다. 물론 그 배경으로는 한글 신문인 〈독립신문〉의 역할이 컸다. 1909년에 한글 신문들이 폐간된 후에도 한글 광고의 명맥은 이어졌으며, 심지어 1938년에 일제가 한글 교육을 금지한 이후에도 광고에서는 한글이 사라지지 않았다.

광고 언어는 설득의 언어로, 상대방을 자신의 생각에 동조하도록 이끄는 언어 행위다. 호소력이 극대화된 언어로서 광고 수용자의 언어 감각과 동떨어진 언어 구사로는 원하는 목적에 다다를 수가 없다. 카피의 문체는 목표 집단(target)의 언어 사용 양상 내지는 그들이 지향하는 언어 감각을 대변한다. 한문이든 한글 전용문이든 국한 혼용문이든, 혹은 일본어 혼용문이든 우연히 선택된 것이 아니라 각각의 광고에서 설정한 목표를 반영하고 있는 것이다.

일제 강점기에 광고되었던 상품의 종류는 예상 이상으로 다양하다. 만병통치약이라든지 회충약, 멀미약, 불임치료제 같은 각종 약과 함께, '아지노모도'로 대표되는 조미료, 담배, 추잉검, 캐러멜 같은 과자류, 심지어 자동차 광고까지 있었고, 조선글 타자기 같은 의외의 상품도 있었다. 상품의 종류와 물량이 많다 보니 소비자의 눈길을 끌기 위하여 여러 가지 표현 기법이 시도되었는데, 그 중의 하나가 문자와 문체의 선택이다. 문체 선택의 중요한 요인은 타깃의 설정이다. 실제로 특정한 타깃을 대상으로 많은 광고를 내보냈던 몇몇 상품을 살펴보면 광고 카피의 문체와 타깃 설정의 상관성이 잘 드러난다.

2. 표기 문자에 따른 문체

한일 병합 이후, 전에는 흔히 볼 수 있었던 한글 전용 광고가 거의 자취를 감추었다. 국한(國漢) 혼용문과 국한일(國漢日) 혼용문이 대세를 이루는 가운데 한글 광고의 명맥이 이어지기는 했지만 〈독립신문〉 초기에 실렸던 것과 같은 문자 그대로의 한글 전용문 광고는 찾기 어려워졌다. 본문은 한글로 되어 있더라도 상품명과 광고주는 한자나 일본어로 표기되는 것이 원칙이었기 때문이다. 또 당시 대부분의 상품명이 한자어나 일본어, 또는 영어로 되어 있었으므로 카피에 상품명이 포함되면 당연히 혼용문이 된다.

그러한 실정을 감안하여 여기서는 본문의 표기를 기준으로 문체를 분류하였다. 실상 상품명을 외래 문자로 표기하였더라도 거기에 독음이나 우리말 이름을 병기하여 해당 외래 문자를 읽지 못하는 사람일지라도 한글만 알면 광고 전체를 이해할 수 있으므로, 그러한 경우도 한글체 광고로 분류하였다. '한글 광고'라고 하면 '한글 전용 광고'를 생각하기 쉬우므로 '한글 전용 광고'보다 포괄적인 대상을 가리키는 개념으로 '한글체 광고'라는 용어를 사용하기로 한다.

다시 말해 여기서 '한글체'란 카피 전체가 한글로만 된 것을 가리키는 것이 아니라 한글만을 아는 독자라도 해독할 수 있도록 작성된 카피를 가리킨다. 그러한 기준으로 보면, 전체가 한글로 된 경우는 물론이고 상품명이나 제목에 다른 문자를 사용하였더라도 한자어나 일어 부분에 한글로 독음(讀音)을 달거나 한글 풀이말을 병기한 예들까지도 한글체로 분류되는 것이다. 광고주(제조사 이름이라든지 판매업체 이름 따위) 부분은 으레 한자(드물게 일본어)로 표기되었으므로 고찰 대상에서 제외시켰다.

2.1. 한글체

2.1.1. 순 한글체

순 한글체 광고로는 다음 (1)과 같은 예를 들 수 있다. 일제 강점기의 광고는 제목, 상품명, 본문 등이 모두 한글이더라도 광고주는 한자로 표기하는 것이 일반적인데 (1)에는 광고주(남딕문닉 영미연쵸주식회사)도 한글로 표기하였다. 다만 여느 광고와 달리 날짜가 명기되어 있는데 그 날짜 부분만이 한자로(大正三年四月三日) 표기되어 있다. 날짜를 명기한 이유는 본문에 '오날부터위시ᄒᆞ야'라는 부분이 있으므로 '오날'을 분명히 밝힐 필요가 있었기 때문이다.

(1)

'칼표빈갑과우미관활동샤진입장권으로교환ᄒᆞ옵는것은본월팔일ᄭᆞ지만밧삽고오날부터위시ᄒᆞ야자힝거표의빈갑를좌긔쳐소로가져오시면우미관활동사진입장권을드리옵ᄂᆡ다' [자힝거표 담배 1914. 4. 3.]

담배 광고는 개화기에는 대부분 한글로 되어 있었으나 한일 병합 이후 거의 혼용체로 바뀌었다. 이 무렵 '富貴', '天鷄', '말표', '美人', '東光', '香臭' 등의 담배들이 국내에서 생산되기 시작했는데 한결같이 혼용문으로 광고를 실었다.[70] 다음 (2)는 '富貴'와 '天鷄' 광고로서 (1)과의 비교를 위해 보인 것이다. 한자 표기가 양적으로 많은 정도가 아니라 조사와 어미만을 한글로 표기할 뿐 실사에 해당하는 부분은 전부 한자어로서 한자로 표기되었다.

(2)

'喫煙家의好福音本社ᄂᆞᆫ各國의名葉을撰擇ᄒᆞ야獨特의製造法에依ᄒᆞ야第一着으로以上의二製品을發賣ᄒᆞ오니大方各位ᄂᆞᆫ請試後御高評을賜ᄒᆞ심을切望ᄒᆞ옵' [新製紙券煙草의大發賣 1911. 6.11.]

70 당시 담배는 미국제 수입품과 국내 또는 일본에서 생산된 제품이 있었는데, 국내나 일본 생산품에도 영어 이름을 짓고 담뱃갑에도 영어로 표기하여 미국제 수입품처럼 보이게 하는 것이 유행이었다. 영어 이름이 있고 그에 대응되는 우리말(한자어 포함) 이름을 지었는데 그 대응이 재미있다. 'Beauty'를 '官妓票'로 옮긴 것에서 '官妓'가 미인을 대표했던 것을 짐작할 수 있다. 그밖에 'Horse(말표; 馬票), Wealth(富貴), Richness(돈표), Child(童子票), Kite(솔개표; 鳶票), Army(陸軍票)' 등이 있었다.

한글체와 혼용체의 선택은 단순히 한자어를 한자로 표기하느냐 한글로 표기하느냐의 문제에 그치는 것이 아니라 문체까지도 달리 선택하는 것을 의미하는 경우가 많다. 예를 들어 한글체 광고도 하고 혼용체 광고도 했던 '趙膏藥'을 보자. (3)은 어린이가 쓸 수 있는 쉬운 말로 되어 있으며 한자어가 있더라도 한글로 표기하였다. 반면 (4)는 약의 효능을 선전하기 위해 좀 더 권위가 있다고 생각되는 한자어를 많이 사용하고, 모든 한자어를 한자로 표기하였다. 상대경어법도 (3)은 해라체를, (4)는 가장 격식을 갖춘 합쇼체를 사용하였다. 합쇼체를 사용함으로써 독자를 높이 대우함과 동시에, 사적인 대화가 아니라 책임과 권위를 갖춘 공적인 언명(言明)이라는 것을 표현하였다.

(3)

'엄마가 딴고약이면 아니된다고 꼭 됴고약을 사오라고 그러셋다! 종기에는 됴고약이 제일이니까 그러-치?' (# 남매로 보이는 두 어린이 삽화) [됴고약 1934. 12. 23.]

(4)

'腫氣에는 喜消息! 크거나 적거나 아모런 腫氣이던지 趙고약으로 治療를 하십시요! 오래된歷史와 數千萬人의 治療經驗으로보아 그偉大한 實效를 如實히 證明하는바이올시다' [趙膏藥 1937. 10. 5.]

순 한글체 카피는 많지는 않았는데, 대체로 다음과 같이 여성용품 광고에서 찾을 수 있다. 국산 화장품인 '朴家粉'과 일본제 머리 염색약 '루리하(るり羽)' 광고로서, 한글로 표기했을 뿐 아니라 '짬쯰, 죽은깨, 잡틔' 또는 '도드록하고, 옷빗가튼, 착착붓튼, 도틈하게' 등과 같은 구체적이고 일상적인 어휘를 사용하였다.

(5)

{귀부인신춘준비품화장에변치안는박가분} '최고한력사가잇고루차상패바든박가분을항상바르시면살빗치고아지고모든풍증과짬씩죽은째와잡틔가사라지고윤택하여짐니다귀부인화장하실째박가분을콩알만치쩨여손바닥에놋코물을조금써러틔리고개이면백배이상부러나서안면에만족히바르게됨니다' [朴家粉 1927. 1. 28.]

(6)

'도드록하고도윤택나는옷빗가튼머리…' '윤택이제일조흔염모제머리털은안감어도곳물든다약은손쉽게더운물에풀닌다착착붓튼머리털을도틈하게보이게한다감으면감을사록윤을더하게하야베개이불에안붓는다' '우리녀성은언제까지나젊고아름답고원기발자한인생을명랑하게보냅시다' [루리하 1937. 6. 4.]

1938년에 일제가 한글 교육을 금지한 이후에도 신문 광고에서 한글이 완전히 사라지지는 않았다. 다음 예는 일제의 한글 탄압이 심할 때의 광고지만 한글이 많이 사용되었다. 소비자가 실제 사용하는 언어로 광고하는 것이 가장 효과적이라는 사실을 광고주들이 알고 있었기 때문이었을 것이다.

(7)

{치위에지지않게하고 호흡기병과감기를예방하여주는} '三千里江山방방곡곡에서 대환영을 받고잇는 口中殺菌劑衛生口錠가오-루는……' [カオール 1940. 10. 3.]

2.1.2. 독음 병기체

일본제 조미료 '아지노모도'는 초기에는 '味の素'라는 상표명을 '味의素'(1915. 10. 7.)로 번역하고 본문은 국한 혼용체를 사용했다. 그러나 이후 한글체 광고로 바꾸고, 상품명의 표기는 '味の素'로 고정시키되 세로쓰기된 일본어 이름 옆에 한글로 조그맣게 '아지노모도'를 써넣었다. 한자나 일본 글자를 전혀 모르더라도 한글만 알면 아무 불편없이 광고를 읽을 수 있도록 한 것이다. 아울러 이렇게 함으로써 '味の素'라는 상표명이 우리나라에서 '미의소'가 아니라 '아지노모도'로 불리도록 확정시키는 효과도 거둘 수 있었다.

(8)

{맛이잇다업다는녯날이약이} '직금세상은 요리맛이잇다 업다 이약이할문뎨가안된다아지노모도만치면모-든 요리음식은곳맛잇게되는고로……' [味の素(아지노모도) 1930. 2. 2.]

(9)

{近代女性(근ᄃᆡ녀성)은 모다愛用者(애용자)} '모-든음식에치면맛잇게하난 아지노모도를애용하시난 가뎡에서난 언제든지 맛잇난음식을 잡스십니다', '모-든요리에업지못할 味の素(아지노모도)' [味の素(아지노모도) 1928. 11. 6.]

아래 (10)도 한자음을 병기한 예인데, 본문은 한글로 표기하고 병명은 한자로 표기하되 한자에는 일일이 독음을 달았다.

(10)

'미국의학박사어을빈제조미국극상품만병수本病(본병) 痰痛(담통) 疳瘡(감챵)……' [어을빈 1931. 4. 5.]

2.1.3. 풀이말 병기체

독음 병기체에서 한 단계 더 발전한 경우가 풀이말 병기체이다. 한자에 독음을 달되 어려운 한자어는 쉬운 우리말로 풀고, 같은 한자어라도 보다 일상적인 말로 바꾸어 준 것이다.

(11)

{婦人(부인네)一生(일ᄉᆡᆼ)의永久(무한)ᄒᆞᆫ幸福(ᄒᆡᆼ복)을導(인도)ᄒᆞ기애ᄂᆞᆫ부인령약ᄐᆡ양됴경환(胎養調經丸)} '偉効(령효)에賴(의뢰)하ᄂᆞᆫ外(외)에다시업ᄉᆞᆸᄂᆡ다' '요ᄉᆞ이물가ᄂᆞᆫ비록빗ᄉᆞ다ᄒᆞ되 돈처럼흔ᄒᆞᆫ것은다시없슬가보외다 됴리집이자리가업고 기ᄉᆡᆼ을미리맛츈다ᄂᆞᆫ것은 오히려 고사ᄒᆞ더ᄅᆡ도 쥬머니속의 스글버글ᄒᆞᄂᆞᆫ것을 쓸데가없서셔 못쓰겟다ᄂᆞᆫ말ᄭᆞ지들니ᄂᆞᆫ이ᄯᅢ올시다……' [ᄐᆡ양됴경환 1913. 3. 7.]

(12)

'芳草(방초)綠陰(록음)오히려花時(ᄭᅩᆺ철)에勝(ᄇᆡ승)ᄒᆞᄂᆞᆫ自然美(쟈연뎍아름다움)보다更一層誇矜(더한층자랑)ᄒᆞᆯ만ᄒᆞᆫ것은이世上(셰상)에서누구던지稱讚(칭찬)ᄒᆞᄂᆞᆫ唯一(하나)의婦人靈藥(부인영약)=[ᄐᆡ양됴경환]=', '效力(효력)으로몸에아모病(병)도업고아기네귀염보ᄂᆞᆫ健康婦人(건강ᄒᆞᆫ부인)의生活美(생활멋)' [ᄐᆡ양됴경환 1918. 5. 25.]

(13)

{婦人(부인)과乳兒(어린아ᄒᆡ)의大福音喜消息(큰복음깁븐소식)} '무릇사

람의신체건강과 연연익슈는그근본이 어딕잇는고 곳어릴씩에죠흔젓살먹어병업시 자라남이근본일가흐느이다……' [乳의精(젓나오는약) 1920. 6. 9.]

위의 예문들을 보면 한자어를 좀더 쉬운 말로 바꾸어 보려는 노력들이 여러 방식으로 나타남을 볼 수 있다. '唯一'과 '하나', '乳兒'와 '어린아히'처럼 바로 대응되는 우리말 단어가 있는 경우는 단어로 대응시켰지만, '自然美'를 '쟈연뎍아름다움'으로, '大福音喜消息'을 '큰복음깁븐소식'으로 바꾸어 통사적 구성으로 풀어 주기도 하였다. 또 우리말에서 자립성이 없는 한자인 '導', '賴'를 자립성이 있는 '인도', '의뢰'로 풀어서, 요즈음 용어로 말하자면 '순화'를 했다.

풀이말 병기체는 한글, 한자 혼용체와 한글체의 중간 단계로서, 소비자에게 좀 더 가까이 가려는 광고의 속성에서 발생된 독특한 문체로 해석된다. 한자를 전혀 안 쓰자니 좀 가벼워 보이고, 한자를 섞어 놓으니 한자를 모르는 계층이 읽을 수 없을 것 같아서 타협을 한 것이다. 독음을 달아 놓는 것만으로는 그 뜻이 분명히 전달되기 어렵다고 생각되는 경우에 아예 쉬운 말로 풀어 놓은 것이다. 이는 카피 작성자[71]가 국한혼용문에서 한글 전용문으로의 변화가 단순한 표기 문자의 교체에서 그치는 문제가 아니라는 사실을 인식하고 있었음을 말해 준다.

---

71 최초의 광고대행사 광고는 1910년 7월 6일에 〈대한미일신보〉에 실린 '漢城廣告舍' 광고로서, 상당히 이른 시기부터 광고를 대행하는 회사가 있었다.

2.2. 한글, 한자 혼용체

당시 광고 카피에서 가장 자주 볼 수 있는 문자 표기 방식은 한글과 한자를 섞어 쓴 한글, 한자 혼용체인데, 혼용 비율과 원칙에 따라 세 가지로 나눌 수 있다. 즉 모든 한자어를 원칙적으로 모두 한자로 표기한 '한글 섞인 한문체', 한자어의 대부분을 한글로 표기하되 상표명과 같은 몇 단어만 한자로 쓴 '한자 섞인 한글체', 그리고 그 중간쯤 되는 '과도체'로 분류하였다. 앞서 '됴고약'의 사례(앞의 예문 (3), (4))에서 보았듯이 한자 표기 비율이 높은 글이 보다 격식체인 경향은 있으나, 한자 혼용 비율과 격식성의 정도가 꼭 비례하지는 않았다. 순 한글로 되어 있으면서도 일상적 구어체가 아니라 신소설투의 문어체인 경우도 있기 때문이다.

2.2.1. 한글 섞인 한문체

한글 섞인 한문체란 조사와 어미, 접미사, 'ᄒᆞ다/하다'나 '되다' 같은 기본 동사 정도만 한글로 표기하고는 거의 모든 실사를 한자로 표기한 문체를 가리킨다. 이러한 유형의 예들에서는 '없어도'를 '無ᄒᆞ야도'로 표현하는 등 우리말로 나타내는 것이 더 자연스러운 경우에도 가능한 한 한자어를 사용하였다. 우리말에 풍부한 수식 부사나 형용사를 거의 사용하지 않았으며, 격식을 갖춘 문어체 종결어미를 사용한 경우가 대부분이다.

한글 섞인 한문체는 일본식 한자어를 그대로 가져다 쓰는 등 일본어의 한자, 가나 혼용체의 영향을 많이 받은 것으로 보인다. 특히 일본 상품의 광고는 해당 상품의 일본 광고를 번역했을 가능성이 크므로 일본어 문장의 영향을 더 크게 받았을 것이다. 한글 섞인 한문체에서 한글은 대체로 가나를 쓸 자리를 대신하는 정도의 미미한 역할이었고, 점차 그러한 용도의 한글조차 사라지고 일본어를 그대로 사용한 광고들이 많아지게 되었다.

(14)

{英國皇室御用品 밀크메-쏘-名 人形票밀크}[72] '高價되ᄂᆞᆫ牛乳보담도廉價며其味가美ᄒᆞ니人形印밀크ᄅᆞᆯ小兒에게喫與ᄒᆞ시옵소셔人形印밀크만與ᄒᆞ면母乳ᄂᆞᆫ無ᄒᆞ야도小兒ᄂᆞᆫ充分히健康ᄒᆞ게發育ᄒᆞ압ᄂᆡ다……' [人形票밀크 1914. 1. 17.]

(15)

'君이今十日에京城에셔開催되ᄂᆞᆫ朝鮮物産共進會를機會삼아高尙ᄒᆞ고有利ᄒᆞᆫ事業을得ᄒᆞ시렵닛가?……' [和平堂藥房 1915. 9. 9.]

2.2.2. 한자 섞인 한글체

한자 섞인 한글체란 한자어도 대부분 한글로 표기하되 헤드라인이나 상품명을 포함한 한두 단어만 한자로 표기한 것을 가리킨다. 이때 한자 표기에는 독음이나 풀이말을 달지 않았다. (18)은 만화 형식의 광고로, 만화 주인공들이 저마다 '아사다아메'의 효능을 한 가지씩 소개하는 형식이다. 제목인 '子供과動物의國'은 'と'와 'の'를 '과'와 '의'

---

72 '밀크메-쏘-名'은 'Milkmaid Brand'의 번역. '名'은 상표명을 가리킴. 당시에는 상표를 '○○印, ○○票, ○○名'과 같은 방식으로 불렀다. 이 광고에는 '人形票', '人形印'라는 말도 사용되어 세 용어가 모두 나타난다.

로 바꾸었을 뿐 어법은 일본어 그대로이다. (16)의 '(車)상'도 일본어다.

(16)

'[問] 모시모시 光化門 1153번아車상이서요근일에각신문지상에굉장하게나는[전긔신액]이라하는약이무삼병에그다지신효한지각디방에서는신액이면당장에죽을사람이라도살것가치써드는모양이대단한데대체신액이무삼병에그러케신효한가요

[答] 네-뎐긔신액이요참저도신액을사용하야보앗습니다만은……정가는전선대[73]와갓흡듸다 참위장병으로신음하는이에게는행복이라하겟서요하하하' (# 두 신사가 전화 통화를 하는 삽화) [電氣神液 1927. 6. 5.]

(17)

'學校에서도라와서花王石鹼으로손을씻으십시다', '손잡이를쥐엿든손은花王石鹼으로씻으십시다', '기저귀를박궈챈손은花王石鹼으로씻으십시다'…… [花王石鹼(가오 비누) 1932. 5. 14.]

(18)

{子供과動物의國} '아사다아메가잇다', '나도 아사다아메를 주어요', '아사다아메 튼튼하야지고 조쿠나!', '淺田飴를 먹어바요 경주에도 一等이라나', '이번은 아사다아메를 먹엇스니까 아니 진다나', '추어도 아사다아메를 먹으면 감긔는 아니든다'…… [아사다아메 1935. 2. 26.]

73 '전선대'는 전화 요금.

2.2.3. 과도체

당시의 한글, 한자 혼용체가 모두 '한글 섞인 한문체'와 '한자 섞인 한글체'로 명쾌하게 나눠지는 것은 아니다. 다음 예들은 그 과도적 형태로서, 한자어를 원칙적으로 한자로 표기하는 것은 한글 섞인 한문체와 같으나, 고유어 실사의 사용이 늘어난 점에서 구별된다. 그에 따라 전체적으로 한자의 쓰임이 줄어들었다.

(19)

{국수장국에} '아지노모도(味の素)를利用하십시오조금만너시면當場에百倍의美味로맛이擴大합니다' [味の素(아지노모도) 1926. 4. 10.]

(20)

{보라!! 놀낸다ー 산다!} '三者合一되는것이것이修養全集講談全集이라고한다지금出來!벌서서점에陣列됏다쌀니보라그러하고우리들의誠意를알어다우' [修養全集, 講談全集 1928. 10. 15.]

(21)

'ㅡ兒孩들의病에ㅡ쨍쨍한봄날,꼿으로찬어린이나라,庭園에서動物들도,衆議는一決兒孩에게,救命丸이效力이 第一이라고' [救命丸 1934. 4. 16.]

2.3. 한문체

한문체 광고는 신년 축하 광고, 상품명과 광고주만을 밝힌 간단한 고지 광고, 그리고 본문이 있는 경우의 세 가지로 나눌 수 있는데, 대부분이 신년 축하 광고이고 본문 카피가 있는 예는 몇 건에 지나지 않는다.

신년 축하 광고는 매년 1월 1일자에 실렸는데, '부채표 활명수'의 동화약방(1912. 1913), 영창당건재약국(1914), 화제당약방(1919), 제생당약방(1920) 등 광고주가 대부분 우리나라 약방들이라는 점이 눈에 띈다. 약이라는 것은 평상시에 사용하는 일상 소비품이 아니므로, 긴급할 때 제일 먼저 생각에 떠오르도록 일종의 기업 이미지 광고로서 연하장 형식의 신년 축하 광고를 활용했던 것으로 보인다.[74]

(22)는 본문이 있는 예이고, (23)은 신년 축하 광고, (24)는 단순 고지 광고이다.

(22)

'四海衛生君子之友清凉劑之神將消化藥之大王' [清心保命丹 1911. 8. 29.]

(23)

'謹賀新年清心保命丹製造本家强壯大補元製造本家' [濟生堂藥房 1920. 1. 1.]

(24)

'高麗人蔘酒松葉燒酒' [松來釀造場 1927. 8. 29.]

개화기 때도 한문체 광고는 드물었다. '欽欽新書' 광고(황성신문 1901. 7. 23.)처럼 상품명(책 제목)과 가격과 주문처만 밝힌 고지 광고가 몇 건 눈에 띌 뿐 본문 카피가 한문으로만 된 광고는 찾기 어렵다. 아무래도 한문을 자유롭게 읽을 수 있는 계층은 한정되어 있으므로 '널리 알리는' 것이 가장 큰 목적인 광고의 문체로는 한문이 불리하기

74 일본의 제약회사인 新井藥房('仁丹' 제조사)에서도 여러 번(1915, 1916, 1917 등) 신년 축하 광고를 냈으나 모두 한글, 한자, 가나가 섞인 혼용체였다.

때문이었을 것이다.

2.4. 한글, 한자, 가나 혼용체

한글, 한자, 가나 혼용체에서 가나는 대부분 상품명의 표기에 사용되었으나, 본문에 가나를 섞어 쓴 카피도 흔했다. 가나를 모르더라도 읽을 수 있도록 한글 독음을 달거나, 우리말로 뜻을 풀어 병기한 예도 있지만, 전혀 그런 배려 없이 일본어를 그대로 섞어 쓴 광고도 많았다. 불편하면 알아서 일본어를 배우라는 고압적 태도를 보이는 광고라 하겠다. 광고의 효과 면으로 볼 때 일본제 상품을 일본어로 광고함으로써 (우수한) 일본제라는 점을 강조할 수도 있었을 것이다.

2.4.1. 독음 또는 뜻풀이 병기체

다음은 상품명 정도만을 가나로 표기하되 한글 독음을 병기한 예들이다. 일본제인 상품의 원래 표기를 살린다는 정도로서, 일본어 광고라고까지 할 정도는 아니다.

(25)

'五穀이닉는가을 몸에 살지는가을 녀름에죽다사라나는가을 赤玉먹고서 쒸노는가을!' [赤玉ポートワイン(포토와인)[75] 1929. 9. 19.]

---

75 port wine.

(26)

{日本서第一信用잇는ライオン歯磨} '분가루가곱고냄새가조흐며효과가만흔라이온치마는어린이들로부터늙은이까지즉집안어느분한테나조흔치마입니다' [ライオン歯磨(라이온치마) 1930. 5. 13.]

다음과 같이 일본어에 우리말 뜻풀이를 병기한 예들도 있다. 이 예들은 일제가 한글 교육을 금한 1938년 이후의 광고들로서, 이미 이 무렵에는 우리 사회에 일본어가 상당히 보급되었을 것이지만 일본어 부분에 우리말 뜻을 병기하였다. 언어 정책보다는 상업적 목적이 앞서는 광고의 속성을 보여 준다.

(27)

{睡眠も(도)人切な(소중한)榮養の一つ(의하나)} '寢前에蜂ブドー酒를잡수십시다 이것은무엇보다……' [蜂ブドー酒(하찌포도주) 1939. 3. 8.]

(28)

{食慾を(식욕을)增し(늘게하고)} [赤玉ポートワイン(포토와인) 1939. 3. 17.]

2.4.2. 일본어 혼용체

다음 예들은 한글 독음이나 뜻풀이 없이 일본어를 그대로 섞어 쓴 것들이다. 가나 외에도 '罐詰, 皆樣, 御用意' 같은 일본 한자어들도 카피에 흔히 쓰였지만, 여기서는 직접 가나가 사용된 예들만을 인용하였다.

(29)

{我祀の告白} '東光社の賣出し' '東光社가煙草販賣事業을開始以來로指를屈컨대……' [改良紙卷煙草 1911. 12. 27]

(30)

{國民精神總動員!!} {榮養報國さけ의常式!} [あけぼの印 オロラ印 さけ(사게) 罐詰 1938. 2. 26.]

2.5. 한글, 한자, 가나, 알파벳 혼용체

상품 포장지에 알파벳이 표기된 상품이 광고에 삽화로 사용될 경우는 당연히 광고 속에 알파벳이 보이게 되지만, 그런 경우 외에 상품명이나 헤드라인, 또는 본문에 알파벳이 사용된 예는 그리 많지 않다.

(31)은 인단 광고로서 당시 광고로는 드물게 상당히 긴 영어 문장이 카피에 포함되었다. (32)는 'ウ井スキー'(우이스키〉위스키)의 'イ(이)' 부분을 'イ'로 읽히는 한자 '井'으로 표기하는 기교를 부렸다. 술 광고에 '우물 정(井)'자를 사용하여 연상 작용을 불러일으키고자 한 의도로 짐작된다. (33)을 보면 당시에도 스키를 탔었나 하는 생각이 드는데, 스키를 즐긴 사람이 있었다 하더라도 극소수였을 것이다. '스키'가 풍기는 이국적인 분위기를 영어 카피를 통해 강조하는 효과를 노린 광고다.

(31)

{いつも仁丹持うか肝心} '(전략) 그런즉……日中外出時에 特히 闕ᄒᆞ지 말고仁丹을携帶ᄒᆞ시오' 'Whenever, however & wherever you may be, you'd surely enjoy excellent health.……' [仁丹 1911. 9. 1.]

(32)

{ヘルメスウ井スキー} '世界의名酒!' [HERMES WHISKEY 1928. 4. 15.]

(33)

{SMILE OPENS 1936's EYES} '스키-가잇스닛겨을이愉快하다그러나白銀의世界는眩惑의世界……' {强烈한光線에서눈을보호 スマイル(스마일)} [スマイル(스마일) 1936. 1. 24.]

2.6. 한자, 가나 혼용체

한글이나 알파벳이 전혀 사용되지 않은 순 일본어(漢日 혼용문) 광고도 있었다. 우리나라 독자들이 보는 신문에 실렸고 상품 자체가 일본인에게만 필요한 것도 아닌데 일본어로만 된 광고를 실은 것이다. 본문 인용은 생략한다.

(34)

[家庭仁丹讀本 1912. 11. 12.]

(35)

[秋蒔 野菜種子 1915. 7. 28.]

(36)

[明治チョコレート 1936. 9. 20.]

(37)

[キリンビール 1937. 7. 11.]

위의 예들은 각각 인단, 야채 씨앗, 초콜릿, 맥주 광고다. 인단이나 초콜릿, 맥주는 일본어를 해득하는 계층을 주 타깃으로 삼아서 일본어로 광고를 했다고 하더라도, 농민들이 주 타깃이 될 야채 씨앗 광고를 일본어만으로 했다는 사실은 다소 의아하다. 외래 신품종이라는 것을 강조하기 위한 것이 아닐까 생각된다.

2.7. 한자, 가나, 알파벳 혼용체

한글 없이 한자와 가나, 알파벳만으로 이루어진 광고는 거의 없다. 다음 예 정도인데, 광고주는 한자로 표기되어 있다.

(38)
'カブトビール' [KABUTO BEER 1913. 4. 19.]

3. 타깃 설정과 문체

카피의 문체는 주 소비 계층, 혹은 구매 계층의 언어 감각에 근접한 문체로 광고하는 것이 가장 효과적일 것이다. 타깃의 언어 감각이란 그들이 실제 사용하는 언어일 수도 있지만 그들이 지향하거나 선망하는 언어일 수도 있다. 예컨대 첨단 기술을 사용하는 휴대전화기 이름에 외국어가 많이 사용되는 것은 최신 기술을 적극적으로 수용하는 젊은 층의 언어 감각을 반영하는 것이다.

일제 강점기 광고에서도 타깃의 설정은 문체를 결정하는 중요한 조건이었다. 예를 들면, 서민이 신는 고무신 광고((39), (40))는 순 한글로 되거나 한자를 최소한으로만 사용한 데 반해, 그 시절에 누가 샀을까 싶은 자동차와 모피 광고((41), (42))는 한자 위주의 표기에 '뻑키, 쎄일'과 같은 외국어까지도 사용되었다. 어차피 이러한 광고를 해득하지 못할 사람이라면 그러한 상품을 살 능력도 없을 것이라고 설정하지 않는 한 '널리 알린다'는 광고의 목적에 맞지 않는다고 볼 수밖에 없다.

(43)도 한정된 소비자를 대상으로 하는 고가품으로서 한자 표기와 외국어 사용이 눈에 띈다. '家庭團樂의 다하지 안는 샘'이라든지 '빙글빙글 우슴쏫치 피인 家庭'과 같은 감각적인 표현을 포함한 현대적인 문체로 되어 있고, 축음기가 노인, 젊은이, 어린이 모두가 즐길 수 있는 상품이라고 광고하고 있으나, 실제 구매자는 경제권을 가진 가장(家長)이었을 것이므로 '가장'의 눈높이에 맞는 한글, 한자 혼용체가 사용되었다.

(39)

'인장표고무신은모양좃코견고하기는강철보다낫사오니一次試用하시되요사이위조인장표가만사오니갓쓰고안진인장표를주의하시요' [인장표고무신 1926. 3. 3.]

(40)

{고무신은거북션} '물결바닥과거북션표를쥬의하시오' [거북션표 고무신 1930. 9. 17.]

(41)

'謹告　今般弊社製시보레-.폰데아구.오-구란드乘用車及시보레-.도랏구

의朝鮮咸鏡南北道.忠淸南北道.江原道京畿道의特約販賣店으로……'[76] [시보레 1930. 8. 1.]

(42)
{뼥키景品附쎄일} [毛皮 1932. 12. 16.]

(43)
{당신댁의-싼타클로스} '빅추롤라(빅터蓄音機)의선물家庭團欒의다하지 안는샘, 老人들은古謠 젊은이들은 新民謠, 어린이들은童謠-빅추롤라를 둘너싸고빙글빙글 우슴꼿치피인 家庭에 福이잇스라' [빅추롤라 1934. 12. 25.]

그러면 이 무렵 오랜 기간 광고를 계속 내보낸 상품 중에서 그 타깃이 상대적으로 분명하게 설정될 수 있는 상품을 몇 가지 선택하여 그 문체를 살펴보고, 타깃의 설정이 문체에 어떤 영향을 주었는지를 구체적으로 살펴보기로 한다.

3.1. 인단

일본제인 '인단'(仁丹) 광고는 개화기 때 시작되었다(〈만세보〉 1907. 5. 28.). '인단'은 의약품 광고의 대표 주자로서, 일제 초기부터 신문에 전면 광고를 비롯한 대형 광고를 적극적으로 실었다. '인단' 광고는 한자, 가나, 알파벳으로 각각 쓴 '仁丹' 로고를 가슴에 새긴, 나폴레옹 풍 모자와 군복을 입은 카이저수염의 남자가 그려진 상표로 대표되었다.

76 '셰브롤레(Chevrolet), 오클랜드(Oakland), 폰티액(Pontiac), 트럭(truck)' 같은 외국어의 일본식 발음이 눈에 띈다.

헤드라인은 대체로 일본어(한자, 가나 혼용문)로 되어 있고 본문은 한글, 한자 혼용체인데, 한글이라고는 '~케ᄒᆞ고, ᄒᆞ고, ᄒᆞᆷ, -을, -의' 정도밖에 사용되지 않은 것이 대부분이다.

가나를 섞어 쓰되 차이가 있다면 본문에도 가나를 쓰느냐 상품명에만 쓰느냐 하는 정도였다. 1930년대 들어서면서 일상적 구어체에 접근한 카피가 더러 눈에 띄기도 하였으나[77] 문자는 여전히 한자 위주에 한글과 가나를 섞은 것이 주종을 이루었다. 고유어 실사는 어쩌다 섞이는 정도로 드물게 사용되었다. 각 시기별로 예를 들어 보면 다음과 같다. (46), (47)에도 가나가 병기되었지만 번거로움을 피하기 위해 인용을 생략한다.

(44)

{仁丹(ジンタン)은壯健이라는替語!!仁丹(ジンタン)은愉快라는代名詞!!} '恒常仁丹잡슈는男女兒童들은이러ᄒᆞ게嬉嬉ᄒᆞ고樂樂ᄒᆞ다然則注意ᄒᆞ시는父母님네는必히仁丹을準備ᄒᆞ시옵', '그런故로愉快壯健을望ᄒᆞ시는人은年始의今日부터ᄶᅩᆨ날마다仁丹을잡슈시오' [1915. 1. 1.]

(45)

{山(やま)へ! 山(やま)へ!!} '浩然은氣를養ᄒᆞ고ᄌᆞ山에海에憧慕ᄒᆞ는夏日은', '爽凉滿心, 身에漲滿ᄒᆞ는仁丹(ジンタン)을御用意ᄒᆞ야登山ᄒᆞ심에限ᄒᆞᆷ' [1916. 7. 8.]

(46)

'여러분健康을爲하야……事業을爲하야……活動을爲하야……安息을爲

77 자매품 격인 '仁丹齒磨'(치약) 광고(1934. 8. 16.)에서 잠자는 어린이 삽화에 어린이의 꿈으로 처리된 '닥고자면 꿈에도뵈이는爽快한齒磨아츰도또빨이쓰고십푼그리운齒磨'가 '인단' 관련 제품 광고 중에서는 가장 구어체 카피에 해당한다.

하야……恒常小粒仁丹을잡수시오' [1928. 3. 22.]

(47)

'銀粒仁丹은仁丹主劑에貴菜朝鮮人蔘과피타민[78]B를配合함' [1930. 5. 14.]

(48)

('皇國臣民ノ誓詞') '强한國民이되랴하면恒常鍛錬과이런心得이絶對必要합니다' (일본어로 된 '皇國臣民ノ誓詞' 본문은 생략함.) [1938. 3. 26.]

지속적으로 광고를 실었던 상품 중에서 가나가 가장 빈번하게 사용된 것은 '인단' 광고이다. 상표에 군복 입은 인물을 도안화했으며, 삽화에도 일본 전통의상을 입은 인물이 등장하여 일본색을 적극적으로 표현하였다. '인단'은 한글을 전혀 사용하지 않은, 한자와 가나 혼용문인 일본어 카피를 내보내기도 하였다(앞의 예 (34)). 일본의 개천절인 기원절(紀元節) 경축 광고(1915. 2. 11.)를 내기도 하고, 1930년대 말 일제의 침략 야욕이 극에 달할 무렵에는[79] 소위 '皇國臣民ノ誓詞'를 박스로 처리하여 게재하고 그것을 절취하여 눈에 띄는 장소에 붙이라는 광고(위의 (48))를 낼 정도로 일본에 대한 충성을 강조하는 광고를 자주 신문에 실었다. 당시는 단순한 어린이 소화제 광고에도 철모를 쓰고 총을 든 어린아이 삽화가 등장하던 시대적 상황이었던 것이다([ㅅ

---

78 비타민

79 1930년대 일제의 주요 침략 연표는 다음과 같다.
1931 만주사변
1937 중일전쟁
1938 한글 교육 금지
1939 제2차 세계대전 발발
1940 민족 말살 정책 강화. 조선일보와 동아일보 강제 폐간.

ービー散 1940. 6. 28.]).

이처럼 '인단' 광고 카피가 일관되게 한자 위주의 혼용체로 작성된 것은 타깃 설정을 반영하는 것이다. 광고에 의하면(1910. 11. 29.) '인단'의 삼대 효능은 '其一 心氣快明ㅎ고記臆力[80]을增進흠 其二 胃腸을强健케ㅎ고惡病을豫防흠 其三 音聲을美麗케ㅎ고酒烟草의毒을消흠'으로, 특정한 계층에게만 좋은 것이 아니라 모든 사람에게 유익한 약이라 하였다. 그러나 실제로는 술, 담배를 즐기는 성인 남자가 주된 타깃으로, 구취를 없애거나 기분을 상쾌하게 하기 위해 사용하던 신사들의 애용품이었다. 초기 광고에서는 '약'으로서의 효능을 강조하였으나, 점차 '榮養을充分케', '全身을爽快케', '元氣充溢케'(1938. 3. 1.) 한다는 광고를 통해 일종의 '기호품'으로 바뀌었으며, '장미의香기淸快한' '로즈(Rose)인단'도 출시되었다(1934. 8. 1.).

다시 말해서 '인단'은 생존이나 생활에 필수적인 상품이 아니라 새로운 생활양식을 제안하면서 수요를 창출해 낸 신개념 상품이다.[81] 생존을 위해서가 아니라 '신식' 생활양식에 참여하기 위해 그것을 구매할 계층이라면 적어도 경제적인 압박은 없어야 할 것이다. 그 당시 신분 상승을 꿈꾸거나, 이미 사회적으로나 경제적으로 상당한 신분을 누리고 있는 계층이라면 일찍이 한문 교육을 받았으며, 일본어도 열심히 익혀 일제하의 사회에 적응한 사람들일 것이다. 그러므로 그러한 유식한 사람들에게는 일본어를 적당히 섞거나 한자와 가나가 혼용된 일본

---

80 記憶力. 일제 강점기 광고에는 현재 우리가 쓰는 것과 다른 한자어가 자주 나타난다.

81 남자들이 매일 면도하는 것을 깔끔한 생활 태도라고 여기게 된 것은 전기 면도기가 발명된 이후부터이며, 입냄새 제거제가 발명되기 전에는 사람들이 자신의 입냄새에 대해 그렇게까지 민감하지는 않았었다. 광고가 어떻게 새로운 생활 방식을 만들고, 없던 수요를 창출해 내는가에 대해서는 Twitchell(2000)에 많은 사례가 제시되어 있다.

어 광고가 장애가 되지 않고 오히려 지적 과시욕을 채워 줄 '차별성'으로 다가갔을 것을 짐작하기는 어렵지 않다.

3.2. 아지노모도

'아지노모도' 역시 '인단'처럼 새로운 개념의 상품이었다. 어떤 음식이라도 그것만 조금 첨가하면 맛이 좋아진다는 것은 음식을 준비하는 사람에게는 그야말로 복음이요 마술이 아닐 수 없었다. '아지노모도'는 일본제 조미료로, 국산품인 '신선로표 미원'(1956)[82]이 나오기 전까지 우리의 부엌을 점령했었다. '아지노모도'는 상표명이 바로 범주명으로 통용될 정도로[83] 점유율이 절대적이어서, 60년대 초까지도 어떤 상표의 조미료든 그냥 '아지노모도'로 불릴 정도였다.

'아지노모도'는 '인단'과 비슷한 시기에 걸쳐 광고를 내고 시장을 거의 독점했다는 점에서는 '인단'과 같으나, 카피의 문체로 보면 '인단'과 대척점에 선다. '아지노모도'도 처음에는 (49)와 같이 한자가 많은 혼용체로 광고를 시작했다. 그러나 1920년대 후반 이후로는 줄곧 한글 위주의 구어체 카피와, 일반인의 사실적인 생활 모습을 보여 주는 친근한 삽화로 당시의 어떤 광고와도 차별되는 광고를 내보냈다. 상표명의 표기는 (49)를 제외하고는 모두 일본어 '味の素' 옆에 작은 글자로 한글 '아지노모도'를 병기하는 형식으로 고정되었다. 헤드라인에는 가끔 한자를 섞어 쓰기도 했지만 본문 카피는 거의가 생생한 순 한글 구어체

---

82 大象(주) http://www.daesang.co.kr/

83 예컨대 '봉고, 하이타이, 정종, 바바리(Burberry), 제록스(Xerox)' 같은 상표명들이 그러한 예에 속한다. '아지노모도' 이후로는 '미원'이 그 자리를 이었다.

로 이루어졌다. 같은 시기에 '아지노모도'만큼 한글 표기를 적극적으로 채용한 광고는 찾기 어렵다.

(49)

{味의素} '天來의美味獨特의滋養無限의用途時間의經濟' '小麥大豆로精製ᄒᆞᆫ純白의粉末이오니各種의飮食에少量을加ᄒᆞ면……' [1915. 10. 7.]

(50)

{먹을만하다} '손님에입에서먹을만하다하는조흔평판은천금을던저 광고하난이보다 몃배나속하며학실한선전이됨니다먹을만한 음식은세상이다-아는아지노모도로손쉽게됨니다', '모-든요리에업지못할 味の素(아지노모도)' [1928. 10. 15.]

(51)

'다시못볼박람회꼭보고가시오경제되고!!간단하게!!맛내난!!죠미료 味の素(아지노모도)' [1929. 10. 12.]

(52)

{끄내라 끄내!} '밥상드러온다 끄내라끄내! 이리하야 언제나 맛잇는식사! 명랑한식사를하는 학생들의신풍경!' [1934.5.10.]

(53)

{만ㅅ점! 만ㅅ점!} '음식이맛이잇서! 입맛이댕겨 먹을만한데 아지노모도를칫슬테지' [1935. 4. 10.]

(54)

'할머니도엄마도울아버지도언니도어멈도말햇습니다아지노모도는모든음식을맛나게해준다구요!' [1937. 12. 15.]

'아지노모도'가 한글체 사용에 적극적이었던 이유도 그 타깃의 설정에서 찾을 수 있다. '아지노모도'를 사용하는 계층은 주로 여성이다.[84] 요리의 책임을 진 여성이 선택할 상품이므로 당시 교육의 혜택을 고루 누리기 어려웠던 여성들이 쉽게 읽을 수 있도록 한글을 사용했던 것이다.

3.3. 틱양됴경환

여성을 타깃으로 하는 광고로서 특이한 문체를 보이는 예로 '틱양됴경환'(胎養調經丸)을[85] 들 수 있다. 앞의 '아지노모도'가 현대적인 생활양식을 제안한 카피로 소비자에게 다가갔다면, 이 약은 '아들을 낳을 의무'라는 전통적 가치에 호소하는 광고로 개념을 설정하였다.

'틱양됴경환'도 1910년대부터 1930년대에 걸쳐 많은 광고를 냈다. 초기의 카피는 당시의 대부분의 광고와 마찬가지로 한글 한자 혼용체였으나 1910년대 후반부터는 순 한글체로 카피를 구성하였다. 이 광고는 순 한글체로 가기 위한 문체적 시도를 보여 주는 점에서 흥미롭다.

---

84 삽화에서도 여성은 요리를 하고 있거나, 맛있게 음식을 먹고 있는 사람(남성)을 흐뭇하게 바라보고 있는 반면, 남성은 음식을 맛있게 먹고 있거나, 맛있는 음식에 감탄하고 있는 모습을 보여준다.

85 이 약은 당시 광고를 많이 냈던 국내 제약회사인 和平堂大藥房에서 만든 불임 치료제이다. 당시 광고를 보면 '七製香附丸'(1920. 5. 12.), '太極妊子丸'(1920. 6. 10.), '中將湯'(1918. 6. 19.) 등 불임 치료제가 많았는데, 여성은 반드시 자식(아들)을 낳아야 한다는 사회적 압력을 반영하는 예라 하겠다. '칠제향부환' 광고는 한글체, '태극임자환'과 '중장탕' 광고는 혼용체였다.

[中將湯 1926. 5. 24.] '曙光으로幸福의殿堂을눈압헤보면서오히려躊躇하시면아니됩니다中將湯의一杯는血의循環을順케하고主婦로서또는母로서의깃븜을드림니다'

(55)

‘북간도에셔깃분소식본당에셔제죠ᄒᆞᄂᆞᆫ부인의게적당ᄒᆞᆫ약ᄐᆡ양됴경환은……ᄐᆡ긔잇셔금년삼월에한남ᄌᆞᄅᆞᆯᄉᆡᆼ산ᄒᆞᆷ으로그약에신효ᄒᆞᆷ을감ᄉᆞ키위ᄒᆞ야……간절히바라ᄂᆞ이다’ [1916. 1. 15.]

(56)

{四月八日(사월팔일)} ‘절에ᄂᆞᆫ 불공이 야단이오,집에ᄂᆞᆫ 관등이 굉쟝ᄒᆞ다.불공ᄒᆞᄂᆞᆫ그ᄭᆞᄃᆞᆰ……귀동ᄌᆞ발원이안이면 무엇이며,관등ᄒᆞᄂᆞᆫ그ᄭᆞᄃᆞᆰ……귀동ᄌᆞ긔명이안이면 무엇이냐,귀동ᄌᆞ를긔원ᄒᆞ거던……ᄆᆞᆫ져 병이업셔질 부인령약「ᄐᆡ양됴경환」을먹으라’[86] [1918. 5. 17.]

(55)는 상품명과 광고주까지도 한글로 표기한 드문 예로, 그 약을 먹고 아들을 낳았다는 언문 간찰(簡札) 형식을 빌린 사용자의 증언 광고이다. (56)은 헤드라인을 한자로 썼지만 한글 독음을 달아서 한자를 전혀 모르더라도 읽을 수 있게 하였다.

앞서 (11)~(13)에서도 언급한 것처럼 한자어에 독음을 단 것에서 그치지 않고 어려운 말이라고 생각되는 한자어에 쉬운 풀이말을 병기하는 방식도 사용하였다. ‘芳草(방초) 綠陰(록음)’ 같은 말에는 음을 달고, ‘花時(쏫철), 自然美(쟈연뎍아름다움), 更一層誇矜(더한층자랑), 生活美(생활멋)’ 같은 부분은 풀이말을 병기하였다. 이러한 형식을 우리는 혼용체와 한글체의 과도적 문체로 보고 있다. 이후의 광고들은 순 한글체로 계속되었다. 문장도 딱딱한 한문투를 벗어나 자연스러운 구어체에 가까워졌다.

이와 같은 ‘ᄐᆡ양됴경환’ 광고의 문체 추이는 한문에 한글 토를 단 정

86 ‘……’는 생략 표시가 아니라 원문에 있는 것임.

도의 한자 위주의 혼용문이 점잖고 권위 있어 보인다는 통념과, 한문 교육을 받지 못한 부녀자들에게 쉽고 친숙하게 읽혀야 한다는 마케팅적 사고 사이에서 이런저런 시험 끝에 결국은 마케팅이 승리한 것을 보여 준다.

4. 결론

본 장에서는 일제 강점기의 신문 광고 카피에 대하여 표기 문자를 기준으로 문체를 세분하고, 아울러 그러한 문체의 선택 요인을 살펴보았다.

개화기에 시작된 신문 광고는 일제 강점기에 이르러 일본의 식민지 정책과 맞물려 그 물량이 폭발적으로 증가하였다. 카피에 사용된 문자는 한글, 한자, 가나, 알파벳으로서, 그 혼용 양상에 따라 문체가 나누어진다. 각각의 문체를 선택하는 데는 그 상품을 주로 구매하고 사용할 목표 계층을 어떻게 설정하느냐가 중요한 요인이 되었다. 그 광고가 어떤 계층에게 읽히기를 바라느냐를 설정하고, 그들의 언어생활이나 감각에 맞는 문체를 선택한 것이다.

일제 강점기의 광고에는 그밖에도 흥미로운 연구거리가 많다. 광고를 통해 당시의 생활상이나 사회상을 엿볼 수도 있는데, 예컨대 불임약 광고가 유난히 많았던 것은 봉건적 여성관의 산물일 것이다. 일제의 군국주의 침략이 극에 달할 무렵에는 상품의 성격과 관계 없이 카피마다 군국주의와 일본식 애국주의가 넘쳐나기도 하였다. 앞으로 이러한 문제들에 대해서도 연구가 이어질 것을 기대한다.

참고문헌

강명자(1969), "한국 신문 반세기에 나타난 광고문의 변천", 신문평론 여름호.

민현식(1999), 국어 정서법 연구, 서울: 태학사.

신인섭(1986), 한국광고사, 서울: 나남출판.

신인섭(1996), "통사-광복 이후", 한국광고 100년 상.

이화자(1998), 광고표현론, 서울: 나남출판.

정진석(1996), "통사-광복 이전", 한국광고 100년 상.

채완(2003), "개화기 광고문의 표현 기법", 한국어 의미학 12.

채완(2005), "일제 시대 광고 카피의 연구", 인문과학연구 11, 동덕여대 인문과학연구소.

한국광고단체연합회 편(1996), 한국광고 100년 상·하.

한국광고학회 편(1995), 한국의 광고.

Twitchell, J. B.(2000), *Twenty Ads that Shook the World: the Century's Most Groundbreaking Advertising and How It Changed Us All*. 김철호 (옮김)(2001), 욕망, 광고, 소비의 문화사, 서울: 청년사.

제5장
1950년대 광고문에 나타난 국어의 양상

1. 서론

1950년대는 일제 강점기를 벗어나 정치, 경제, 산업 등 모든 면에서 현대화의 싹이 트던 시기였다. 언어 면에서 볼 때 일상어에서는 일본어가 비교적 빠른 시간 내에 퇴치되었으나 새로운 개념어의 경우 고유어로 표현되기보다는 일본식 한자어를 그대로 사용하는 경우가 많았다. 한국전쟁 이후 산업화와 함께 서구의 문물이 들어오자 영어를 비롯한 서구 외래어가 침투되기 시작했으나 아직 서구 외래어 사용은 큰 문제가 되지는 않았다. 이 무렵은 국어순화운동 등을 통해 일본어를 몰아내면서 올바른 국어 생활에 대한 인식이 높아가던 시기였다.

또한 1950년대는 광복 이후 국내 산업이 모습을 갖추어 감에 따라 우리 광고가 본격적으로 시작된 시기이기도 하다. 개화기에서 일제 강점기까지 활발했던 광고는 일제 말의 강압 정책으로 신문들이 폐간되면서 침체기를 맞았다. 1945년에 〈조선일보〉와 〈동아일보〉가 복간되고[87] 〈서울신문〉이 속간되었으며[88] 〈경향신문〉이 창간되었다. 1954

년에는 〈한국일보〉가 창간되어 광고를 실을 수 있는 매체들이 늘어났다. 그러나 광복의 혼란과 전쟁을 겪으면서 실제로 신문 광고가 늘어난 것은 1950년대 중반에 이르러서였다(신인섭 1992:4).

광복과 한국전쟁의 역사적 소용돌이 속에서 1950년대 초반까지는 산업적으로 거의 공백이었다 해도 과언이 아니었다. 당시 신문들을 보면 신문 하단에 실린 영화 광고들이 광고의 대부분을 차지할 뿐 일반 상품 광고는 많지 않았던 점에서도 당시의 사정을 엿볼 수가 있다. 광고할 상품 자체가 적었던 것이다.

본 장에서 살펴보게 될 광고 자료는 〈한국광고 100년 하〉에 실린 1950년부터 1959년까지의 신문 광고 중 영화 광고를 제외한 81건이다. 하나의 광고 속에서 청량음료 3가지를 광고한다든지 제약회사 광고에서 약을 한꺼번에 7가지를 광고하는 것 등은 각각 1건으로 보았다.

광고된 상품 중 가장 높은 비율을 차지한 것은 각종 약 광고로서 22건, 다음이 술 광고로서 19건, 밀가루, 국수, 분유, 간장, 조미료 등 식료품이 9건, 음료류 7건, 과자류가 4건, 은행, 공익(정부), 의류 광고가 각각 2건씩이며, 담배, 치약, 재봉틀, 기자 초빙, 책, 타이어, 건축자재, 라디오, 형광등, 항공사, 호텔, 정치(선거), 완구, 국기봉 광고 등이 각각 1건씩이다.[89]

---

87 1940년에 일제에 의해 〈동아일보〉와 〈조선일보〉가 강제 폐간됨.

88 1904. 7. 18. 〈대한매일신보〉 창간 → 1910 〈매일신보〉로 개제하여 일어판 기관지 〈경성일보〉에 통합 → 1938 〈매일신보〉 → 1945. 11. 10. 미군정에 의해 정간 → 1945. 11. 23. 〈서울신문〉으로 속간.

89 당시 하나의 광고가 각 신문에 중복 게재되었기 때문에 신문명을 밝히지 않고 날짜만 표시함.

2. 문체

2.1. 표기 문자

1950년대의 신문 광고는 한자 위주의 국한 혼용체가 주도하였다. 상품명이나 회사명이 거의 다 한자로 지어지던 시대였으므로 상품명과 제조원(광고주)으로만 이루어진 광고는 전체가 한자로 표기되었다. 상품 이름이 외국어로 되어 있어 한자 표기가 불가능한 부분이나, 어미와 조사 정도만 한글로 표기하여 한자로 쓸 수 있는 부분은 모두 한자로 표기한 광고들이 대부분이었다. 일제 강점기의 광고에서 찾아볼 수 있었던 다양한 문체라든지(채완 2005a), 다채로운 표현 기법(채완 2005b)을 이때의 광고들에서는 오히려 찾기 어려웠다.

(1)

'新香化學硏究所 謹製' [高麗 人蔘酒 1952. 4. 17.]

(2)

'純在來式 '[高級燒酒 長壽 1952. 7. 18.]

(3)

'海外旅行은 CAT航空機로' '東洋의 各重要都市와 世界各都市直結' '食事와 飮酒無料提供 航空料金最低奉仕' [CAT航空機 1953. 11. 14.]

다음 (4)는 조금 특이한 예로, 한자로 표기된 일부 단어에 '생선고기', '가루'와 같은 풀이말을 병기하였다. 이 정도면 당시 기준으로 보아 상당히 친절한 광고로서, 조미료를 선택하는 주된 계층인 여성을 의식한 것이다. 일제 강점기의 [乳의精(젓나오ᄂᆞᆫ약) 1920. 6. 9.] 광고와 같은 방식이다. 여성에게 평등하게 교육의 기회가 주어지는 요즈음은 화장품이나 패션 등 여성용 상품 광고에 외국어가 많이 사용되는 현상과 대조된다.

(4)

'生鮮魚貝생선고기의精粉가루! 맛과 영양!! 家庭, 食堂, 料亭에- 工場, 部隊等의 集團炊事에!!' [營養調味精粉 養源 1954. 7. 24.]

1950년대의 광고에 한문체나 국한 혼용체의 단조로운 카피들이 사용되고 있었던 이유는 당시의 일상적인 문자 생활에서 한자의 비중이 컸던 탓도 있지만, 광고의 관점에서 보아 다양한 설득 기법이 절실히 필요하지 않았기 때문이기도 하였다. 모든 물건이 대량생산되는 지금과는 달리 아직은 공급자 위주의 시장이어서 같은 종류의 상품을 여러 회사에서 경쟁적으로 팔던 때가 아니었으므로 광고로 소비자를 설득할 필요가 별로 없었다. 대부분의 상품은 문자 그대로 그 존재를 '널리 알리기만(廣告)' 하면 되었기 때문에 별다른 표현 기교 없이 상품명과 제조원만 표시하는 '고지(告知)' 광고로 충분했으므로 한글이 들어갈 자리가 별로 없었던 것이다.

요즈음의 광고에서 자주 지적되는 외래어·외국어의 남용은 1950년대 광고에서는 그리 문제되지 않았다.[90] 광고에서 외래어·외국어의 남용이 문제되기 시작한 것은 1970년대 이후다. 1970년 1월 1일에 한글 전용 정책이 단행되어 초중고 교과서에서 한자가 사라지고, 이와 맞

90 박영준(2002)에 의하면 광고 언어에 대한 초기의 연구는 외래어의 남용 등 일탈적 표현에 대한 지적이 주를 이루다가, 1990년 이후부터 광고 언어 자체를 분석 대상으로서 연구하게 되었다.

물려 서구 사회와의 교류가 많아지면서 우리의 문자생활에서 한자어의 비중은 급격히 줄어드는 대신 그 자리를 영어를 비롯한 서구 외래어가 차지하게 되었던 것이다.[91]

최근 들어 외래어뿐 아니라 외국어가 남용되듯이, 당시에도 국어화된 한자어뿐 아니라 중국 문어, 즉 외국어로서의 한문이 그대로 광고 카피에 등장하였다. (5)~(7)의 밑줄 친 부분은 국어의 일부인 한자어가 아니라 외국어로서의 한문이 그대로 사용된 사례들이다. (6)의 '遂'는 '드디어'의 뜻으로 '遂出現'(아래 예문 (12) 참조)과 같은 표현으로 나타나기도 하였다. (7)의 '及'이나 아래 예문 (10)의 '乞期待'는 〈표준국어대사전〉에 실려 있기는 하지만 국어화된 것으로 보기는 어렵다.

(5)

'名聲 冠天下 朝華' '斷然 品質優秀 高級銘酒' [朝華 1952. 11. 12.]

(6)

'遂! 1日 生産 8000袋 突破!!' '韓國最大의 施設 朝鮮製粉株式會社' [朝鮮製粉株式會社 1955. 9. 15.]

(7)

'螢光燈 及 眞空管界의 元祖인 트랜스 不必要한 PHILIPS 螢光燈 各種入荷' [PHILIPS 螢光燈 1956. 11. 25.]

---

91 1999년 1월에 다시 문화관광부가 한자병용책을 발표하고 초등학생들을 중심으로 한자 공부 열풍이 불고 있으나 한자가 이전의 지위를 다시 회복하기는 어려울 것이다.

한글체와 국한 혼용체의 선택은 단순히 한글로 표기하느냐 한자로 표기하느냐의 문제에서 그치는 것이 아니라, 일상어를 사용하느냐 격식체의 문어를 사용하느냐의 문제이기도 하다. 이것은 또한 공급자의 입장을 알리는 것에 목적을 두느냐, 수요자의 구매 욕구를 불러일으켜 그들의 선택을 유도하고자 하느냐 하는 문제와도 직결된다. 고지 광고에서 설득 광고로 넘어가게 되면 광고 언어도 목표 계층의 일상어로 바뀌고 언어 표현 기법도 발전하게 된다.

개화기와 일제 강점기에 광고된 상품들은 우리나라에서 생산된 것이 거의 없고 대부분 일본산이거나 일본을 통한 수입품들이었다. 당시에도 '제생당약방'이나 '유한양행' 같이 국산품을 생산했던 비중 큰 광고주가 있기는 했으나 일본제나 수입품에 비하면 미미한 정도였다(채완 2005a, b 참조).

그러나 광복 이후 차츰 국산품이 생산되어 외제품을 대신하게 되었다. 아래 예문 (8)과 같이 '샘표 간장'이 판매되기 시작하여, '왜간장'[92]으로 불리기는 할지언정 일본 간장을 대신하게 되었다. 공장에서 생산된 간장을 아직도 '왜간장'이라고 부르는 데서 최초의 공장 간장을 일본을 통해 접했다는 사실을 알 수 있다. 1953년에는 '백설표 설탕'이 출시되어 일반인도 귀한 설탕을 접하게 되었다.[93] 1956년에는 '신선로표 미원'이 공식 상표등록 되어[94] '아지노모도'를 몰아낼 채비를 하였다. 상품명이 아니라 조미료 자체를 가리키는 범주명으로까지 일반화되어 쓰이던 '아지노모도'가 '미원'에 그 자리를 내어주게 된 것

92 이때의 '倭간장'이란 일본 간장이라는 뜻이 아니라 공장에서 생산된, 덜 짜고 단맛이 나는 간장을 가리킨다. 집에서 전통 방식으로 만든 짠 간장은 '조선간장'이다.

93 삼성그룹 최초의 제조업인 제일제당에서 생산됨. http://www.cj.co.kr/ 참조.

94 '미원'(주)이 이름을 바꾼 '대상' 홈페이지 참조. http://www.daesang.co.kr/

이다. '美製와 꼭 같은 럭키치약'(1955. 8. 12.)이라든지 '外來品을 凌駕하는 國産優良 小麥粉'(1955. 9. 15.)이 생산되었다는 광고도 보인다. 최초의 CM송('진로')이 만들어진 것도 1950년대 말인 1959년이었다.

국산품이 출시될 때마다 느낌표를 단 격앙된 어조로 '드디어' 이러이러한 상품이 출시된다는 광고를 띄웠다. '喜消息', '기쁜 소식', '乞期待', '一大朗報', '遂出現' 등의 표현들이 새로운 상품의 출시를 알렸다. 다음 카피들을 보면 표기 문자는 여전히 한자가 주도하고 있지만 명사 나열식의 딱딱한 고지 광고와 달리 단어도 일상어가 사용되고 카피 형식도 서술어를 갖춘 문장으로서 일상어에 가까운 부드러운 문체로 바뀌었음을 볼 수 있다.

(8)

'家庭主婦에 嬉消息!'[95] '純諸味 샘표간장' [샘표간장 1952. 12. 4.]

(9)

'生麥酒 나왔읍니다[96] 시원한 샤펜' '愛酒家諸賢에 一大朗報' [럭키-샤펜 1953. 8. 6.]

(10)

'기쁜소식' '斷然日製를 壓倒하는 天下珍味의 純穀醬' '馬山丸金 진짜간장. 진짜된장' '一般市民用으로 한달 後에 나옵니다!' '乞期待' [馬山丸金 1954. 3. 29.]

95 '喜消息'의 誤字. 당시 신문 광고에는 규범에 맞지 않는 표현들과 오자들이 많았다.

96 당시의 어문규범으로 '나왔읍니다'가 맞는다. 이하 문맥 해독에 지장이 없는 오자는 일일이 지적하지 않으며, 오자 포함해서 띄어쓰기도 원문대로 인용함.

(11)

'新發賣 人氣焦点!' '飯酒用 純穀酒 45度 백알은 主婦께서 大歡迎임니다!' [眞露 백알 1957. 2. 1.]

(12)

'遂出現 금성라듸오' '己亥年末 最大의 膳物 世界의 水準을 달리는 韓國의 技術' [금성라듸오 1959. 12. 20.]

국산품이 생산되면서 소비자에게 선택의 여지가 생기기 시작하였고 그것은 설득 광고가 필요함을 의미하였다. 그러나 몇 년도까지는 고지 광고의 시대였고 그 후 설득 광고가 시작되었다는 의미는 아니다. 1950년대는 광고주와 광고 제작자의 수준, 상품의 성격과 같은 요인에 따라 초보적인 고지 광고부터 상당히 공을 들인 설득 광고가 공존하던 시대였다.

소비자를 설득하려면 일단 가독성(可讀性)을 갖추어야 하기 때문에 카피의 문자와 문체도 한문 투를 벗어나 소비자의 눈높이에 맞게 한글체에 가까워졌다. 이를테면 어린이나 여성을 포함하여 모든 계층에게 읽히기를 원하는 광고에는 한글이 적극적으로 사용되었다. 그러나 한글체 광고는 1950년대 광고 전체에서 차지하는 비율로 볼 때 매우 드문 편이었다. 한글체 광고에도 말미에는 '京鄕各地에서 大絶讚裡販賣中'과 같은 사족을 굳이 붙이는 것을 보면 한글만으로는 권위가 모자란다는 생각을 버리지 못하고 있음을 엿볼 수 있다.

(13)

'1500万 여성동지여! 우리는 총궐기합시다!! 임영신선생을 부통령으로!!' [임영신선생을 부통령으로 1952. 8. 6.]

(14)

'맛좋고 영양있는 해태캬라멜은 옛날이나 지금이나 신용본위' [해태캬라멜 1953. 11. 11.]

(15)

'단연 제일 끈기 좋은 국수' '1. 최고원료 2. 깨끗한 시설 3. 대규모 생산' '京鄕各地에서 大絶讚裡販賣中' [무궁화표 국수. 별표 국수 1957. 5. 13.]

만화를 사용한 광고의 경우 대화 부분은 한글로 표기되었으나, 상품의 특장점을 설명하는 부분에는 한자가 주로 사용되어 역시 완전한 한글 광고에는 이르지 못했다.

(16)

'모-든 神經痛류-마치스 關節炎은 이렇게 治療합시다' '神經痛 · 류-마치스 · 關節炎 · 을 局所注射로써 簡單히 快癒시킬수있읍니다!'

만화: (컷1) 신경통으로 수년간 고생을 하다가

(컷2) 약이란 약은 전부 써 봤으나 별 효과를 못 보고

(컷3) 임푸레톨 주사가 좋다고 하여 앞은[97] 국소에 한 대 맞었드니-

(컷4) 그놈의 신경통은 감쪽같이 살아지고 이렇게 유쾌히 활동하게 되었읍니다 [임푸레톨注 1956. 4. 23.]

다음 (17)과 같이 계몽의 목적이 강한 정부 주도의 광고들에는[98] 모

---

97 아픈

98 지금의 공익광고에 해당된다.

든 국민이 읽고 이해할 수 있도록 쉬운 일상어로 된 한글체가 사용되었다. 광고의 목적을 인식하고 그에 따라 문체를 선택하는 쪽으로 광고가 발전되어 감을 볼 수 있다. (18)은 표어 형식의 카피를 보여준다.

(17)

'밝고 맑은 눈을 확보하자!! 1년에 적어도 한번씩은 안과의사의 진찰을 받자!' '1. 맹인을 동정하자!! 2. 실명을 예방하자!! 3. 유아의 인공 영양을 합리화하자!! 4. 눈 외상을 방지하자!! 5. 실명하기 쉬운 어린이의 눈병을 하루바삐 치료하자!!' '근시를 예방하자! 정확치 못한 안경은 도리어 근시를 악화시킨다. 안과의사의 진단에 의하여 정확한 안경을 쓰자!!' '애꾸눈은 의안으로 사팔눈은 수술로서 보기좋게 하자!!' '백내장. 즉 눈동자 뒤에 흰태가 생겨서 보지 못하는 사람은 수술로서 다시 볼수 잇다!!' '안약은 안과의사의 지도를 받어 써야만 안전하다.' '아이들의 위험한 작난감은 귀중한 눈을 상케하고 시력을 빼앗는다.' '主催: 대한안과학회 대한안경광학협회 後援: 보건사회부' [눈의날(11월 1일) 1956. 10. 31.]

(18)

'새로운 도안으로 개량된 "백양" 과거보다 굵고 품질이 좋아진 "진달래" 양담배 피우면 국가재산손해!' [국산담배 애용하여 우리살림 늘려보세 1959. 9. 12.]

2.2. 문장 형식

1950년대 광고의 형식은 상품명만으로 구성된 명사 한두 개짜리 카피가 있는가 하면 장문의 설득 광고도 있었다. 설득 광고라고 해도 설득의 기법이 두드러지는 예는 드물고, 상품명과 상품의 속성을 설명하는 내용이 고작이었다. 따라서 문장 형식은 대부분 설명을 담은 평서문이었다. 설명에 치중하다 보니 카피가 너무 길어져서 과연 독자들이 그것을 읽어볼까 걱정이 될 정도의 만연체 카피도 적지 않았다. 김정우(2003:75~78)에서 언급한 '관심유도형 언어'라든지 '공감을 유도하는 말' 같은 것은 거의 찾기 어려웠다.

문장 형식은 주요 성분을 갖추지 않은 생략문이 대부분이었다.[99] 종결어미를 갖춘 카피들은 상품의 존재를 알리고 설명하는 평서문이 기본으로서, 구매를 촉진하는 명령문이나 청유문은 상대적으로 많지 않았다. 느낌표가 카피마다 사용되다시피 했지만 감탄문이라고 따로 규정할 필요는 없어 보인다. 감탄문 자체가 독자적인 범주라 하기 어렵기도 하지만 1950년대 광고 카피에 사용된 느낌표는 느낌표의 기능 이상으로 남용되었기 때문에 의미를 두기 어렵다.

우선 눈에 띄는 것은 마치 상점의 간판처럼 상품명만으로 된 광고들로서, 카피라고 부를 만한 특징을 갖추지 못한 것들이다. 앞의 (1)과 다음 (19) 같은 예를 들 수 있다.

(19)

[코끼리 COKIRI 위스키 1953. 3. 30.]

이보다 조금 발전한 단계가 다음 예들로, 상품의 장점을 나타내는 간단한 말을 덧붙인 카피들이다. 그러나 상품의 고유한 특장점을 제시하지 못하고 어떤 상품에라도 적용될 수 있는 막연하고 추상적인 내용을

99 광고 카피의 생략 현상에 대해서는 이은희(2000) 참고.

수식어로 사용하고 있어서, 그 상품을 꼭 선택해야 할 이유를 말해 주고 있지는 못하다. 그러나 그렇다고 해서 (19)~(22)와 같은 광고들이 광고의 목적을 달성하지 못한 것은 아닐 것이다. 아직은 공급자 위주의 시장이었으므로 동종 상품과 차별되는 특장점을 제시하기 이전에 존재 자체를 알리는 것이 중요했다. 상품 종류가 많지 않아서 경쟁상품이라고 할 만한 것이 없는 경우도 많았으므로 그저 '좋은 물건이 있으니 많이 사시오.'와 같은 카피로도 충분했던 것이다.

(20)
'高級 飮料 럭키-사이다 LUCKY CIDER' [럭키-사이다 1953. 3. 22.]

(21)
'芳香無比. 松月 優良燒酒' [松月 燒酒 1953. 5. 23.]

(22)
'最大의設備와 最高의 技術로서 品質과 信用을 本位로 하는 태양카라멜' (맛조코 영양많은!!) (外來品을 凌駕) [태양카라멜 1954. 11. 5.]

청유문과 명령문 형식의 카피는 상품 설명에 그치지 않고 소비자의 행동을 촉구하는 내용을 담게 된다. 다음 (23)~(25)와 앞서 살펴본 (17) 같은 예들이 청유문 카피들이다. 청유문은 불특정 다수를 독자/청자로 한 격식투인 '하자', '합시다'로 종결하는 것이 기본적이었다. (25)와 같이 구어체를 사용하여 친근성을 높인 경우는 오히려 예외적이었다.

(23)
'國産크라운麥酒를 愛用하고 外來麥酒를 斷然排擊합시다' [크라운麥酒 1953. 9. 28.]

(24)
'오늘부터의 淸涼飮料는 잊지말고 信用과 傳統을 자랑하는 SC 票로 選擇합시다' [SC 票 淸涼飮料 1956. 4. 14.]

(25)
'국산담배 애용하여 우리살림 늘려보세' [백양, 진달래 담배 1959. 9. 12.]

다음 (26), (27)은 명령문 형식의 카피다. (26)의 종결어미 '-시앞'[100]은 불특정 다수의 청자를 대상으로 한 공고문에 사용되는 형식으로서, 소비자에게 어떤 특별한 지위를 부여하거나 관계를 설정하지 않은 표현이다. 그로부터 7년 후에 나온 (27)은 '여러분' 하고 불러서 당신에게 특별히 말한다는 느낌을 주고는, '부디' '이용하여 주십시오'와 같이 간곡하고 정중한 말을 덧붙이고 있다. (26)과 (27)은 광고에서 소비자를 어떻게 설정하고 대하는가 하는 태도의 차이를 잘 보여주고 있다.

(26)
'効能: (前略) 부체標活命水를잊지마시앞' [活命水 1950. 6. 26.]

(27)
'여러분 부디 商業銀行의 써-비스를 利用하여 주십시오' [한국상업은행 1957. 9. 17.]

---

100 '-시압'의 오자.

의문문을 사용하여 독자의 궁금증을 유발하는 카피도 있었다. 그러나 뒤에 곧 대답이 이어지기 때문에 궁금증은 바로 해소된다.

(28)

'老化를 防止하여 주름살을 펼수있는 胎盤製劑가 왜? 歐美各國人의 老化防止藥으로써 前例없는 人氣를 獨占하고 있는가?' '老化를 防止하여 주름살을 펴게하며 皮膚를 부드릅게하고 老化된 組織에 生氣를 주므로서 펴게 하는 藥이기 때문이다' [胎盤製劑 1959. 5. 29.]

2.3. 문장부호

1950년대의 광고는 시각적 표현 기법이 그리 발전되지 않아서, 글자체를 변형하여 눈길을 끈다든지 문장부호를 활용하여 강조점을 표시하는 정도로 소박하였다. 카피의 성격상 완결된 문장 형태가 아닌 경우가 많아서 마침표나 쉼표 같이 일반 텍스트에서 빈도 높게 쓰이는 문장부호는 오히려 별로 사용되지 않은 반면, 느낌표(!)와 붙임표(-)가 표현적 가치를 가지고 자주 사용되었던 점이 특기할 만하다. 본 장의 자료 81건에서 느낌표와 붙임표가 각각 110회와 37회 사용되었는데, 특히 느낌표는 이중으로(!!) 사용된 경우가 많아서 빈도가 더 높게 나타난다.

느낌표가 사용된 용례들은 다음과 같다. 앞의 예문 (17)도 느낌표가 매우 많이 쓰인 사례에 속한다.

(29)

'肺結核은早期發見!! 正確한治療를합시다!!' [葡萄糖 注射液 1951. 8. 24.]

(30)

'人工衛星時代'[101] '神經痛도 이젠 걱정할것 없읍니다!' '요즘 새로 輸入된 新藥 디피론이 第一입니다!' [디피론 1959. 10. 18.]

붙임표는 외래어[102]와 우리말에 모두 사용되었는데, 외래어의 장음 표기를 위해 사용하는 것이 기본적 용도였으나 실제 사례들을 보면 장음이 아닌 경우에도 사용하였다. 다음 (31)은 붙임표가 장음에 사용된 예들이고, (32)는 장음이 아닌 곳에 사용된 예들이다. (33)은 우리말(한자어 포함)에 붙임표가 사용된 예로, 역시 장음 환경이 아닌 곳에 사용되었다. 즉 광고 카피에서 붙임표는 원어의 장음 여부와 관계없이 사용되었음을 알 수 있다.

(31)

㉠ [스타- 소-다水 1952. 6. 20.]

㉡ [오리온 츄-잉껌 1956. 10. 21.]

(32)

㉠ '生麥酒 나왔음니다 시원한 샴펜' [럭키-샴펜] 1953. 8. 6.]

㉡ '오리온의 新製品!! 포도제리-' [포도제리- 1959. 4. 24.]

101 신경통과 아무 관련 없는 '인공위성시대'가 카피에 나타난 것에서 당시의 사회상을 읽을 수 있다. 1957년 소련이 최초의 인공위성 '스푸트니크 1호'를 쏘아 올려 우주시대를 연 이래 '인공위성'은 '최신식', '최첨단'의 상징이었다. 이러한 카피에서 당시의 시대상을 읽는 것은 광고 읽기의 또 다른 재미라 할 수 있다.

102 여기서는 '외래어'와 '외국어'의 개념을 엄격히 구분하지 않고 통칭하여 '외래어'라 부른다.

(33)

㉠ '東洋-! 日清製粉' [日清製粉 1952. 12. 28.]

㉡ '무좀- 발·겨드랑의 땀냄새에!' [땀로숑 1959. 5. 11.]

느낌표와 붙임표는 단조로운 인쇄 광고에 강조점을 표시해 주기 위한 보완 장치라 할 수 있다. 느낌표는 격앙된 감정을 과장하여 표현하고, 붙임표는 강조와 여운을 표현한 것으로 보인다. 인쇄된 카피를 소리 내어 읽는다면 느낌표는 힘 있게 끊어 읽어야 할 것이고, 붙임표가 붙은 부분은 길게 늘여 읽어야 할 것이다.

3. 수사법

광고 카피의 수사법에 대한 전반적인 연구로는 장경희(1992), 이현우(1998), 김선희(2000) 등을 들 수 있다. 장경희(1992:76)에서는 광고 카피에 강조법, 변화법, 비유법, 의성법, 의인법, 활유법이 사용되고 있다고 하고, 비유법이 적게 쓰이고 강조법과 변화법이 많이 쓰이는 것이 광고 언어의 특성이라고 지적하였다. 이현우(1998)에서는 광고 카피의 수사법을 음운론, 구조론, 의미론, 화용론적 관점에서 분석하였다. 김선희(2000)에서는 광고 카피와 이름 짓기(naming)를 구별하지 않고 다루었다. 수사법의 분석 대상이라면 흔히 문학 작품을 떠올리지만 이 연구들에 의해 광고 카피에도 독특한 수사법의 영역이 있음이 밝혀졌다고 할 수 있다. 그러나 이 연구들은 분석 대상이 1990년대 이후의 카피들로서 1950년대 카피와는 질적으로나 양적으로 비교할 수 없을 만큼 발전된 것이므로 이 연구들의 분석 결과를 1950년대 카피에 그대로 적용하기는 어렵다.

1950년대의 카피에서 사용된 수사법은 과장법, 대구법, 도치법, 동음이의어법, 은유법, 돈호법 등이다. 가장 흔한 것은 과장법이다. 거의 모든 광고가 과장적 요소를 가지고 있었고 요즘이라면 허위 과장 광고로 법에 저촉될 만한 것도 많았다. 다른 수사법은 거의 나타나지 않아서 도치법, 동음이의어법, 은유법, 돈호법을 사용한 광고는 각각 1 건씩으로 아래 (40)~(42)와 앞의 (27)에 제시한 사례들 외에는 찾지 못했다.

다음 예들은 과장법을 사용한 예들로서, 확실한 근거 없는 최상급 표현이나 '단연'과 같은 단정적 표현과 함께 천하에 제일이라는 식으로 선전하였다. 약이라면 웬만한 것은 다 만병통치요 불로장생의 명약이었다. 그 개념이 불분명한 '細胞療法劑' 같은 표현도 요즘 같으면 '허위 과장 광고'로 걸릴 소지가 있다.

(34)

'青春期가 延長됩니다!' '補陽强壯을 主로하는 細胞療法劑 쎅사징錠' [쎅사징錠 1956. 11. 25.]

(35)

'단연 제일 끈기 좋은 국수' [무궁화표 별표 국수 1957. 5. 13.]

(36)

'不老長生의 眞髓 蔘茸톤' '補血强壯及精力强進劑' [蔘茸톤 1958. 8. 19.]

다음 (37)~(39)는 대구법의 예들이다. (37)은 문법적으로 같은 구성의 어구를 대립시켰고, (38), (39)에서는 똑같은 구성에 단어 하나씩만을 바꾸어 반복하였다. 대구법은 리듬감을 살리고 기억을 쉽게 하는 표현 기법이다.

(37)

[國民保健의 功効! 効力을 本位로! 信用을 生命으로!][103] [태양제약 1959. 6. 25.]

(38)

'헥사보-이, 건강보-이!' '高單位綜合비타민劑 유-헥사비타민' [유-헥사비타민 1959. 7. 9.]

(39)

'새로운 銀行·새로운 經營' '12月 1日 創立開業 서울銀行' [서울銀行 1959. 11. 28.]

학원사의 일기장 광고에서는 도치법을 볼 수 있다. 부사절인 ㉡이 주절인 ㉠의 뒤로 배치되어 정상적인 어순인 문두를 이탈함으로써 강조되었다.

(40)

'實用日記' '㉠4290年 새해 새희망과 새생활의 설계를 이 한 券에 記錄합시다! ㉡당신의 一生에 一大 '에폭크'를 實現시키기 爲하여' [學園日記 1956. 12. 20.]

(41)은 동음이의어법으로 한껏 기교를 살린 광고다.[104] "적은 양으

---

103 '甘素', '정충환', '코데농' 등 6 가지 제품을 묶어서 광고한 태양제약의 광고.

로 맛을 좋게 하는 것이 '미량'이다."라는 뜻의 조미료 광고로, '味糧' 이라는 상품명과 동음이의어인 '微量'과 '味良'을 각각 부사어와 주어에 배치시켰다. 그리하여 동음반복에 의한 리듬감을 살리고 하드 셀(hard sell)적 기법으로 상품명을 소비자의 기억에 각인시키고자 하였다.

(41)

'미량으로미량이미량이다 微量으로味良이味糧이다' [味糧 1959. 7. 9.]

당시의 광고들은 사실의 설명에 급급하였기 때문에 비유법을 사용하여 에둘러 말할 여유가 없었다. 그런 가운데 '진로'는 우리나라 최초의 CM송을 만든 회사답게 다음과 같이 세련된 은유의 카피를 내보냈다. 연미복을 입은 지휘자를 삽화로 곁들이고, 소주를 음악으로, '진로'를 음악 중에서 명곡으로 은유하였다.

(42)

'燒酒의 名曲' [眞露 1954. 3. 29.]

앞서 제시된 (27)에서는 사람이나 사물의 이름을 불러 주의를 불러일으키는 수사법인 돈호법(頓呼法)이 사용되었다. 이러한 기법은 영상광고에서 모델이 카메라를 똑바로 보는, 즉 시청자와 눈을 마주치는 기법과 같은 것으로서, 광고 속의 화자가 소비자에게 직접 말을 거는 느낌을 주어 소비자를 광고의 대화 참여자로 이끌어 들이는 효과가 있다.

---

104 동음이의 현상을 이용한 광고 언어의 중의성에 대해서는 최형용(2000) 참조. 한자의 동음현상을 이용한 광고에 대해서는 박종한·나민구(2005)에 폭넓게 다루어져 있다.

4. 일상어에 끼친 상품명의 영향

이화자(1992:116~117)에 의하면 광고는 소비자에게 강한 인상을 남기기 위해 때때로 심한 표현, 자극적인 표현, 유치한 표현을 쓰기도 하고, 새로운 표현, 신조어, 유행어를 만들기 위해 고심한다. 광고의 언어는 관념적인 의미로 박제된 것이 아닌 살아 있는 것이어야 하기 때문이다. 1950년대는 한국전쟁을 비롯한 정치, 경제, 사회적 격변을 겪은 시기였다. 시대적 상황을 대변하는 수많은 신조어와 유행어가 만들어졌으며 일부는 사라지기도 하고 또 일부는 이후까지 사용되기도 하였다(강신항 1991 참조). 따라서 1950년대 광고 카피에는 당시 상황을 비춰주는 신조어나 유행어가 많이 사용되었을 것 같지만 실제로는 그렇지 않다. 생기발랄한 요즘의 카피들과 달리 당시의 광고 언어는 매우 근엄하여 일상 언어보다 더 보수적인 문어적 표현으로 가득했다.

카피에 사용된 어휘는 그 의미와 용법에 있어 현재와 별 차이를 보이지 않는다. 형태가 달라 보이는 것은 표기법이나 표준어의 차이로 인한 것이 대부분으로, 다음과 같이 이제는 쓰이지 않는 한자 표현이 더러 눈에 띄는 정도이다. (43)의 '罐'은 통조림 식품을 세는 단위로서 지금의 '캔(can)'에 해당한다.

(43)

'비락 먹으면 一罐에 千圜이 利益' [비락 1957. 9. 24.]

카피의 어휘 중에서 우리의 눈길을 끄는 단어는 '사탕'이다. 지금은 '사탕'이 [candy][105]를 의미하지만 1950년대 이전에는 [sugar][106]를 기본의미로 가지고 있었다. 본래 [sugar]와 [candy]를 모두 나타냈던 '사탕'이 [sugar] 쪽을 '설탕'에 내어주고 그 의미영역이 [candy]만으로 축소된 시기가 1950년대 무렵인 것이다.

[sugar]의 의미로 사용되는 '설탕'은 최근세에 새로이 쓰이게 된 단어다. 17세기까지의 자료들에는 '사당'만이 나타나고 한자로는 '粆糖'이나 '沙糖'으로 표기되었다. (45)의 예들에 '사당'과 '사당 ᄀᆞᄅᆞ(가루)'가 구별되어 있는 것과 (45)㉤, ㉥의 내용으로 미루어보아, '사당'은 특별한 형태를 갖추었든 부정형이든 덩어리 형태로서, 그것을 녹여 '사자 탄 신선'이라든지 '생물' 모양 같은 것을 만들기도 했음을 알 수 있다.

(44)

사당[107](粆糖) 〈月釋一: 6a〉

(45)

㉠ 사당 〈老乞下: 35a〉

㉡ 사당 ᄀᆞᄅᆞ 〈痘瘡上: 36b〉

㉢ 沙糖 〈朴通上: 5a〉

㉣ 粆糖 〈譯語上: 52a〉

㉤ 혹 ᄉᆞᄌᆡ ᄐᆞᆫ 신션 양으로 ᄆᆡᆫ근 沙糖을 노코 〈朴通上: 5a〉

㉥ 가온대ᄂᆞᆫ 生物을 象ᄒᆞ여 ᄭᅮ민 沙糖이어나 〈朴通上: 4b〉[108]

---

105 '설탕을 끓여서 여러 가지 모양으로 만든 과자'라는 뜻을 [candy]로 대표함.

106 '맛이 달고 물에 잘 녹는 결정체. 사탕수수, 사탕무 따위를 원료로 하여 만든다.'라는 의미를 [sugar]로 대표함.

107 원문 표기는 '상땅'이다. 음가 없는 'ㅇ'이 종성에 표기되고 한자음에 각자병서가 사용된 동국정운식 한자음으로, 실제 발음은 '사당'이었을 것이다.

108 (45)의 예들은 〈17세기 국어사전〉에서 가져옴. 출처는 한 군데씩만 인용하였다.

19세기 말부터 간행되기 시작한 사전들에 실린 내용을 토대로 '사탕'과 '설탕'의 어휘사를 정리하면 다음과 같다.

1880년에 간행된 〈한불ᄌᆞ뎐〉에는 '사당'과 '셜당'이 실려 있다. '사당'은 총칭적인(덩어리 형태의 일반적인) 'sugar'와 '가루로 된 sugar'로 뜻풀이 되고 '셜당'은 '유럽산 흰 sugar'로 뜻풀이되어 있어, '사당'과 '셜당'의 의미가 달리 실려 있다. 흰색을 표현하기 위해 '雪'로 표기하였다.

(46)

㉠ 사당(沙糖) Sucre; sucre en poudre

㉡ 셜당(雪糖) Sucre blanc, d'Europe

1890년에 간행된 〈한영ᄌᆞ뎐〉에는 (47)과 같이 '사당'은 그냥 'sugar'지만 '셜당'은 '가루로 된 sugar'라고 구별하고 있다. '屑糖'이라는 표기에서도 볼 수 있듯이, 아마도 공업적인 과정을 통해 가루로 만들어진 'sugar'가 당시 새로이 유입되어 '사당'과 구별하기 위해 '셜당'이라고 불렀던 것이 아닌가 추측된다. 한편 '사당'의 한자 표기가 종래 쓰이지 않던 '砂糖'으로 나타나는 점도 주목할 만하다. 〈한불ᄌᆞ뎐〉과는 달리 '흰 색'에 대한 언급은 없다.

(47)

㉠ 사당(砂糖) Sugar

㉡ 셜당(屑糖) Powdered,[109] sugar

109 필요 없는 쉼표(,)인 듯하다. 원문 오자로 보임.

1901년의 〈법한ᄌᆞ뎐〉에는 '糖'의 독음이 바뀐 '사탕'이 등장한다. 이미 앞서 나온 사전에 '셜당'이 실려 있는데도 '사탕'만이 실린 점과, 'Sucrer'의 뜻풀이에 '사탕'이 쓰인 것으로 미루어 보아 아직은 '셜당'이 일반화되지 않고 덩어리든 가루든 일반적으로 '사탕'이라는 말이 사용된 것을 알 수 있다.

(48)

㉠ Sucre 사탕

㉡ Sucrer 사탕넛소. 달게ᄒᆞ오

1920년에 간행된 〈조선어사전〉에는 관련 표제어가 네 가지나 실려 있는데 '사탕'이 [candy]의 뜻으로 풀이되어 있는 점이 눈에 띈다. 종래 써 오던 '사당' 대신 '사탕'이 주표제어로 올라 있고 '사당'은 '사탕'과 같다고 하여 부수적으로 다룬 점은 '糖'의 독음으로 '탕' 쪽이 우세해진 것을 반영한 것으로 생각된다.

'셜ㅅ당'도 한자 표기를 구별하여 두 개의 표제어로 실었다. 한자 표기에서 '屑'이나 '雪'이 모두 가루를 의미하므로 실제로 '셜ㅅ당'은 현재의 설탕과 같은 가루 형태의 'sugar'임을 알 수 있다. 아마도 가루 형태의 'sugar'가 우리나라에 들어오면서 새로운 이름이 필요하여 '셜당/셜ㅅ당'이라는 말이 만들어졌거나, 아니면 중국이나 일본에서 이미 사용되고 있던 이름이 실물과 함께 도입된 것으로 추정된다.

〈조선어사전〉의 뜻풀이는 정밀하지 못하고 순환적으로 되어 있다. 뜻풀이대로라면 '雪糖'은 '屑糖'과 같고 '屑糖'은 '砂糖'과 같고 이것은 다시 '사탕'과 같다는 것이니 결국 네 말이 다 같은 뜻이라는 결과가 된다. 포괄적인 이름으로 써 오던 '사당'과 새로운 형태인 '셜ㅅ당'을 구별하려는 언어 의식을 엿볼 수는 있으나, 아직은 그 용법이 정착되지 못했기 때문에 사전 집필자들도 그 뜻을 분명히 구별하여 기술하지 못하고 있는 것으로 짐작된다.

(49)

㉠ 砂糖(사당) [명] '사탕'과 같음.

㉡ 사(砂)탕 [명] 각종 모양으로 응고시켜 만든 사탕 덩어리. (砂糖)

㉢ 雪糖(셜ㅅ당) [명] '屑糖'(셜ㅅ당)과 같음.

㉣ 屑糖(셜ㅅ당) [명] 砂糖. (雪糖).

1950년대에도 '사탕'은 여전히 [sugar]의 의미로 쓰이고 있었음을 다음 (50), (51)과 같은 광고들을 통해 볼 수 있다.[110]

(50)

'비락 먹으면 一罐에 千圜이 利益' '加糖粉乳는 30% 砂糖 70% 우유, 비락은 '100% 우유'' [비락 1957. 9. 24.]

(51)

'砂糖을 壓倒的 凌駕!' '特徵~~砂糖과 同一한 淸純한 甘味 → 加熱冷凍에 不變 → 水溶性, 完全溶解 砂糖의 100~120倍의 甘味' [合成調味料 甘味劑 1958. 3. 30.]

---

110 저자도 어린 시절에 설탕을 '사탕가루'로 불렀던 기억이 있다. 50대 이상의 몇 분에게 질문한 결과도 일치하여, '설탕' 이전에 '사탕가루'가 먼저 사용되었다는 증언을 들었다. 참고로, 사할린 동포들은 지금도 설탕을 '사탕'이라고 부르고, 우리의 '사탕'은 '엿'이라고 한다. 홍차에 '사탕'을 타서 마시고 주전부리로 '엿'을 먹는다.

그런데 왜 갑자기 '설탕'이 '사탕'을 누르고 현재와 같이 [sugar]의 의미를 독점하게 되었을까? 우리는 '사탕'과 '설탕'이 교체된 계기를 국산 설탕의 생산과 보급에서 찾고자 한다. 1953년에 제일제당의 '백설표 설탕(雪糖)'이 출시되면서 큰 인기를 끌게 되었는데,[111] 당시 유의어(類義語)로서 경쟁 관계에 있던 '사탕'과 '설탕' 중 '설탕'이 상품명으로 선택되면서 언중들에게 압도적인 비율로 노출되게 되자 '설탕'이 [sugar]의 의미를 독점하게 된 것이다. 이에 따라 '사탕'은 경쟁에서 밀려나 [candy]만을 의미하게 되었다. '사탕'이 그 자체로 [candy]를 가리키게 되면서, [sugar]로서의 '사탕'과 구별하기 위해 만들어졌던 '알사탕'이나 '눈깔사탕' 같은 말들은 더 이상 쓰이지 않게 되었다.

다음은 [sugar]의 의미로 사용된 '설탕'의 용례들이다.

(52)

'純雪糖製品' '三星사이다 三星오렌지쥬-스' [三星사이다 1956. 4. 17.]

(53)

'茶 愛用하시는분에게 보내드리는 茶中에 영양차!' '영양차(液體) 한숫깔에 설탕가미하여 손쉽게 들수있다' [영양차 1959. 5. 29.]

1961년에 초판이 간행된 〈국어대사전〉의 관련 항목 뜻풀이에서도 우리의 가정을 뒷받침하는 흥미로운 단서를 찾을 수 있다.

(54)

㉠ 사탕(砂糖) [명] ①[화] 맛이 아주 단 탄수화물의 하나. (後略) ②설탕

---

111 60년대까지도 설탕은 최고로 인기 있는 명절 선물이었다.

을 끓여서 여러 가지 모양으로 만든 비교적 간단한 과자. 눈깔사탕, 드롭스 등. ③설탕(雪糖).

㉡ 사탕가루 [명] 가루로 된 사탕.

㉢ 설탕[1](屑糖) [명] 가루사탕.

㉣ 설탕[2](雪糖) [명] ①가루사탕. ②흰 가루사탕.

주목을 끄는 것은 '설탕[2]'의 뜻풀이 중 '흰 가루사탕'이라는 새로운 표현의 등장이다. 이것이 바로 제일제당에서 생산한 희게 정제한 백설탕을 가리키는 것을 알 수 있는데, 그 동안 보아 왔던 누런 빛깔의 '사탕' 또는 '사탕가루'와 차별되는, 그야말로 '백설같이 흰 백설표 설탕'이 뜻풀이에 등장한 것이다.

다음 광고도 [sugar]를 가리키는 이름이 '사탕'에서 '설탕'으로 이동된 사정을 반영하고 있다. 종래 [sugar]는 으레 누런색이었으므로 그냥 '사탕'으로 불렸던 것인데 흰 '설탕'이 나오게 됨에 따라 그것과 차별짓기 위해 '흑사탕'이라는 새로운 이름이 필요하게 되었음을 보여 준다. 시장에서 누런 '사탕'이 점차 흰 '설탕'에 자리를 내주게 되자 [sugar]의 의미를 흰 '설탕'이 대표하게 되었다.

(55)

'흑사탕 및 벌꿀 배합 비타민 H 첨가' '흑사탕과 벌꿀의 二重美容効果!'
[럭키 흑사탕비누 1961. 5. 31.]

최근에 건강을 해치는 소위 '三白 식품'[112]이라 하여 흰 설탕을 기피하게 되자 희게 정제하지 않은 'sugar'가 '흑설탕'이라는 이름으로 판

---

112 흰 쌀, 흰 설탕, 화학조미료를 가리킨다.

매되고 있다. 이제는 흰색의 설탕이 무표적이고 본래의 누런색 설탕은 '흑'이라는 차별어를 덧붙이게 된 것으로, '누런색의 sugar'를 가리키던 '사탕'은 언중들의 어휘 목록에서 완전히 사라졌음을 확인할 수 있다.

'사탕'은 60년대 초의 '흑사탕비누' 이후 광고에서는 거의 눈에 띄지 않게 되었다. 이제는 '사탕'이 [sugar]의 의미를 나타냈었다는 것을 젊은 층에서는 알지 못한다. '사탕'이 [sugar]를 의미했었다는 사실은 '사탕단풍, 사탕수수, 사탕무, 사탕발림, 사탕야자, 사탕절이' 같은 복합어들에 화석화된 의미를 통해 엿볼 수 있을 뿐이다. 〈표준국어대사전〉에도 '사탕'의 의미로 [candy]와 함께 [sugar]가 실려 있으나, 용례는 [candy]에만 올라 있는 것도 참고가 된다.[113] 사전 뜻풀이에 아직도 [sugar]가 실려 있는 것은 사전의 보수성을 말해 주는 이상의 의미는 없다.

'사탕'과 '설탕'의 어휘 교체는 상품명이 언중들의 어휘 선택에 영향을 줄 수 있음을 보여주는 사례라 할 수 있다. 상품의 특장점을 살리기 위해 종래 사용되어 오던 '사탕'과 '屑糖'을 버리고 '설탕', '雪糖' 쪽을 상품명으로 선택한 것이 유의어 경쟁에서 '설탕(雪糖)'의 승리를 가져온 결정적 계기가 된 것이다.

이는 상표명이나 상품명이 범주명으로 일반어화 하는 것과는 다른 특이한 경우이다. 상표명이 일반어화 하는 예는 잘 알려진 바와 같이 '바바리(Burberry), 포클레인(Poclain), 제록스(Xerox)' 등에서 찾아

---

113 사탕02 沙糖▽/砂糖▽1 「명」「1」설탕을 끓여서 여러 가지 모양으로 만든 과자. 알사탕, 눈깔사탕, 드롭스 따위가 있다. ¶사탕 열 개/사탕 두 알/사탕 한 봉지/사탕을 빨아 먹다/사탕을 입에 물다/사탕이 입에서 녹다/소눈깔만 한 사탕을 입에 물면 볼이 미어지게 튀어나왔다.≪오정희, 유년의 뜰≫§ 「2」=설탕(雪糖)

볼 수 있다. 이들은 각각 '바바리'사(社)의 트렌치코트, '포클레인'사의 삽차, '제록스'사의 복사기를 가리키다가 일반어화 해서 트렌치코트, 삽차, 복사기 자체를 가리키게 되었다. 각각 회사의 상표명이 범주명화 한 것이다.

상품명[114]이 범주명으로 일반어화 하는 경우도 있는데, '초코파이'와 '컬러링'이 그러한 예들이다. 오리온에서 1974년에 출시하여 히트시킨 '초코파이'를 롯데에서도 같은 이름으로 만들어 팔자 오리온에서 소송을 걸어 롯데가 그 이름을 쓰는 것을 금지하려 했으나, 재판부에서 '초코파이'를 고유명사가 아니라 일반명사로 판단함에 따라 특정한 종류의 과자를 제조원과 관계없이 '초코파이'로 부를 수 있게 되었다. 또 휴대전화 발신음을 음악으로 바꿔주는 SKT회사의 서비스를 '컬러링'(colour ring)이라고 이름 지었는데, 이 서비스가 히트한 후 LGT에서는 '필링'(feel ring), KT에서는 '콜러링'(caller ring)이라는 이름으로 서비스를 시작했으나, '컬러링'이 이미 그러한 서비스 자체를 가리키는 범주명으로 굳어져서 언중들은 어느 회사의 것이든 모두 '컬러링'이라고 부르고 있다.

그러나 '설탕'은 '바바리'나 '초코파이'와 구별되는 특별한 경우다. '설탕'이라는 단어 자체는 이미 존재하고 있었지만 유의어와의 경쟁에서 열세에 있다가 '설탕'이라는 이름의 공산품이 출시되어 널리 보급되면서 노출 빈도 면에서 앞서게 되고, 그에 따라 이전에 우세를 보이던 '사탕'을 밀어내고 주도권을 차지한 경우다. '사탕'과 '설탕'의 교체는 유의어 경쟁의 결과 일어나는 어휘 교체의 요인을 하나 더 추가하는 사례라고 보아도 좋을 것이다.

---

114 예컨대 '오리온 초코파이'라면 '오리온'은 상표명, '초코파이'는 상품명이다.

5. 결론

1950년대의 신문 광고는 한자 위주의 딱딱한 국한 혼용체가 주도하였다. 당시의 일상적인 문자 생활에서 한자의 비중이 컸던 탓도 있지만, 아직은 공급자 위주의 시장이어서 공급자가 알리고 싶은 내용을 담는 데 중점을 두었을 뿐 표현이나 전달에는 크게 신경을 쓰지 않았기 때문이었다. 그러나 한국전쟁 이후 국내 산업이 발전하게 되자 광고의 양도 늘어나고 카피의 내용과 문체도 다양하게 발전하기 시작했다.

카피의 문체는 수사법 상으로 소박한 편이었다. 시각적 기법이 발전하지 않아서 느낌표와 붙임표로 단조로운 인쇄 광고에 강조점을 더한 정도였으며, 기교적 표현보다는 사실의 전달에 중점을 둔 건조한 문체로 이루어졌다. 카피에 사용된 수사적 기법은 과장법, 대구법, 도치법, 동음이의어법, 은유법, 돈호법 등이 있으나 몇 예에 지나지 않는다.

카피의 내용은 가장 단순하게는 상품명만을 고지하거나, 거기에 일반적이고 상투적인 수식어를 덧붙인 형식이 많았다. 그러나 여러 가지 국산품이 생산되어 점차 경쟁이 생기고 소비자에게 선택권이 주어지게 되자 설득적인 내용과 표현 기법을 담은 광고가 등장하였다.

문장 형식은 대부분 평서문이었다. 소비자의 행동을 촉구하는 청유문과 명령문은 의외로 적었고, 소비자를 대화 참여자로 이끄는 의문문 형식도 소수의 예에 지나지 않았다.

1950년대 광고는 [sugar]를 의미하는 단어가 '사탕'에서 '설탕'으로 교체된 사실을 흥미롭게 보여주고 있다. 종래 [sugar]를 가리키는 말은 '사당(탕)'이었다. 15세기 이후 '사당'만이 자료에 나타나다가 19세기 말 사전에 '셜당(雪糖/屑糖)'이라는 형태가 등장하지만, 1950년대 초까지도 [sugar]를 가리키는 말로는 '사탕'이 우세했다. 그러다가 국산 [sugar]가 '설탕(雪糖)'이라는 상품명으로 널리 퍼지게 되자 '사탕'이 밀려나고 '설탕'이 그 의미영역을 독점하게 되었다. '사탕'과 '설탕'의 교체는 상품명의 득세가 일반어의 어휘 교체에 영향을 끼친 흥미로운 사례로서, 어휘 교체의 요인을 하나 더 추가하는 것으로 보아도 좋을 것이다.

참고문헌

강신항(1991), 현대국어 어휘사용의 양상, 서울: 태학사.

김선희(2000), "광고 언어의 다양한 쓰임과 그 특성", 한글 248, 한글학회.

김정우(2003), "광고 언어 사용 양상의 통시적 변천-70년대와 90년대 라디오 광고를 중심으로-", 한국어학 20, 한국어학회.

박영준(2002), "광고언어 연구의 동향과 과제-언어학적 연구를 중심으로-", 한국어학 17, 한국어학회.

박영준 · 김정우(2004), "광고언어와 수사법", 어문논집 49, 민족어문학회.

박종한 · 나민구(2005), "한국의 광고 및 인쇄매체에 사용되는 한자의 해음(諧音) 현상 활용에 관한 연구", 중국언어연구 19, 한국중국언어학회.

신인섭(1992), "우리나라 광고 언어의 변천사", 새국어생활 2-2, 국립국어연구원.

신인섭(1996), "통사-광복이후", 한국광고연구원(편), 한국광고 100년 상, 사단법인 한국광고단체연합회.

이은희(2000), "광고 언어의 생략 현상", 국어교육 103, 한국어교육학회.

이현우(1998), 광고와 언어, 서울: 커뮤니케이션북스.

이화자(1992), "광고의 유행어 추구 현상에 대하여", 새국어생활 2-2, 국립국어연구원.

이희승(편)(1961), 국어대사전, 서울: 민중서관.

장경희(1992), "광고 언어의 유형과 특성", 새국어생활 2-2, 국립국어연구원.

조선총독부(편)(1920), 조선어사전, 경성: 조선총독부.

채완(2003), "개화기 광고문의 표현 기법", 한국어 의미학 12, 한국어 의미학회.

채완(2005a), "일제 시대 광고 카피의 연구", 인문과학연구 11, 동덕여자대학교 인문과학연구소.

채완(2005b), "일제 시대 광고문의 형식과 전략", 이중언어학 27, 이중언어학회.

채완(2007), "1950년대 광고 카피에 나타난 국어의 양상", 사회언어학 15-2, 한국사회언어학회.

최형용(2000), "광고 전략과 언어적 중의성", 텍스트언어학 9, 텍스트언어학회.

한국광고연구원(편)(1996), 한국광고 100년 상·하, 서울: 사단법인 한국광고단체연합회.

홍윤표 외(편)(1995), 17세기 국어사전, 서울: 태학사.

Alévêque, Ch.(1901), 법한ᄌᆞ뎐, 서울: Seoul Press(Hodge&Co.).

Les Missionnaires de Corée(1880), 한불ᄌᆞ뎐(韓佛字典), Yokohama: C. Lévy, Imprimeur-Libraire.

Underwood, H. G.(1890), 한영ᄌᆞ뎐(韓英字典), Yokohama: The Yokohama Seishi Bunsha.

제2부

상표명의 언어

제1장
상표명의 작명 기법

1. 서론

브랜드(brand)는 포괄적인 의미로 회사명과 상품에 붙는 상표를 가리킨다. 물리적으로는 상품의 포장, 라벨, 로고로서 존재하며 지각적으로는 소비자의 마음속에 존재하는데, 광고에 의해 그 이미지와 개성이 형성된다. 상표명이란 브랜드 네임(brand name)의 번역어로서, 브랜드에서 언어로 표현되는 부분, 즉 소리 내어 읽을 수 있는 부분을 가리킨다.

광고의 시대라 할 현대에 어떤 제품의 속성은 제조 공장이 아니라 광고 대행사에 의해 만들어진다고 해도 과언이 아니다. 제품의 물리적 속성에서 비롯되는 편익과는 달리, 정서적 또는 심리적 편익은 소비자의 마음속에서 창조되거나 강화된다. 제품의 정서적 심리적 속성은 광고를 통해 상표명과 반복적으로 연결됨으로써 형성되는 것으로, 제품의 속성을 제일차적으로 나타내 주는 것이 상표명이다.

상표명은 제품의 속성을 나타내 주는 것만으로는 부족하다. 제품을 구매할 때나 광고에서 소리 내어 불리는 일이 많으므로 발음하기 쉬워야 하고, 그 말을 들었을 때 의미상으로나 청각 인상으로나 부정적인 연상을 주지 말아야 한다. 아울러 일반어와 차별되어, 말 속에 일일이 따옴표를 치지 않아도 그것이 상표명임을 식별할 수 있어야 한다. 이처럼 상표명은 여러 조건을 충족시켜야 하기 때문에 작명(naming)을 위해 다양한 기법이 동원되는 것이다.

우리나라에 현대적인 의미의 상표명이 사용된 역사를 현대 광고의 역사와 같다고 보면 개화기 이후라 할 수 있다. 그러나 개화기와 일제 강점기에 팔린 상품은 대부분이 외국에서 수입한 것들로서 우리가 우리의 상표를 붙여 판매한 제품은 많지 않았다. 동화약품, 제생당 한약방, 유한양행 등이 당시 우리의 대표적인 기업이었는데, 기업명에서 짐작할 수 있듯이 상표명도 대체로 한자어 한 단어로 되어 있었다.

최근의 상표명 작명 추세를 보면 한자어의 비율이 줄어들고 고유어나 외래어[115]를 포함한 이름이 많아지고 있다. 또한 단어의 경계를 넘어서 구나 문장 형식으로 된 상표명이 늘어나는 것도 주목된다. 초기에는 대체로 사전에 실려 있는 자연어 중에서 골라 상표명을 삼는 것이 일반적이었으나, 최근에는 자연어보다는 새로운 조어(造語)[116]를 사용하는 경우가 많아졌다. 예컨대 '개나리 아파트, 산(山) 소주' 등 자연어를 이용한 상표명보다는, 'e편한세상(아파트, 대림), 래미안(아파트, 삼성), 팡이제로(곰팡이 제거제, 동산 C&G)' 등과 같은 새로운 조어로 된 상표명의 선호도가 높아지고 있다.

---

115 사전 등재 여부에 따라 '외래어'와 '외국어'를 구별하기도 하나, 본저에서는 '외래어'를 '외국어에서 들여온 말'이라는 포괄적인 의미로 사용한다.

116 사전에 실려 있지 않은, 상표명으로서 새로이 작명된 말을 '조어'로 부르기로 한다.

상표명의 작명 기법은 일반어의 조어법을 벗어난 지가 오래다. 형태소나 단어, 음절 등을 자유롭게 조합하고, 고유어와 한자어, 외래어, 숫자, 기호 등을 뒤섞어 만든, 일반어에서는 허용되지 않는 형식들이 상표명에서는 사용되며, 통사적 구성도 거의 제한 없이 사용된다. 여기서 통사적 구성이라는 것은 구(句) 이상의 구조라는 뜻으로서, 그것이 문법적으로 국어의 통사 구조에 맞느냐 하는 것을 의미하는 것이 아니다. 예컨대 '갈아 만든 사과'[117](해태)나 '숨 쉬는 콩된장'(샘표)은 국어의 통사 구조에 맞지만, '참나무통 맑은 소주'(진로)는 '참나무통에 빚은 맑은 소주'라야 문법에 맞는다.

본 장에서는 우리나라에서 현재 유통되고 있는 상품의 상표명에 대하여, 특히 자연어보다는 조어 쪽에 초점을 맞추어 그 작명 기법을 형태, 의미론적으로 분석해 보고자 한다. 앞서 상표명이나 상호를 다룬 연구들이 대부분 국어 순화적 관점에서 이루어져, 외래어가 너무 많이 사용된다든지 어문 규범에 어긋난다든지 하는 비판에 중점을 두어 왔지만, 여기서는 비규범어나 외래어 사용도 상표명의 차별성 획득의 한 방법으로 보아, 가치 평가 없이 있는 그대로의 형태를 대상으로 논의를 전개하고자 한다.

---

117 상표명이 통사적 형식으로 이루어진 경우, 아무리 길더라도 일단 고유명사화한 것이므로 규범상 붙여 쓰는 것이 허용되지만, 여기서는 그 구성 방식을 한눈에 파악하기 쉽도록 어문 규범에 맞춰 띄어 쓴다.

2. 형태론적 기법

2.1. 절단 합성법

절단 합성법이란 상품의 개념(concept)이나 속성을 나타내는 단어들을 모아 각 단어에서 일부분씩을 절단한(clipping) 후 그 말들을 합성하여 단어 형태의 상표명으로 만드는 방법이다. 일반어에서 절단은 한 단어에서 일부 음절을 잘라내어 전체 의미를 대표시키는 것으로서, 예컨대 '조간(조간신문), 살(화살)' 같은 것들을 가리키지만, 상표명을 형성할 때 적용되는 절단 합성법은 일반어에 비해 훨씬 자유롭다. 고유어, 한자어, 외래어와 같은 어원이나 잘라내는 위치에 제약이 없으며, 잘라낸 부분이 형태소 자격이 있는지, 단어의 의미를 대표하는 부분인지 여부도 문제 삼지 않는다.

절단 합성법으로 만들어진 상표명의 의미는 작명 과정에서는 분명하더라도 일단 만들어진 후에 그 상표명의 의미를 역추적하기는 어려운 경우가 많다. 상표명은 그 개념이 분명할 때 상품 판매에 더 큰 도움이 될 것이므로 작명 개념을 소비자들에게 적극적으로 인식시키는 것이 중요하다. 예컨대 '오렌지'에서 '오'를 따서 '디오빌'을 만들고, 전치사 'with'에서 '위'만을 잘라 '위저트'를 만들었을 때 소비자들이 일부러 그 의미를 찾아 알고자 하지는 않을 것이므로 적절한 홍보가 뒷받침되지 않는다면 작명자의 의도가 소비자에게 전달되는 것은 어려울 수 있다.

여기서는 절단 합성법을 절단 위치와 절단되는 형태의 단위에 따라 임의 절단법, 중첩 절단법, 두음절(頭音節) 절단법, 두자모(頭字母) 절단법으로 나누어 살펴보기로 한다.

2.1.1. 임의 절단법

임의 절단법은 절단 대상이 되는 단어들에서 아무 제약 없이 일부 형태를 잘라내는 것을 가리킨다. 절단은 상표명을 구성하는 단어들 모두에 적용되기도 하고 일부 단어에만 적용되기도 한다. 예를 들어 '두부감빠'의 '감빠'는 '감빨다'에서 일부를 잘라낸 것이라고 하는데,[118] '빠'는 형태소가 아니어서 의미에 대한 어떤 단서도 담지 못한다. '두부'는 절단되지 않은 형태로 상표명 구성에 참여하였다.

임의 절단법으로 만들어진 상표명으로서 구성 요소가 우리말로만 이루어진 예들을 들어 보면 다음과 같다.

(1)
고구마유 = 고구마 우유 [롯데햄우유][119]
김장고 = 김치 냉장고 [대우전자]
두부감빠 = 두부 감빠ㄹ다 [스낵, 한국야쿠르트]
맵시면 = 맵고 시원한 라면 [한국야쿠르트]
아름찬 = 한 아름 가득 찬/정갈한 찬거리 [김치, 농협]
이가탄 = 이가 탄탄 [약품, 명인제약]

---

118 한국야쿠르트 홈페이지에 ""감빠"란 [감빨다]의 변칙어간이며, "맛있게 먹다" "입맛을 붙이다"라는 순수 우리말'이라고 설명되어 있다. http://www.yakult.co.kr/

119 상품 범주명과 제조회사를 [ ] 안에 표시함. 상표명에 범주명이 포함된 경우에는 제조회사만 표시한다.

'고구마유'의 경우는 '유(乳)'가 핵심적 의미를 담고 있는 부분이어서 의미가 바로 이해된다. 다만 '면실유, 포도씨유, 올리브유' 등과 같이 〈재료+유〉 구성에서 '유'가 '乳'가 아니라 '油'의 뜻으로 통용되는 것에 익숙한 소비자가 상품을 보지 않고 이름만 본다면 '고구마 기름'의 뜻으로 오해할 수도 있겠다.

'김장고'는 '김치' 자체가 하나의 형태소인데 그것을 잘라낸 것이므로 '김'만으로 '김치'의 의미를 추리하기는 어렵다. 그러나 '김장고'가 작명자의 의도인 '김+장고'가 아니라 '김장+고'로 성분 분석이 되면서 중의적으로 해석되어 김치와 관련되는 의미를 전달한다. 소비자에게는 '김장을 넣는 庫'로 이해되는 것이다. 김치 냉장고가 일년 내내 쓰는 것이기는 하지만 김장을 보관하는 것이 중요한 기능이라고 볼 때 작명자가 의도했든 안 했든 이러한 중의적 해석이 가능하다는 것은 '김장고'의 장점으로 여겨진다. '고구마유'와 '김장고'의 사례에서 볼 수 있듯이 상표명의 의미가 꼭 작명자의 의도대로만 해석되는 것은 아니다.

어감만을 생각하다 보니 의미가 적절하지 않은 상표명도 있다. '두부감빠'가 그 예다. '감빨다'는 〈표준국어대사전〉에 '감칠맛 있게 쪽쪽 빨다.'로 뜻풀이가 되어 있는데 바삭바삭한 느낌을 주는 스낵과자인 '두부감빠'를 '감빨'기는 어렵지 않나 생각된다. '감빨다'에는 '잇속을 탐내다.'라는 부정적인 의미가 있고(예: 남의 재물을 감빨다.), 자칫하면 '빨다'가 속어적인 느낌을 줄 수 있으므로 여러모로 조심스러운 상표명이라 하겠다.

'맵시면'은 '맵고 시원한'에서 잘라낸 '맵시'가 유의미한 단어가 되어 기억을 도와주는 장점이 있다. 그러나 미각을 소구해야 할 상품에 시각적 이미지의 상표명이 큰 도움이 될지는 의문이다.

'아름찬'은 농협에서 2001년에 출시한 김치 통합 브랜드로서 '한 아름 가득 찬, 정갈한 찬거리'라는 개념을 담고 있다.[120] 상표명이 고유어로 이루어져 순 국산 김치라는 특성을 잘 살려주고 있으며, '찬'이 '가득 찬'과 '반찬(飯饌)'의 의미로 중의적으로 해석되어 상품 개념과 일치한다.

'이가탄'은 '탄탄'이라는 단일 형태소(어근)를 절단했기 때문에 '탄'에서 '탄탄'이라는 의미를 바로 연상하기는 어렵다. 의미보다는 외국어 같은 느낌을 주는 음상 효과에 중점을 둔 작명으로 이해된다.

다음 (2)는 우리말과 외래어가 섞인 개념어들에서 임의 절단하여 만든 상표명들이다.

(2)

비상에듀 = 비유와 상징 에듀케이션 [수능 인터넷강의 전문사이트]

시린메드 = 시린 이에 쓰는 약(메드〈medicine) [치약, 부광약품]

팡이제로 = 곰팡이 제로 [곰팡이 제거제, 동산C&G]

'비상에듀'는 형태론적으로 임의 절단법을, 의미론적으로는 중의법을 활용한 작명이다. 작명 과정을 모르는 소비자에게 '비상'이 수험생들의 실력을 날아오르게 할 '飛上'으로 해석되어 상품의 개념과 잘 들어맞는다. 이처럼 절단 합성법으로 새로 만든 말이 자연어 단어가 되고 의미마저도 상품의 개념과 들어맞는다면 금상첨화일 것이다.

'시린메드'는 일단 치약이므로 '시린'이 '시린 이'를 뜻하는 것임을

---

120 관련 기사 http://www.hankyung.com/news/app/newsview.php?aid=2009063084641

짐작할 수 있고, '메드' 역시 'medicine'에서 잘라낸 말이라는 것을 이해하기 어렵지 않다. 'ㅅ'과 'ㄷ'을 제외하고는 모두 유성음으로 구성되어 발음이 부드럽다. '시린'이 관형어로서 '메드'를 수식하는 구조로 되어 통사적으로도 자연스러운 구성을 이루었다.

'팡이제로'는 '곰팡이'의 첫음절을 줄여서 만든 말로 상품의 속성이 분명하게 전달된다.

아래 (3)은 원어가 모두 우리말로 구성되어 있으면서도 절단 합성된 상표명이 외래어 느낌을 주도록 작명된 예들이다.

(3)
라또마니 = 라면 또 많이 [라면, 삼양식품]
아이즐 = 아이들의 즐거운 책 세상 [출판사][121]

'라또마니'는 두음법칙에 어긋나는 어두의 'ㄹ'과, '많이'의 맞춤법을 일부러 어긴 '마니'로 인해 외국어 느낌이 난다. 대체로 음절수가 많고 받침이 없으며 어두에 'ㄹ'을 배치하고 유성음을 많이 사용한 이름이 외국어 느낌을 준다. 다시 말해서 2~3음절어가 많고 장애음(obstruent) 받침이 있는 경우가 많으며 두음법칙이 적용되는 국어 단어의 특성을 뒤집으면 외국어 느낌이 나는 것이다.

'아이즐'은 '즐'로 끝나는 우리말이 '건즐,[122] 과즐[123]'처럼 일상적으로 잘 쓰이지 않는 몇 단어밖에 없는 반면, '노즐(nozzle), 퍼즐(puzzle)' 같은 영어는 일상적으로 익숙하기 때문에 외국어 같은 느낌

121 http://www.izzlebooks.com/

122 巾櫛. 수건과 빗을 아울러 이르는 말. 낯을 씻고 머리를 빗는 일.

123 '과줄'의 옛말.

을 준다. 회사의 영문 표기도 'izzle'로 하여 'nozzle, puzzle' 따위와 비슷하게 하였다. 우리말 같지 않기 때문에 작명 개념을 설명 듣기 전에는 뜻이 잘 이해되지 않는다.

다음 (4)는 영어 단어들에서 임의의 음절을 잘라 합성하여 상표명으로 만든 예들이다. 영어를 알파벳이 아닌 한글로 전사한 뒤 필요한 음절을 절단하였다.

(4)

㉠ 비타파워 = 비타민 파워 [음료수, 롯데칠성][124]

삐콤 = 비타민 비 콤플렉스 [비타민제, 유한양행]

하프마요 = 하프 마요네즈 [마요네즈, 오뚜기]

㉡ 데이시스 = 데이 시스템(daysys = day system) [화장품, 제일제당]

디오빌 = 디 오렌지 빌(TheO'Ville = The Orange Ville) [오피스텔, 대우]

싸이언 = 싸이버[125] 언(Cyon = cyber on) [휴대폰, LG텔레콤]

위저트 = 위드 디저트; 위민 디저트(Wissert = With Dessert, Women Dessert) [과일 젤리, 롯데][126]

(4)㉠은 '비타민, 파워, 비타민 비(삐), 콤플렉스, 하프, 마요네즈' 같은 구성요소들이 일상적인 영어 단어들이어서 원어 자체가 쉽게 이해되므로 상표명의 의미도 쉽게 이해된다. 음절 구조도 단순한 편으로 기억하기 쉬운 무난한 상표명들이라 할 수 있다.

---

124 한글로만 표기해도 그 뜻이 분명한 일상적인 외래어에는 일일이 원어 표시를 하지 않고, 아울러 그 뜻과 형태가 친숙한 상표명에 대해서는 홈페이지 표시도 생략함.

125 외래어 표기법에 따르면 '사이버'이다.

126 http://www.lotteconf.co.kr/product/wissert.asp 참고.

그러나 (4)ⓛ의 예들은 원어부터가 익숙한 말들이 아니고, 또한 잘라낸 요소들이 단어의 의미를 대표할 수 있는 부분도 아니어서 의미 전달이 쉽지 않다. 이를테면 '데이 시스템' 자체가 어떤 개념인지 알지 못하면서 그로부터 절단 합성된 '데이시스'를 이해할 수는 없는 것이다. '오렌지'의 '오'와 정관사 '디(the)'를 융합시켜 한 단어로 만든 것이나, 'with'에서 '위'를 잘라내고 'dessert'에서 '저트'를 잘라 합성한 것은 기발하다고는 하겠으나 설명을 듣고 나서도 그 개념에 수긍이 안 간다면 과연 적절한 작명인가 생각해 볼 필요가 있다.

'싸이언'은 앞의 예들보다는 덜 난해하지만 자립형식이 아닌 결합사 'cyber'와 전치사 'on'이 통합된 원어의 뜻이 불분명하므로 따라서 상표명의 개념도 명쾌하지 않다.

다음 (5)는 영어로 철자된 원어에서 일부 글자들을 절단하여 합성한 예들이다. 때로는 'Whirlwind'나 'Culture'의 경우처럼 음절 내부를 자르기도 하는 것을 보면 일반어의 조어법이 미치지 않는 상표명의 작명 세계가 따로 있음을 알 수 있다. 한글 전사 후에 절단이 일어난 (4)와 달리 (5)의 예들은 한글 전사를 하면 잘라낼 수가 없다. 예를 들면 '초콜릿'에서 '초코'를 잘라 내는 것은 음절 단위로 합자하는 한글의 속성상 부자연스럽다. 영어의 경우도 음절 중간을 자르는 것은 허용되지 않으므로 발음이 아니라 철자된 글자를 잘라낸다고 보는 것이 옳다.

(5)

초코파이 = chocolet pie [과자, 오리온]

쿠첸(Cuchen) = Culture of Kitchen [전기밥솥, 웅진][127]

휘센(Whisen) = Whirlwind(휘몰아치는) Sender(센바람) [에어컨, LG전자][128]

'초코파이'는 인지도가 매우 높은 상품으로, 상품명으로 출발했지만 이제는 범주명으로 자리 잡은 사례다. '초코'는 이 제품뿐 아니라 '초코바, 핫초코, 민트초코' 등 여러 상표명에 참여하고 있어 '초콜릿'의 약어로 정착되었다고 할 수 있다.

'쿠첸'은 '대한민국의 주방 문화를 이끌어 가겠다는 의미'라 하여 'Culture of Kitchen'을 기본 개념으로 만든 상표명이다. 설정된 개념이 너무 추상적이어서 그 의미가 상표명으로 효과적으로 전이되지는 못하는 듯하다.

'휘센'은 작명 개념과는 별도로 "세계를 휩쓴 휘센"과 같이 두운을 활용한 광고 카피를 통해 상표명의 음상을 각인시켰다. 첫음절 '휘'가 '센 바람이 거칠게 스쳐 지나가는 소리'를 의미하는 부사 '휘'나, '휘날리다, 휘돌다, 휘몰아치다' 등에 나타나는 접두사 '휘-'를 연상시키기도 하여, 시원한 바람을 세게 일으키는 에어컨의 속성과 자연스럽게 연결된다. '센' 역시 형용사 '세다'의 관형사형으로 의미 연상이 되어 '휘'와 '센'의 조합이 에어컨의 속성을 잘 나타내 주고 있다. 상표명의 개념을 알기 위해 소비자가 일부러 기업 홈페이지를 방문하는 것은 기대하기 어려우므로, '휘센'의 경우처럼 소비자가 상표명을 접하고 스

127 http://www.cuchen.com/ 참고.

128 http://www.lge.co.kr/brand/whisen/lounge/story_01.jsp

스로 적절한 상표 개념을 찾아낼 수 있다면 더 없이 좋은 작명이라고 할 수 있을 것이다. 그렇게 되기 위해서는 음상과 의미가 상품의 개념과 적절하게 들어맞는 말을 찾아내는 것이 중요하다.

다음 (6)은 같은 글자로 시작되는 몇 개의 단어들을 상표 개념으로 설정하고, 설정된 개념어들에서 공통되는 형태를 절단한 후 또 다른 단어와 합성하여 상표명을 만들었다. 각 개념어의 어두 'Ex'를 'X'로 표기하여 차별성을 두었다.

(6)

XCanvas = Extra-large, Exciting, Exhilarating, Experience [TV, LG전자][129]

아래 (7)은 제시된 개념어와 꽤 달라진 형태로 상표명을 구성한 예이다.

(7)

요맘때 = Yogurt moitié [아이스바, 빙그레][130]

'Yogurt moitié'는 원어대로 읽으면 '요거트 므와띠에'가 되는데 '요'는 문제가 안 되지만 '므와띠에'에서 '맘때'를 이끌어낸 것은 좀 무리한 설정이 아닌가 생각된다. '요맘때'가 되면 '요맘때'를 먹자는 뜻이기도 하고, 지방이 반만 들어 있다는 뜻으로 불어로 '반'(半)을 뜻하

---

129 http://www.lge.co.kr/brand/xcanvas/main/BrandMainCmd.laf?brand=XCANVAS

130 http://www.yomamte.co.kr/ 참고. 영어와 불어가 합성되었다. 홈페이지의 상표 설명에는 moitié의 'e' 위의 악상(accent)이 표기되지 않음.

는 '므와띠에'를 변형시킨 '맘때'를 결합시킨 말이라고 하지만, 사실은 '요맘때'라는 이름을 먼저 지어놓고 대응되는 개념어를 찾았을 것으로 추측된다. 그런데 'moitié' 자체가 비교적 낯선 편이어서 소비자가 상품의 개념과 연결시켜 기억하기는 쉽지 않을 것 같고, 그저 '요맘때' 먹는 것인가 보다 정도로 받아들일 것 같다.

(8)은 우리말 용언 어간에 영어 단어가 합성된 예들이다. 두 곳 모두 홈페이지에 작명 개념이 설명되어 있지는 않지만 그 형태로 작명 개념을 추측할 수 있다.

(8)

영글북스(Youngle Books) = 영글다 books [인터넷 서점][131]

이루넷(Iroonet) = 이루다 net [교육 서비스][132]

국어에서 용언 어간이 합성어 구성에 참여하려면 '푸른곰팡이, 건널목'처럼 어미가 결합된 형태로 합성되는 것이 일반적이다. '덮밥, 꺾꽂이, 오르내리다'와 같이 어간이 바로 합성어 구성에 참여할 수는 있으나 예가 극히 한정된다. 즉 '영글-, 이루-'가 어간만으로 합성어의 구성요소가 될 수는 없고, 의미상 뒤의 영어를 수식하는 관형어 역할을 하므로 '영그는/영근, 이루는/이룬'과 같이 관형사형어미가 결합된 상태로 합성되는 것이 자연스럽다. 게다가 국어 용언 어간이 영어 단어와 결합하여 합성어를 구성하는 것은 극히 예외적인 조어 방식이라 하겠다.

---

131 http://www.younglebooks.com/

132 http://www.iroonet.com/

2.1.2. 중첩 절단법

중첩 절단법은 합성을 이루는 두 단어가 공통되는 형태를 포함하고 있어야 한다는 조건이 따른다. 합성어를 이룰 두 단어에서 같거나 유사한 부분이 중첩되도록 두 말을 겹쳐 놓고, 중첩된 공통의 형태 중 한 쪽을 버린 후, 중첩 어구 양쪽에 놓인 말들 중에서 각각 한쪽씩을 선택하여 상표명을 조합하는 기법이다.

중첩 절단의 과정을 그림으로 나타내면 아래와 같다. '맛있구마'는 '맛있구나'와 '고구마'를 중첩 절단하여 합성한 말이다. 두 단어를 '구'가 중첩되게 겹쳐 놓은 후, 겹친 '구' 중 하나만을 선택하고 그 좌우에서 한쪽씩만을 선택하여 '맛있구나'에서는 '맛있'을, '고구마'에서는 '마'를 선택 합성하면 '맛있구마'가 남는 것이다.

〈중첩 절단의 과정〉

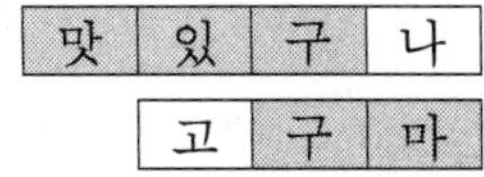

중첩 절단법에 의해 형성된 상표명의 예는 다음 (9)와 같다.

(9)
롯데리아 = 롯데 카페테리아 [패스트푸드 판매점]
맛있구마 = 맛있구나 + 고구마 [아이스크림, 롯데제과]
슬라이트(S'lite) = Slim + Light [건강식품, 태평양][133]

---

133 http://www.brandmajor.com/newbrandmajor/Portfolio_PortfoliobyIndustry_sub.asp?submenu=LivingGoods_HealthCare&idx=228&imagename=sub06_201.jpg

하우스토리 = 하우스 + 스토리 [아파트, 남광토건][134]

M왁스프레이 = 왁스 + 스프레이 [왁스, 보브][135]

Mappy = Map + Happy [내비게이션, 엠앤소프트][136]

'롯데리아'는 유사음을 중첩하여 절단한 예이다. 알파벳 표기로는 유사음이 아니고 동음이다. '롯데'의 '데'와 '카페테리아'의 '테'가 겹치도록 두 단어를 중첩시키고 '카페'와 '테'를 절단해 버린 후 나머지 말들을 합성하였다.

'슬라이트'는 'Slim'과 'Light'의 공통부분인 'li'가 중첩되도록 'Light'를 'Slim' 겹쳐놓고 'li' 하나와 'im'을 잘라 버림으로써 만들어진 상표명이다. 'S'lite'의 알파벳 표기 중간에 나타나는 아포스트로피 '''에 대한 설명은 없지만 '어울림([ə]ullim)'(아파트, 금호건설)의 '[ə]' 표기처럼 시선을 집중시키는 역할을 한다.

'하우스토리'는 독일어로 '집'을 의미하는 'Haus'와 'story'에서 중첩되는 's'를 하나 버리고 합성하였으며, 'M왁스프레이'는 '왁스'와 '스프레이'를, 'Mappy'는 'Map'과 'Happy'를 중첩 절단하여 합성하였다.

134 http://www.haustory.co.kr/

135 http://www.vovhomme.com/main.asp

136 http://www.mappy.co.kr/

2.1.3. 두음절 절단법

두음절(頭音節) 절단법은 상품의 개념을 담은 둘 이상의 단어에서 각각 첫 음절을 떼어 내어 새 단어로 합성하는 작명법이다. 예컨대 '의학 전문대학원'에서 '의전'을 만드는 것과 같은 방식이다. 이러한 조어 방식은 한자어의 특징 중 하나로서 전혀 새로울 것이 없지만, 우리가 주목하는 이유는 최근의 상표명 작명에서 한자어뿐 아니라 고유어나 외래어, 나아가서는 용언이 포함된 구성에까지도 이 방식을 적용하기 때문이다.

단어의 일부를 잘라 합성한다는 점에서 임의 절단법과 기본 원리는 같지만 차이점이 있다. 임의 절단법이 잘라내는 위치나 음절수에 제약을 두지 않는 데 반해 두음절 절단법은 의미의 핵심이 어디에 실려 있는가에 관계없이 반드시 첫 음절 하나씩만을 절단하여 합성한다는 점에서 구별된다.

일반어에서 용언 구성을 포함하여 절단 합성이 일어난 예는 1984년부터 활동한 노래패 이름인 '노찾사(=노래를 찾는 사람들)'가 첫 예가 아닌가 생각된다. '웃찾사'(=웃음을 찾는 사람들)와 같은 TV 방송 프로그램 이름도 있어 그러한 조어법이 확산되고 있지만 아직은 '넘사벽(=넘을 수 없는 사차원의 벽), 천재(=천하에 재수 없는 놈), 지못미(=지켜주지 못해서 미안해)' 등과 같은 은어, 속어들에서 주로 활용된다. 두음절 절단법은 단어 차원보다는 문장을 짧게 줄일 때 적용되며 인터넷 공간에서 활발히 사용되고 있다.

두음절 절단법의 예들은 다음과 같다.

(10)

기탄(교육) = 기초 탄탄 [학습지, 기탄교육]

넥센 = 넥스트 센추리(Nexen = Next + Century) [타이어, 우성타이어][137]

완자 = 완전 자율학습 [학습지, 비상]

우공비 = 우리들의 공부 비법 [학습지, 좋은 책 신사고]

제크 = 제대로 만든 크래커(Zec) [롯데제과]

참두 = 참마 두유 [롯데칠성음료]

'기탄, 완자, 우공비'는 모두 교육 관련 상품들이다. 빠른 시간에 많은 내용을 암기하기 위해 약어를 잘 사용하는 학생들의 학습 습관과, 두음절 절단법을 가장 애용하는 계층이 학생들이라는 점을 고려한 작명으로 보인다. 의미를 알 수 없는 '기탄, 완자, 우공비'가 호기심을 불러일으킨다.

'참두'는 두음절어지만 그 자체로도 '참'이 '진짜' 또는 '진실하고 올바른', '품질이 우수한'의 뜻을 더하는 접두사로 해석되어 상품의 이미지를 좋게 만들어 주고 있다.

'넥센'과 '제크'에서는 두음절 절단법을 외래어에 적용했다. 외래어의 경우에 적용되는 두자모 절단법을 적용하지 않고 한글로 전사한 뒤에 두음절을 절단해 합성하였다.

137 '우성타이어'가 '넥센'으로 바뀜. http://www.nexencorp.co.kr/02products/tube.html

2.1.4. 두자모 절단법

두자모(頭字母) 절단법은 담고자 하는 개념을 알파벳으로 표기하고 각 단어들의 첫 자모를 절단 합성한 두자어(頭字語, acronym)로 상표나 상호, 기관이나 단체의 이름을 짓는 기법이다. 상표명에서는 이러한 기법을 변형한 방식도 쓰이고 있다.

첫째, 기관이나 단체의 영문 이름에서 첫 자모를 따서 조합하는 전통적 방식으로 다음과 같은 예들이 있다.

(11)

EBS = Educational Broadcasting System

KBS = Korean Broadcasting System

MBC = Munwha Broadcasting Corparation

SBS = Seoul Broadcasting System

SK = 선경(Sun Kyung)

두자어 상표명들은 약어 형태인 그대로를 소비자에게 인식시키는 것이 목적이므로 소비자들이 원어의 형태를 복원할 수 있느냐 하는 것은 문제 삼지 않는다.

둘째, 해당 상품의 특장점이나 지향하는 바를 표현하는 개념어들을 늘어놓은 뒤 각 단어의 첫 글자를 따서 조합하여 상표명을 짓는 방식이다. 최근 들어 아파트나 전자제품 같은 고가품 상표명 작명에서 애용되고 있는 기법이다. 상품에 담고 싶은 개념을 모두 포함할 수 있다는 장점이 있으나, 수용자가 그 결과물을 보고 의미를 역추적하기는 어렵다는 것이 문제다. 그 작명 개념을 소비자에게 효과적으로 전달하기 위해서는 적절한 홍보가 병행되어야 할 것이다. (12)와 같은 예들이 있다.

(12)

DIOS = Deluxe고급스러움, Intelligent지적인, Optimum최적의, Silent 조용한 [냉장고, LG전자][138]

iaan = Interior Advanced Assurance Nobility [아파트, 대우][139]

KT&G = Korea Tomorrow & Global [한국담배인삼공사][140]

PAVV = Powerful Audio & Vast Vision [TV, 삼성전자][141]

Zipel = Zero Defect, Intelligent, Prestige, Elegant Life Style [냉장고, 삼성전자][142]

셋째, 두자어의 형태를 하고 있으나 각 알파벳이 특정한 단어를 대표하지 않는, 일종의 무의미 철자 기법이다. 무의미 철자 기법은 'Kodak'과 같이 단어의 형태를 하는 경우가 많으나 (13)의 예는 무의미 철자를 두자어 형식으로 배열하였다. 작명자는 작명 개념을 설정하지 않고 두자어(사실은 그것이 꼭 두자어라는 전제도 없다.)만을 제시하여, 그것이 무슨 단어들의 첫 글자일까를 소비자 마음대로 상상하도록 하는 기법이다. 'TTL'의 경우 'The Twenties' Life' 혹은 'That's the life.'라는 추측들이 있었는데, 하나로 정해진 작명 개념은 없었다

138 http://www.lge.co.kr/brand/diosfamily/DiosMainCmd.laf

139 http://www.iaanapt.co.kr/

140 한국의 미래 그리고 세계화 미래를 내다보는 기업, 세계적 기업이 되겠다는 비전과 도전의식을 의미한다고 함. 한국담배인삼공사 http://www.ktng.com/n_about/ci/basic.html

141 http://www.pavv.co.kr/?SMSESSION=NO

142 "삼성 지펠은 완벽한 품질로써 지성과 명예를 중시하는 고객에게 우아하고 품격 있는 생활을 약속하는 프리미엄 브랜드입니다." http://www.zipel.co.kr/

고 한다. 그 의미를 알 듯 모를 듯한 티저(teaser) 광고와 결합되어 많은 화제를 불러일으킨 상표명의 하나가 되었다.

(13)
TTL [20대 대상 이동통신 서비스, SK Telecom]

2.2. 반복 합성법

반복합성법은 음절이나 단어를 반복하여 상표명을 짓는 기법이다. 기존의 의성어나 의태어를 활용하기도 하고, 임의의 형태를 반복하여 의성어 의태어의 느낌이 나도록 만들기도 하며, 반복형만으로 상표명을 삼기도 하고 거기에 다른 형태를 첨가하기도 한다. 반복합성법은 의미보다는 형태나 청각 인상에 초점이 놓이는 기법이다. 반복합성법으로 만들어진 말은 재미있고 가벼운 느낌을 주며 리듬감이 있어 기억하기 쉬운 장점이 있다.

다음 (14)는 반복형으로 된 상표명들이다.

(14)
룰루(LooLoo) [비데, 웅진코웨이][143]
뱅뱅(BANG BANG) [청바지, 뱅뱅][144]
베리베리 통통 [껌, 해태제과]
부비부비(BubiBubi) [휴대폰, KTF테크놀로지스 EVER][145]

---

143 http://www.coway.co.kr/product/bath/brand.asp?from=p_062_003
144 http://www.bangbang.co.kr/

뿌셔뿌셔 [라면스낵, 오뚜기]

사각사각 [음료, 롯데칠성음료]

잠잠 [청소기, 삼성전자]

짜요짜요 [유산균 제품, 서울우유]

쿠쿠(cuckoo) [압력밥솥, 쿠쿠홈시즈][146]

'룰루'는 뛰어난 사람을 뜻하는 'LuLu'에서 유래했으며, 상쾌한 기분을 상징하는 '룰루랄라'라는 의성어를 포함한다고 홈페이지에 작명 개념을 설명해 놓았다. 화장실 관련 용품이 주는 유쾌하지 못한 느낌을 '룰루'의 밝은 어감으로 상쇄하여 좋은 반응을 얻은 사례다.

'뱅뱅'은 영어의 의성어로서 '탕'에 해당하는 'bang'을 반복시킨 상표명이다.

'베리베리 통통'에서 '통통'은 기존의 의태어근이고 '베리베리'는 새롭게 만든 반복형이다. '베리베리 통통'은 통통한 사각형 모양의 껌으로서 상표명만으로는 껌의 느낌이 나지 않는다. 그러나 상품의 통통한 형태를 보면 납작한 일반 껌과의 차별성을 느낄 수 있어 '통통'으로 상품의 형태를 개념화한 것임을 알 수 있고, '베리베리'는 영어의 'very very' 또는 'berry berry'로 해석되어 '매우 매우 통통한'과 '베리(딸기류 과일)로 만든'이라는 중의적 의미가 전달된다.

'부비부비'는 남녀가 몸을 밀착시켜 비비며 추는 춤을 가리키는 속어다.[147] "자꾸자꾸 부비고 싶은 터치폰"이라는 헤드라인과 함께 소위 '부비부비춤'을 추는 남녀 모델의 모습을 담은 광고와 결합하여 터치

145 부비부비 http://www.ever.co.kr/product/product_detail.asp?EP_NO=94

146 쿠쿠홈시즈 http://www.cuckoo.co.kr/

147 '부비다'는 '비비다'의 비규범형이다.

폰의 속성을 표현하였다. 터치폰의 경우 비비기보다는 누르는 것이라는 점에서 상품의 속성과 꼭 일치하지는 않는다. 이러한 속어를 즐겨 쓰는 연령대의 소비자를 겨냥한 작명인데, 속어 상표명은 생명력이 짧고 기성세대에게는 거부감을 줄 수도 있다는 점을 염두에 두어야 한다.

'뿌셔뿌셔'는 부숴서 먹는 라면 과자의 속성을 표현하고 있는데 '뿌셔뿌셔'라는 의성어 느낌의 상표명으로 과자의 바삭바삭한 느낌을 아울러 표현하고 있다. '뿌셔'는 규범형으로는 '부숴'지만 어린이들의 말을 나타내기 위해 비규범형을 사용하였다. 저가의 어린이 대상 상품에서는 비규범형의 사용이 어린이들에게 친근하게 다가갈 수도 있으나, 어문 규범을 어기는 일의 부정적 영향도 고려할 필요가 있다.

'사각사각'은 기존의 의성어를, '잠잠'은 의태어근을 활용하였다. '사각사각'은 주스 속에 들어 있는 과육을 씹는 느낌을, '잠잠'은 조용함을 특장점으로 내세운 청소기의 속성을 표현한다.

'짜요짜요'는 동사 활용형을 반복하여 의태어 느낌을 살린 상표명으로서, 마시거나 떠먹는 형태인 기존의 유산균 제품들과 달리 튜브에 넣어 짜먹는 상품의 특성을 표현한 작명이다.

'쿠쿠'는 '쿠쿠하세요'라는 슬로건을 내세워 '쿠쿠'를 의성어로, 나아가서는 일상어로 자리 잡도록 하는 판매 전략을 사용하고 있다. '쿠쿠'는 국어로는 단어가 아니지만 영어로는 뻐꾸기의 울음소리를 표현하는 의성어인데, 광고에서는 압력밥솥에서 증기가 빠지는 소리를 '쿠쿠'로 설정하였다.

아래 (15)는 반복형에 다른 형태가 결합한 예들이다.

(15)

봉봉(BonBon) 오렌지 [음료, 해태음료]

빼빼로 [과자, 롯데제과]

오미오미(五味五美) 누룽지 [과자, 해태제과]

쮸쮸봉 [막대 사탕, 롯데제과]

파시통통 [아이스바, 해태제과]

후루룩국수 [인스턴트 면류, 농심]

'봉봉 오렌지'의 '봉봉'은 프랑스어로 '과즙이나 위스키, 브랜디 따위를 넣어 만든 사탕'이지만, 이 제품은 음료이므로 뜻보다는 형태와 음상에 초점을 맞춘 작명임을 알 수 있다.

'빼빼로'와 '파시통통'은 의태어를 활용하였다. '빼빼로'는 가느다란 막대 같은 과자의 모양을 표현한 의태어, 혹은 명사 '빼빼'에 '로'를 결합시켜 발음을 부드럽게 한 상표명이다. 숫자 1 모양의 과자 형태에 착안하여 '빼빼' 즉 '11'을 과자의 개념과 결합시켜 11월 11일을 '빼빼로 데이'로 명명하여 소비 확대에 성공하였다.

'파시통통'은 아이스바에 들어 있는 통통한 통팥의 모습을 형상화하였다.

'오미오미 누룽지'는 '오미'를 반복시켜 의태어 또는 감탄사와 같은 느낌을 준 작명인데, 형태보다도 중의적 의미에 초점을 둔 상표명이다.

상품을 사용하는 모양이나 소리를 형상화한 상표명으로는 '쮸쮸봉'과 '후루룩국수'를 들 수 있다. '쮸쮸봉'은 막대 달린 사탕의 상표명으로 사탕을 빨아먹는 소리를 의성어로 표현한 작명이고, '후루룩국수'는 국수를 맛있게 먹는 모양을 나타내는 의성·의태어를 활용하였다. '후루룩'은 '후룩'의 '루'를 반복한 부분 반복형이다.

다음 (16)은 유음반복(類音反復) 형식의 상표명이다. 유음반복이란 '우물쭈물, 싱숭생숭, 싱글벙글' 등과 같이 첫음절의 자음이나 모음, 또는 음절 전체의 형태를 바꾸어서 반복하는 것을 말한다.

(16)

망고탱고 [아이스크림, 배스킨라빈스]

생귤탱귤 [음료, 빙그레]

칙촉 [비스킷, 롯데제과]

'망고탱고'는 망고 과즙이 들어 있는 아이스크림이다.[148] '망고'는 성분을 나타내고 '탱고'는 특별한 의미를 더해 주는 것이 아니라 '망고'와 운을 맞추어 유음반복시킨 형태다.

'생귤탱귤'은 '생(생한) 귤', '탱(탱한) 귤'의 의미를 연상시키도록 유음반복형을 형성하여 리듬감을 준 상표명이다.

'칙촉'에서 의미의 핵심이 되는 부분은 '촉'으로서 'chocolate'의 일부를 잘라낸 것이다. 초콜릿이 35%나 들어 있다는 상품의 특성을 드러내기 위해 'choc'을 잘라내고, '촉'에서 모음을 바꾼 '칙'을 유음반복시킴으로써 '칙촉'을 만들었다. '칙촉'의 각 음절을 다시 반복하여 의성어 '칙칙 폭폭'을 연상시키는 '칙칙 촉촉'을 광고 카피에 사용하여 기차 소리만 들으면 '칙촉'이 먹고 싶어진다는 '조건반사 광고'로 그 이름을 각인시켰다.[149]

---

148 http://efn.edaily.co.kr/Brandnews/NewsTotalRead.asp?sub_cd=DJ&newsid=01108646586442376

149 http://www.ad.co.kr/ad/tv/show.do?ukey=3088

2.3. 통사적 구성의 어휘화

2.3.1. 국어

구나 절 같은 통사적 구성을 어휘화하여 상표명을 만드는 작명법이 최근 들어 많이 활용되고 있다. 한자어는 어휘 확장에 제약이 없어 의미상 필요한 만큼 한자를 나열하면 되지만, 우리말은 첨가어이기 때문에 어휘가 결합하려면 조사나 어미가 개입된 통사적 구성을 이루게 되어, 최종적으로 명사 형식(이름)으로 불려야 하는 상표명으로는 어려움이 많았다. 그러나 1999년에 출시된 '2% 부족할 때'가 성공한 이후 통사적 구성의 상표명이 크게 늘어났다.

구 이상의 단위로 구성된 상표명은 특히 식품 분야에서 선호된다. 식품류에서 사용된 통사적 구성의 상표명들은 다음 (17)과 같다.

(17)

2% 부족할 때 [음료, 롯데칠성]
갈아 만든 사과 [음료, 해태]
마시는 홍초 [건강음료, 대상]
미녀는 석류를 좋아해 [음료, 롯데칠성음료]
소문난 광천 김 [강화수산]
솔의 눈 [음료, 롯데칠성음료]
순창 우리 쌀로 만든 찰고추장 [대상]
참 빛 고운 식용유 [청정원]
참나무통 맑은 소주 [진로]
청정원 순창 재래식 숙성 된장 [청정원]

팔도 일품 해물 라면 [한국 야쿠르트]
햇살 담은 조림 간장 [청정원]

'2% 부족할 때'는 당시로서는 상당히 파격적인 상표명으로서, '2%' 라는 세밀한 수치 제시와 함께 스토리텔링을 이용한 광고로 성공을 거두었다. 이 상표명은 유행어가 되어 '2% 부족하다' 라는 말이 어느 분야에나 통용되곤 하였다. "사랑은 언제나 목마르다", "날 물로 보지 마" 등과 같은 카피들과 함께 많은 화제를 불러일으킨 상표명이다.

식품류 상표명에 통사적 구성이 많은 이유는 우리말로 작명하면서 상표명 속에 상품의 특장점을 담으려다 보니 형태가 길어져서 통사적 구성이 되는 것이다.[150] 식품의 경우 국내산의 품질이 외국산보다 우수하다는 소비자들의 합의가 있어 굳이 외국산처럼 보이는 외국어 상표명을 붙일 이유가 없기 때문이다.

유아나 초등학생용 학습지에서도 다음 (18)과 같이 통사적 구성의 쉬운 우리말 상표명을 즐겨 쓴다.

(18)
e재미 자람 [인터넷 학습지, 아이즐북스]
신기한 한글나라 [학습지, 한솔교육]
한글 자라기 [학습지, 노벨과 개미]

'e재미 자람'은 'e'로 인터넷 학습지임을 차별화해서 밝히고 있고, 아이들이 재미있게 공부할 것 같은 느낌을 담은 상표명이다. '신기한

150 상표명에 담겨 있는 속성에 대해서는 3.1.에서 구체적으로 살펴보기로 한다. 통사적 구성의 식품류 상표명은 의미상으로는 속성 제시형이 대부분이다.

한글나라', '한글 자라기'도 이름만 들어도 한글 초학자용 학습지임을 알 수 있다. 학습지의 경우 목표 소비자의 언어로 상표명을 작명하는 것이 중요하다. 예컨대 '숨마 쿰 라우데'와 같은 난해한 상표명을 초등이나 중등학생용 학습지 이름으로 쓸 수는 없다.

통사적 구성의 상표명에서 간과하면 안 될 것은 일반어와의 차별성을 보장받지 못할 수도 있다는 점이다. 일상 문맥에서 사용될 때 말에 따옴표를 붙일 수는 없으므로 자칫하면 일반어 속에 파묻힐 수 있는 것이다. 시각적으로 차별성을 주기 위해 어문 규범을 일부러 어긴다든지 하는 방법을 쓰기도 하지만, 무엇보다도 광고를 통해 상표명의 인지도를 높이는 것이 가장 확실한 방법이다. 해당 범주에서 확실히 포지셔닝(positioning)이 되면 '물 먹는 하마'(방습제, 옥시)처럼 상표명이 곧 범주명으로 자리 잡을 수도 있다.

음절수가 많은 통사적 형식이 어느 면에서 기억에 도움이 될 수도 있지만 상품 구입 현장에서 한 호흡에 불리기 어려운 긴 이름이 마냥 좋을 수는 없으므로 상표명의 적절한 길이에 대한 실증적 연구가 필요하다고 본다.

2.3.2. 영어

식품 중에서 과자나 음료류에서는 외래어가 많이 쓰인다. 과자나 음료 자체가 외래 식품이기 때문일 것이다. 약품이라든지 화장품, 패션 분야 등 외래 기술이 앞섰다고 여겨지는 분야에서는 외래어 상표명이 선호된다. 통사적 구성의 영어 상표명은 대부분 우리말의 경우와 마찬가지로 상품의 특장점을 표현한다. (19)는 상품의 속성과 관련되는 의미를 나타내는 상표명의 예들이다.

(19)
Isis DMZ 2km [생수, 롯데칠성음료][151]
레쓰비 마일드 [캔 커피, 롯데칠성음료]
모닝 케어 [약품, 동아제약]
스킨 푸드 [화장품, 스킨푸드]
씽크 빅 [학습지, 웅진]
아이 엠 마더 [분유, 남양유업]
옥시크린 O2 액션 [세제, 옥시레킷벤키저]
클린 앤드 클리어 [화장품, 한국존슨앤드존슨메디칼]
트로피카나 스파클링 [음료, 롯데칠성음료]
후렌치 파이 [과자, 해태제과]

'Isis DMZ 2km'의 'DMZ 2km'는 천혜의 자연이 보존된 DMZ 부근 청정지역에서 취수한 물이라는 개념을 상표명에 담았는데, '2km'라는 구체적인 숫자를 명시하여 신뢰도를 높이는 전략을 사용하였다.

나머지 상품들도 상표명을 보면 대표적인 속성이 드러난다. '레쓰비 마일드'는 순한 맛을, '모닝 케어'는 (술 마신 다음 날) 아침에 복용하는 약임을, '씽크 빅'은 크게 생각하게 해 준다는 학습지의 속성을 표현한다. '아이 엠 마더'는 모유와 같은 분유임을 표현하고 있으며, '옥시크린 O2 액션'은 산소가 세탁에 특별한 작용을 한다는 것을, '클린 앤드 클리어'은 제품을 사용한 결과를 나타내고 있다. '트로피카나 스

151 http://company.lottechilsung.co.kr/product/new_product.jsp?pro_seq=93

파클링'과 '후렌치 파이'는 각각 상품의 속성이 특정 지역에서 유래한 것임을 나타낸다.

비교적 저가인 일상 소모품의 영어 상표명에 사용되는 영어 단어는 특별한 설명 없이도 알 수 있는 쉬운 단어들을 사용하는 것이 보통이다.

2.3.3. 비영어 외국어

영어 이외의 외국어로 된 통사적 구성의 상표명은 다음과 같다. 낯선 단어는 궁금증을 유발한다. 두 가지 이상의 언어로 상표명을 조합하기도 한다.

(20)
뚜레쥬르(Tous Les Jours) [제과점, CJ푸드빌]
숨마 쿰 라우데(summa cum laude) [학습교재, 이룸이앤비][152]
실론티 차이 라떼(chai latte) [차음료, 롯데칠성음료]
팜도르(FARMDOR) [치즈, 서울우유]

'Tous Les Jours'(매일)와 'd'or'(황금의)는 프랑스어, 'latte'(우유)는 이탈리아어, 'summa cum laude'(수석 졸업)는 라틴어다. 'chai'는 힌디어와 펀잡어를 비롯한 여러 언어에서 '차'(tea)를 뜻하는 말이다.[153] '실론티 차이 라떼'는 세 가지 언어로 이루어져 있으며, '팜도

---

[152] http://www.erumenb.com/

[153] http://en.wikipedia.org/wiki/Masala_chai

르'는 두 가지 언어가 사용되었다.

'숨마 쿰 라우데'는 상당히 어려운 수준의 학습교재라고 하는데, 그러한 특성에 맞추어 그 이름도 설명을 듣지 않고는 알 수 없을 정도로 어렵게 지었다.

2.4. 어문 규범 위배

상표명의 차별성을 획득하기 위한 가장 단순한 방법은 맞춤법 파괴일 것이다. '오뚜기(→ 오뚝이)'와 '쌍용(→ 쌍룡)'은 회사 이름부터 규범을 어기고 있다. 규범 위배의 종류에 따라 나누어 몇 예씩 들어 보기로 한다. 규범을 두 가지 이상 어긴 예도 있다.

(21)은 분철되어야 할 부분을 연철 표기하여 받침을 없애 외국어 같은 느낌을 주는 예들이다.

(21)
누네띠네 → 눈에 띄네 [과자, 삼립식품][154]
모드니에 → 모든 이의 [초콜릿, 해태제과]
비추미 → 비춤이 [금융, 삼성생명]
수피아 → 숲이야 [에어컨, 대우전자]

다음 (22)는 모음 앞에서 발음되지 않는 말음 'ㅎ'을 표기하지 않은

154 '누네띠네'는 의미가 '맛'보다는 '시각'에 초점이 놓여 있기 때문에 의류 쇼핑몰이나 안경점, 화장품 판매점 등의 상호로 활용되고 있다. 과자 이름에 왜 시각적인 개념을 사용했는지 의아하다.

예들이다.

(22)

구어조은닭 → 구워 좋은 닭 [치킨가공품, 진진푸드시스템]

마니커 → 많이 커 [닭고기, 마니커]

마쪼니 → 맛 좋으니 [농후 발효유, 한국야쿠르트]

젤루조아 → 제일로 좋아 [아이스바, 해태제과]

구어에서 잘 발음되지 않는 반모음 [w]를 탈락시키는 방식도 활용되고 있는데, 다음 (23)과 같다.

(23)

구어조은닭 → 구워 좋은 닭 [치킨가공품, 진진푸드시스템]

누가바 → 누가 봐 [아이스바, 해태]

다음 (24)는 비표준어가 사용된 예들이다.

(24)

부비부비(BubiBubi) → 비비비비 [휴대폰, KTF테크놀로지스 EVER]

뿌셔뿌셔 → 부숴부숴 [라면스낵, 오뚜기]

설레임 → 설렘 [빙과, 롯데제과]

젤루조아 → 제일로 좋아 [아이스바, 해태제과]

케찹 → 케첩 [오뚜기]

후레시 마요네스 → 프레시 마요네즈 [오뚜기]

후루츠 쨈 → 프루츠 잼 [오뚜기]

(21)~(24)의 예들을 보면 어린이를 대상으로 한 상품이 많다. 상표명의 차별성을 얻기 위한 방편이라 하더라도 어린이가 사용하는 상품에서만이라도 규범에 어긋나는 형태는 피하는 것이 좋지 않을까 생각된다. 어린이들이 맞춤법에 혼란을 느낄 수 있는 점도 염려되지만, 어문 규범을 어기는 일이 공식적으로 인정되는 듯이 보이는 점이 더 큰 문제라고 생각된다.

다음 (25)는 고어나 고문자를 사용하여 차별성을 준 상표명들이다.

(25)

다믓 [김치냉장고, 삼성전자]

딤채 [김치냉장고, 위니아만도]

수려ᄒᆞᆫ(秀麗－) [화장품, LG생활건강]

시ᄂᆞ브로 [담배, KT&G]

'딤채'는 김치냉장고 상표명으로서, '김치'의 16세기 형태인 '딤ᄎᆡ'(沈菜)를 표기법만 현대식으로 바꾼 것이다. '딤채'는 구개음화 이전 형태로서 한번도 사용되지 않은 낯선 고어형이라는 점에서 호기심을 유발하였다. "'딤채'가 뭐야?" 하는 의문을 가졌다가 그것이 '김치'의 옛말이라는 것을 알게 된 소비자는 그 형태와 의미의 독특함으로 인해 바로 기억하게 된다. 당시 '딤채'는 김치냉장고라는 새로운 범주의 상품을 출시하여 왜 김치를 보관하는 냉장고가 따로 있어야 하는지 수요 자체를 창출해야 하는 상황이었는데, 인상적인 상표명이 김치냉장고로서의 위치를 선점하는 데 큰 기여를 하였다. 독특한 고어형의 발굴이 성공하자 이후 '다믓'과 같은 상표명이 뒤따랐으나 '다믓'은 얼마 되지 않아 '지펠 아삭'으로 교체되었다.

'시ᄂᆞ브로'는 모음 'ㆍ'를 표기하는 간단한 방법으로 전통적인 느낌을 표현하고자 한 상표명이지만 상품과 상표명의 의미상의 연관성이 부족하여 상품을 크게 돋보이게 하지는 못하였다. '시ᄂᆞ브로'의 의미('모르는 사이에 조금씩 조금씩')가 담배라는 상품과 어떻게 긍정적으로 연관될지를 고민한 이름인지 의심스럽다. 이 상품이 출시될 당시에 그 뜻을 알게 된 사람들이 오히려 부정적인 의미('조금씩 조금씩 담배에 중독되다')를 부여했을 정도였다.

'수려ᄒᆞᆫ'은 일반어의 의미를 그대로 상표에 차용한 것인데 일반어와 구별하기 위해 'ᄒᆞᆫ'으로 표기하였다. 동의보감의 내용을 현대과학으로 실현했다는 개념을 표현하기 위해 고문자를 사용했으나, 같은 회사의 한방 화장품인 '后'와 연관성 혹은 일관성이 표현되는 상표명이었으면 더 좋지 않았을까 생각된다.

3. 의미론적 기법

3.1. 속성 제시법

속성 제시법이란 상품의 개념이나 속성을 나타내는 단어들로 상표명을 구성하는 기법이다. 여러 상품 범주에서 사용할 수 있지만 특히 가공 식품류에서 즐겨 쓰는 기법으로 여기서는 식품류를 중심으로 살펴보기로 한다.

속성 제시법에 의해 만들어진 상표명의 경우 일반적으로 음절의 수가 많아지며 통사적 구성을 이루게 된다. 같은 재료를 가지고 가공하는 식품일 경우, 예컨대 고추장이라면 고추장이라는 상품에 통용되는 어느 정도 평균적인 기준이 있기 때문에 그것을 벗어나 큰 차이를 두기가 어렵다. 그리하여 재료나 맛, 효능, 제조 과정 등에서 뭔가 차별화될 요소를 설정하여 상표명에 반영시키다 보니 형태가 길어지게 되는 것이다. 상품의 속성 중 어느 하나가 아니라 두 가지 이상을 상표명에 반영시키는 경우는 더 길어질 수밖에 없다.[155]

식품의 속성 중 가장 중요한 것은 그 재료일 것이다. 다음 (26)은 상표명에 식품의 재료에 관한 정보를 담은 예들이다.

(26)
멸치국물 어묵탕 [제일제당]
못생긴 호박의 달콤한 반란 [호박죽, 해태음료]
봄 녹차 비 오기 전에 [음료, 롯데칠성음료]
새우깡 [스낵, 농심]
숨 쉬는 콩된장 [샘표식품]
오푸드 유기농 백포도 식초 [청정원]
우리 쌀로 빚은 새참파이 [해태제과]
차온 까만콩 차 [콩 음료, 해태음료]
채식주의 순(純) [라면, 농심]
청정원 요리하는 쌀 올리고당 [대상]
체리에이드 [음료, 해태음료]
해물 간장소스 [대상]
행복한 콩 모닝두부 단호박 [제일제당]

155 그리하여 앞서 살펴본 '통사적 구성의 어휘화'에 의해 만들어진 상표명들이 대부분 속성 제시법으로 분류되지만, 여기서는 되도록이면 앞서 언급된 예들은 제외하기로 한다.

위의 예들에서 볼 수 있듯이 단순히 재료명만을 담지 않고 다른 특성을 더 표현하기도 한다. 또한 단순히 어떤 재료임을 밝히는 데서 그치는 것이 아니라 좋은 식재료를 사용했다는 것을 표현하며, 당시에 유행하는 건강식품을 적극적으로 작명에 활용하기도 한다.

'봄 녹차 비오기 전에'는 녹차 중 최상품인 '우전(雨前)'[156]을 '비 오기 전에'라는 말로 풀어 상표명에 포함시켰다. "최고급 찻잎종인 우전차를 비롯 중작, 대작 등 순수 100% 국산 녹차 추출액"[157]이라는 홍보 문구로 상표 개념을 설명하였다. '우리 쌀', '유기농' 같은 표현들도 '좋은 재료'를 강조하는 말들이다.

'채식주의 순'은 우리 사회의 변화를 엿볼 수 있는 작명이다. 육류가 귀하여 기본적으로 채식 위주의 식사를 해 오던 우리가 어느 틈에 육류 과잉을 염려하고 채식을 지향하는 개념을 상표명에 담을 정도가 된 것이다.

다음 (27)은 제조 과정의 차별화를 소구한 상표명들이다. 특히 장류 상표명에서 애용되고 있다.

(27)

1년 발효숙성 양조간장 [대상]

자글자글 끓여낸 전통식 강된장 [제일제당]

자연방사 유정란 [제일제당]

청정원 순창 재래식 숙성된장 [대상]

---

156 곡우(穀雨) 5일전 이른 봄에 딴 찻잎으로 만든 차. 은은하고 순한 맛이 특징이며, 생산량이 적고 값이 매우 비싼 최고급차이다.

157 http://company.lottechilsung.co.kr/product/drink_product.jsp?code=107&brand_seq=625&page=1

토굴 된장 [샘표식품]
해찬들 재래식 된장 [제일제당]

(27)의 예들은 공장의 대량생산 제품인데도 불구하고 인공적인 과정이 아닌 전통적이고 자연스러운 과정으로 제조하였음을 나타내고 있다. 이러한 예들을 통해 현대인들이 자연적인 삶을 추구하고 있음을 엿볼 수 있다.

다음 (28)은 특별한 기능을 표현한 상표명들이다.

(28)
내 몸에 흐를 流 [음료, 롯데칠성음료][158]
디팻 다이어트바 플레인 [제일제당]
맑은 피부로 돌아갈 시간 17茶 [차, 남양유업]
아미노 업(Amino Up) [음료, 해태음료]
컨트롤 파워 [건강식품, 제일제당][159]

식품은 의약품이 아니기 때문에 효능을 직접적으로 나타낼 수 없어서 우회적이거나 추상적으로 표현하였다. '내 몸에 흐를 流'는 몸의 순환을 도와준다는 표현을 한자 '流'를 통해 시각화해서 나타내고 있다. '흐를'이 '내 몸에 (X가) 흐를'과 같이 서술어로도 해석되고 '流'의 훈으로도 해석되어 중의적 기법도 활용되었다. '맑은 피부로 돌아갈 시간 17茶'도 간접적이지만 피부를 맑게 해 준다는 효능을 표현하고 있

158 http://company.lottechilsung.co.kr/product/drink_product.jsp?code=107&brand_seq=623&page=1 "내 몸속까지 생각하는 새로운 개념의 순환차!"

159 '컨트롤 파워'는 식후 혈당조절에 도움을 준다는 건강식품이다. http://www.cj.co.kr/

다.

특산지의 지명을 담거나 하여 해당 상품의 속성을 좋은 품질로 연결시킬 수 있도록 상표명 속에 지리적 개념을 담은 상표명은 특히 쌀 상표명에서 많이 찾아진다. 쌀 이외에 지리적 개념을 담은 예들은 다음 (29)와 같다.

(29)
강원 평창수 [생수, 해태음료]
고향산천 강원도쌀밥 [즉석 밥, 농심]
제주 모슬포 멸치액젓 [대상]
지리산이 키운 생녹차 [롯데칠성음료]

특화된 맛을 표현하는 상표명들의 예는 (30)과 같다. 해당 범주의 상품에서 맛의 종류를 선택할 수 있을 때 쓴다.

(30)
매콤달콤 떡볶이 양념장 [제일제당]
바몬드 카레 매운 맛 [대상]
辛라면 [농심]
허브맛 솔트 순한 맛 [제일제당]

다음 (31)은 속성을 숫자로 표현한 상표명들이다.

(31)

17茶 [음료, 남양유업]

32˚ 숙성 양조간장 [제일제당]

Hot 6ix(핫 식스) [에너지업 드링크, 롯데칠성음료]

맥심 아라비카 100 [커피, 동서식품]

써니텐(Sunny 10) [음료, 해태음료][160]

야쿠르트 400 [액상 발효유, 한국야쿠르트]

상표명이나 광고 카피에 구체적인 숫자가 포함되면 신뢰감을 주는 장점이 있다. 숫자는 큰 수보다는 작은 단위까지 표시한 구체적인 수치가 더 신뢰감을 주는 편이다. 상품의 범주에 따라 다르겠으나 대체로 '100'이나 '400'처럼 단위가 큰 수보다는 '17'이나 '6'처럼 세밀한 수가 더 사실적인 느낌을 준다.

'17茶', 'Hot 6ix'는 성분의 가짓수와 관련되는 숫자이고, '맥심 아라비카 100'은 고급 아라비카 원두가 100%라는 뜻이다. '32˚ 숙성 양조간장'은 숙성 온도를, '써니 텐'은 과즙 함유 비율 10%를, '야쿠르트 400'은 '400억 유산균'을 나타낸다.[161]

3.2. 중의법

중의법은 동음이의어법이라고도 할 수 있으나, '동음이의어'가 단어에 대해 사용되는 데 비해 '중의법'은 통사적 구성을 포괄한다. 최근

160 http://www.sunny10.kr/

161 http://www.yakult.co.kr/product/selectListFermented.do?menuCd=10004

들어 하나의 단어가 고유어, 한자어, 외래어로 각각 해석이 가능하여 중의적 의미를 나타낼 수 있는 단어로 상표명을 짓는 기법이 애용되고 있다. 이러한 기법에서는 어원적 제약이 없을 뿐 아니라 표기 문자도 한글, 한자, 알파벳이 자유롭게 혼용된다. 예를 들어 '드리다'의 명사형이면서 영어 'dream'과 음이 같은 '드림'이라든지,[162] '그리다(慕)'의 관형사형이면서 최근의 친환경 트렌드를 표현하는 '그린'(green)[163] 같은 단어들을 상표명에 활용하는 것이다. 일단 귀로 듣고 이미 알고 있는 어떤 뜻이라고 생각했는데 눈으로 글자를 읽어 보니까 다른 뜻이 되어, 결과적으로 두 가지 또는 그 이상의 뜻을 표현할 수 있다. 예에 따라서는 너무 억지스러운 느낌을 주는 조어도 있으나, 우리말 상표명 짓기의 한 활로를 찾는 과정으로 볼 수도 있겠다.

중의적 기법을 사용한 상표명의 예들은 (32)와 같다.

(32)
oh~색감자 [스낵, 해태제과]
눈을 감자 [스낵, 오리온제과]
두잇 [두유, 서울우유]
맛선생(鮮生) [조미료, 대상]
어싱싱해 [스낵, 해태제과]
女in美 [음료, 한국야쿠르트]
오늘의 차 쏙 현미차 [음료, 롯데칠성음료]
五味五美 누룽지 [과자, 해태제과]
자연實錄 [치킨가공품, 하림]

---

162 예: 삼익 참드림 아파트, 豚드림(음식점 상호).

163 예: 한화 꿈에 그린 아파트.

축배 사이다 [해태]

헬씨 올리고 [유산균 음료, 현대약품]

'oh~색감자'는 'oh'가 감탄사 혹은 '5'를 나타낸다. 다섯 종류의 야채가 박혀 있어서 그 맛이 감탄을 자아낸다는 뜻이다. '오색'이라고 표기하면 소비자들이 '五色'으로만 해석할 것이므로 알파벳과 문장부호를 사용하여 'oh~'가 감탄사로 해석되도록 유도하였다.

'눈을 감자'의 '감자'는 "눈을 감으면 자꾸 생각나"라는 카피로 눈을 감는다는 동사의 의미와 함께 재료인 '감자'의 의미를 중의적으로 나타내고자 한 작명이다. 그러나 동사는 [감짜]로 발음되고 재료명은 [감자]로 발음되어 동음이 아니기 때문에 두 가지 의미가 작명 의도만큼 동시 연상될지는 의문이다.

'두잇'은 '두'가 콩 '豆'와 영어 'do'와 동음인 점을 활용하여 콩 제품임을 나타내는 동시에 명령문 'Do it!'으로 해석되도록 작명되었다. 상품 포장에 'Dooit!', '豆it'으로도 표기하여 중의적 해석을 적극적으로 유도하고 있다.

'맛선생'은 처음 들었을 때 '맛의 先生'이라는 의미로 이해되지만, '鮮生'이라는 표기를 보면 '신선하고 생생하다'는 의미를 알 수 있어 중의적이다. 조미료지만 신선하고 생생한 재료로 만든 것이라는 개념을 담고 있다. 다만 '鮮生'이라는 말의 뜻이 다소 어색하여 억지로 붙인 한자라는 느낌이 드는 점이 아쉽다고 하겠다.

'어싱싱해'는 버터구이 오징어 맛 스낵으로서 감탄사 '어!'와 재료인 해물을 의미하는 '魚'의 중의성을 살린 작명이다. '어!'가 감탄사라는 것을 알리기 위해 포장지에 영어 감탄사 'uh!'를 따로 표기해 놓았

다.[164]

'女in美'는 귀로 들었을 때 일차적으로 '女人美'를 연상하게 하여 여성들이 마시면 아름다워질 것이라는 의미를 전달하는 점에서, 여성호르몬인 에스트로겐을 첨가한 음료라는 제품의 속성에 맞는다. '인'을 영어 'in'으로 표기하여 차별성을 줄 겸 중의적인 효과를 노리고 있는데, '女in美'라는 표기가 곧바로 작명 개념을 떠오르게 하지는 않는다.

'오늘의 차 쏙 현미차'는 '차 쏙'이 '차 속(의 현미차)'과 '(허리가) 쏙 (들어가게 하는 차)'의 두 가지 의미를 의도한 것으로 보인다. "자신감 있는 벨리라인"이라는 광고 카피와 잘룩한 허리를 형상화한 포장용기의 모양으로 중의적 해석을 유도하고 있다.

'五味五美 누룽지'는 '미'가 '米/味/美'의 세 가지 의미를 나타낸다고 한다.[165] 즉 '다섯 가지 곡식, 다섯 가지 맛, 다섯 가지 아름다움'을 뜻하는 상표명으로 한자 동음이의어를 이용하였다. '오미'가 반복됨으로써 리듬감을 준다.

'자연實綠'은 '實錄'의 뒷 글자를 바꾸어 새로운 의미를 표현하고 있다. '綠'의 의미를 통해 치킨 가공품이 주는 인공적인 느낌을 상쇄하려 한 것으로 보인다. 귀로 들으면 '實錄', 혹은 '新綠'으로 들리는데 어느 쪽도 상품의 이미지와 연관성을 찾기 어려운 점이 아쉽다.

'축배사이다'는 배향을 첨가한 상품의 특성을 나타내기 위해 '배'(梨)를 포함시킨 작명인데, '축배'를 붙여 읽었을 때 '축배'(祝杯)라는 의미와 연결되기도 하여 중의적 의미를 나타낸다. 사이다가 축배의 현

---

164 http://www.ht.co.kr/product/product02_02.asp?productno=241&pcode1=1&pcode2=2

165 http://www.ht.co.kr/product/product02_02.asp?pcode1=1&pcode2=1&productno=437

장에서 자주 음용되는 상품이었으면 훨씬 걸맞은 상표명이 되었을 것이다.

'헬씨 올리고'는 '올리고'가 중의적이다. '(건강을) 올리고(up)'와 성분의 하나인 '올리고당'을 의미한다.

(33)은 우리말로 이름을 지은 후 각각의 음절에 한자를 대응시켜 새로운 의미를 부여한 예들이다.

(33)

고소미(高笑美) [크래커, 오리온제과][166]

기다림(氣茶林) [녹차 음료, 한국야쿠르트][167]

다나한(多娜嫺) [화장품, 소망화장품][168]

설레임(雪來淋) [아이스크림, 롯데제과]

'고소미'는 과자의 맛을 나타내는 어근 '고소-'와 '味'를 연상시키는 '미'를 합성하고, 한자 '高笑美'를 병기하여 중의적 의미를 표현하고자 하였다. 그러나 '高笑美' 하나하나의 뜻은 좋지만 합성했을 때 특별한 의미가 떠오르지는 않는다.

'氣茶林'은 "어, 이게 한자어야?" 하는 의외성 이상의 효과는 없는 듯하지만, 한자 하나하나가 최근의 웰빙 열풍과 관련되고, '茶'에서 상품의 범주를 짐작하게 할 수는 있겠다.

'다나한'은 '단아(端雅)한'을 발음대로 연철 표기하고, 각 음절에 일

---

166 http://www.orionworld.com/ 오리온제과.

167 '몸과 마음의 기를 돋구어주는 자연의 숲'이라는 뜻으로, 자연의 맛을 담은 생활 건강음료라는 제품 컨셉의 이미지를 투영하였다.
http://www.brandmajor.com/porffolio/portfolio_fr.htm

168 http://www.somangcos.co.kr/

상적으로 잘 쓰지 않는 한자를 표기하여 시각적으로 신비감을 주는 전략을 사용하였다. '娜'(아리따울 나)와 '嫺'(우아할 한)이 너무 낯설고, 각 글자를 조합했을 때 개념이 분명하지 않아서 충분히 효과를 발휘하는 작명이라고 보기는 어렵다. "참 단아한 상이다."라는 광고 카피와 결합하여 '단아한'으로만 이해된다.

'설레임'은 비규범어로서 '설렘'이 표준어인데 한자 병기를 위하여 일부러 세 음절로 늘린 듯하다. 이 상품의 주 소비자가 한자를 잘 사용하지 않는 계층인데도 불구하고 한자를 병기한 이유는 잘 쓰지 않는 한자가 오히려 호기심을 줄 수도 있기 때문이다. 그러나 '설레임'과 '雪來淋'(설래림)의 대응이 다소 억지스럽고 그 개념도 분명하게 전달되지 않는다.

3.3. 비유법

비유법을 활용한 상표명도 많이 찾아진다. 여기서는 상표명에 사용된 비유법을 의인법, 활유법, 은유법, 환유법으로 나누어 살펴본다.

상품을 의인화하여 마치 사람 이름처럼 표현하는 기법의 상표명은 다음 (34)와 같다. 상품 자체를 인간화하여 표현한다는 점에서 이름만을 빌려 오는 인명 차용과 구별된다.[169]

169 '강성원 우유, 윤 선생 영어교실, 메치니코프(발효유), 놀부밥' 등이 인명에서 차용한 예들이다.

(34)
꽃을 든 男子 [화장품, 소망화장품]
라면 보이 [스낵, 한국야쿠르트]
멋진 남자 복분자 [음료, 롯데칠성음료]
행복한 콩 [두부, 제일제당]

'꽃을 든 男子'는 단어 형식의 상표명이 주를 이루던 당시에 통사적 형식으로 눈길을 끌었다. 또한 광고 모델로 여성 못지 않게 아름다운 남성들이[170] 기용되어 광고 모델과 제품을 동일시하도록 하는 전략을 사용하였다.

'행복한 콩'은 의인법인가 아닌가 잠깐 망설이게 하지만, 행복을 느끼는 것이 인간의 속성이라고 본다면 콩을 의인화한 표현으로 해석해도 좋을 듯하다.

다음 (35)는 상품을 동물에 비유한 활유법의 예들이다.

(35)
너구리 [인스턴트면류, 농심]
물 먹는 하마 [방습제, 옥시]
헬로 팬돌이 [어린이 음료, 해태음료]

'너구리'는 인스턴트 면의 통통한 면발을 동물로 비유하여 표현하였다. 너구리가 특별히 오동통한 모양을 대표하는 동물도 아니고, 상품의 특별한 속성과도 연관성이 별로 없어서 이 작명은 의미보다는 '너구리'라는 말의 음상에 중점을 둔 작명으로 보인다.

---

170 축구 선수 안정환과 탤런트 김재원.

'물 먹는 하마'는 방습제를 하마로 캐릭터화한 것이다. 하마가 물속에서 산다는 점과 하마의 뚱뚱한 모습을 조합하여 물을 많이 흡수하는 방습제와 동일시하여 캐릭터로 만들었다.

'팬돌이'는 팬더를 캐릭터화하여 '팬더'의 '팬'에 사람 이름에 붙는 접미 형태 '돌이'를 결합시킨 이름이다.

은유법을 사용한 상표명은 다음 (36)과 같다.

(36)

노벨과 개미 [학습지, 노벨과 개미]

농부의 마음 [음료, 농심]

스킨푸드(skin food) [화장품, 스킨푸드]

이과수 폭포 청정기 [공기 청정기, 청호나이스]

'노벨과 개미'는 자녀가 노벨처럼 훌륭한 발명가가 되고 개미처럼 열심히 공부하기를 희망하는 학부모의 마음을 겨냥한 작명이다.

'농부의 마음'은 알로에 음료의 이름인데, 알로에가 재래종 식물이 아니어서 우리 농산물을 가꾸는 '농부의 마음'과는 잘 연결이 안 된다. 이름만 들으면 쌀 같은 우리나라 농산물로 만든 음료가 연상된다.

'스킨푸드'는 사람이 먹을 수 있는 음식처럼 안전한 원료를 사용했다는 것을 표현하기 위하여 화장품을 '푸드'(음식)로 은유하였다. 음식을 섭취하듯이 피부에 잘 흡수된다는 의미로도 해석이 가능하다.

'이과수 폭포 청정기'는 이과수 폭포수처럼 깨끗하다는 느낌을 담은 것 같은데, 폭포는 공기 청정기보다는 정수기에 더 어울리지 않을까 생각된다.

다음은 환유법을 활용한 상표명들이다.

(37)
눈높이 [학습지, 대교]
빨간 펜 [학습교재, 프리샘]

'눈높이'는 학습지 선생님이 학생과 눈높이를 같이 하고 친절하게 가르친다는 의미를 담고 있다. 학생의 수준에 맞추어 가르쳐 준다는 것을 눈높이를 같이 한다는 말로 대신하였다.

'빨간펜'은 교사가 학생의 글을 수정 첨삭할 때 빨간 펜을 사용하는 일이 많은 데서 유래된 작명이다. 학습지를 학생에게 배달하는 것에서 그치지 않고 교사가 직접 지도를 해 준다는 의미를 '빨간펜'이라는 상표명으로 표현하였다.

4. 결론

이상으로 우리나라 상표명의 작명 방식을 형태론적 기법과 의미론적 기법으로 나누어 살펴보았다. 상표명은 형태와 의미 구조에서 일반어와 차별되어, 일상어 속에 섞여 쓰이더라도 그것이 상표명임을 금방 알아챌 수 있어야 한다는 점이 중요한 조건이다. 따라서 일반어의 조어법과는 다른 조어 방식으로 만들어지는 경우가 많다. 일반어의 조어법으로 보면 말이 안 되는 것 같지만 바로 그런 이유 때문에 상표명의 기능을 수행할 수 있는 것이다. 이러한 특성을 고려하지 않고 상표명들이 국어 규범을 어긴다는 점만을 지적하는 것은 상품 홍보의 측면에서 보면 받아들이기 어려운 점이 있다.

상표명은 대체로 단어 형식으로 된 것이 많으나 최근 들어 구 이상의 통사적 형식으로 된 것이 점차 늘어가는 추세이다.

아직까지 상표명의 작명 기법에 대해 국어학의 관점에서 관심을 갖는 경우는 흔하지 않다. 앞으로 국어 어휘의 형태와 의미구조에 대한 지식, 그리고 풍부한 어휘력을 갖춘 국어학도들이 언어의 마케팅적 기능에 관심을 좀 더 가진다면 학문의 실용화라는 측면에서도 바람직한 일이 아닌가 생각된다.

참고문헌

강우석(1992), "베스트 네이밍 전략 사례 연구", 광고연구 15, 한국방송광고공사.

권재일 외(1991), 상호, 상품 이름, 아파트 이름 등의 광고에 나타난 국어 사용의 실태 조사 연구, 국립국어연구원.

김윤학 외(1988), 가게 · 물건 · 상호 · 상품 이름 연구, 과학사.

노전표 · 서진희(2002), "Brand Naming in Korean: A Linguistic Approach", 광고학 연구 13-5, 한국광고학회.

서진희(2002), "The Grammar of the Naming of Brands in Korean: The Case of Cosmetics", 사회언어학 10-2, 한국사회언어학회.

이관수(2003), 브랜드 만들기, 미래와 경영.

이선영(1998), "음식명의 어휘사", 심재기 편, 국어 어휘의 기반과 역사, 태학사.

이현우(1998), "광고 슬로건 및 브랜드 네임에 대한 언어학적 접근 연구", 광고 연구 40호, 한국방송광고공사.

전창곤(2003), 농산물 공동브랜드화 실태와 발전 전망, 한국농촌경제연구원.

채완(2004a), "아파트 상표명의 구성과 조어", 한국어의미학 14, 한국어의미학회.

채완(2004b), "아파트 이름의 사회적 의미", 사회언어학 12-1, 한국사회언어학회.

채완(2006), "우리나라 상표명의 작명 기법", 한민족문화연구 18, 한민족문화학회.

Delano, F.(1999), *The Omnipowerful Brand*, New York: AMACOM; 김상률 외 옮김(2003), 브랜드 네이밍, 거름.

Randazzo, S.(1995), *The Myth Makers*, 리대룡 외 옮김(2003), 신화를 만드는 브랜드, 브랜드를 만드는 신화, 커뮤니케이션북스.

제2장
국내산 쌀 이름의 구성과 의미

1. 서론

기술의 진보로 모든 산업 분야에서 대량 생산이 이루어짐에 따라 제품 간의 품질 차이가 점차 줄어들게 되어, 상품의 선택에 있어 내재적인 품질 이상으로 브랜드(상표)[171]가 필수적인 요인으로 작용하게 되었다. 농산물의 경우도 예외가 아니어서 최근 들어 쌀과 과일, 채소류를 중심으로 상표화가 급격하게 진행되고 있다. 쌀의 경우 각 지방별, 농협별, 생산자별로 수많은 상표가 난립하여 정확한 통계도 잡기 어려울 정도다. 쌀 상표는 아직 체계적으로 관리되고 있지 못하여 정확한 통계가 잡히지 않지만, 2006년 현재 전국의 쌀 브랜드의 수가 1900개에 이른다는 기사로 미루어 그 숫자를 추정할 수 있다.[172] 쌀의 상표화

171 브랜드란 어원적으로 소나 말 같은 가축에 자신의 소유임을 알리기 위해 찍은 '낙인'을 의미한다. 상표는 판매자 또는 판매자 집단의 상품이나 서비스를 확인하거나 다른 경쟁자의 것과 차별화하기 위해 사용하는 것으로, 상표명(brand name), 상표 표지(brand mark), 상호(trade name), 트레이드 마크(trade mark)로 표시된다. 상표를 구성하는 요소들 중에서 소리 내어 읽을 수 있는 언어적 요소가 상표명이다. 상표명은 낱말, 문자, 숫자 등으로 구성된다.

가 급격히 확산되는 반면 상표권에 대한 인식은 매우 저조하여 상표 등록 요건을 갖추지 못한 이름들이 많이 지어지고 있어 상표권을 제대로 보호 받지 못하는 일도 발생될 것으로 예측된다.[173]

상표로 인정받기 위해서는 일정한 법적 요건을 갖추어야 한다. 농산물의 경우 ① 농산물의 산지, 품질, 원자재, 효능, 용도, 수량 등 사용방법이나 시기를 표시한 것, ② 간단하고 흔히 있는 포장만으로 되어 있거나 일상적으로 사용하는 표시를 한 것, ③ 현저한 지리적 명칭, 약어 또는 지도만으로 표시한 것, ④ 기타 상표로서의 가치가 없거나 특정인을 비방한 것 등은 상표로 인정받을 수 없다고 한다(전창곤 2003:9). 그러나 쌀 상표명의 경우 이러한 요건을 충족시키지 못한 것이 많을 뿐 아니라, 범주명인 '쌀/미'가 비자립적인 구성 요소로 포함되기도 하여 전체 이름 중에서 '상표명' 부분만을 엄격하게 추출하기가 쉽지 않다. 그리하여 여기서는 '상표명'이라는 용어를 상표 등록 여부와는 관계없이 다소 허술하게 사용하여, 가장 단순하게는 '쌀 포장지에 표기된 이름'을 가리키는 용어로 사용하고자 한다.

쌀 이름[174]은 주로 단위 농협이나 시·군청, 생산자 조직 연합체, 개별 작목반, 영농조합 법인, 기타 임의단체 등 다양한 주체에 의해 지어지는데, 전문 작명가(namist)나 작명 전문 회사에 의뢰하기보다는 몇몇 관계자들의 아이디어에 의존하는 것으로 짐작된다.[175] 이러한 점

---

172 관련 기사 "1900개 쌀 브랜드, 차이는 있는가" http://www.hani.co.kr/section-021011000/2006/09/021011000200609290629021.html

173 전창곤(2003:iv)에 의하면 2003년 현재 농산물 상표 중 특허청에 상표로 등록된 비율이 35% 정도라고 한다.

174 '상표명'의 요건과 관계없이 '특정 제조원에서 출하한 쌀을 지칭하는 말'을 가리킴.

175 쌀 이름이 비전문적인 작명 절차에 의해 지어지는 사정은 굴지의 작명 회사 홈페이지에 실려 있는 회사 실적에서 농산물은 카테고리에 들어 있지도 않은 사실에서 간접적으로 확인

때문에 오히려 일반 언중들의 조어 감각을 엿볼 수 있는 생생한 자료라 할 수 있다.

쌀 상표명은 우리나라 상표명의 일반적 추세와 달리 외래어보다 우리말이 선호된다. 우리의 기본 생활을 의식주라고 할 때, 의생활(패션 관련)과 주생활(아파트) 관련 상표명은 외래어가 점령한 실정이지만 식생활의 중심을 이루는 쌀 상표명에서는 아직도 우리말이 압도적으로 많이 사용되고 있다. 아파트와 패션 분야의 경우 외래의 문화와 기술을 담고 있으므로 외국의 것이 더 우수하다는 인식이 암암리에 소비자의 의식 속에 자리 잡고 있어 대부분 외래어나 외래어 혼용 상표명을 붙이지만, 쌀을 포함한 농산물은 국산품의 품질이 훨씬 우수하다는 사회적 합의가 있기 때문에 굳이 '수입산'처럼 보이는 외래어 상표명을 붙일 필요가 없는 것이다. 이런 점에서도 쌀 상표명은 우리의 흥미와 관심을 끌기에 충분하다.[176]

본 장에서 자료로 삼은 쌀 이름은 400개로, 2005년 현재 다음과 같은 웹 사이트에 실려 있는 자료들을 수집하였다. 개별 상품의 작명 개념은 단위 농협이나 시청, 군청 사이트를 방문하여 확인하였으나 각 사이트 주소는 특별히 언급할 내용이 있는 경우에만 밝혔다.

http://shopping.nonghyup.com/ 인터넷 농협 하나로클럽(양재점)[177]

할 수 있다. 브랜드 메이저 http://www.brandmajor.com/newbrandmajor/ 등 네이밍 회사 사이트 참조.

176 농산물 상표명에 대한 연구는 아직 그리 활발하지 않다. 농경제학 분야에서 전창곤(2003), 조창완(2004) 등이 농산물 상표화에 대해 다루었으나 대체로 판매 전략적 측면에 치우치고 언어에 대한 관심은 적은 편이다.

177 현재 판매중인 국내산 쌀들이 지역별, 상표별로 분류되어 실려 있어서 대부분의 자료를 이 사이트에서 수집하였다.

http://ricejb.com/product/product02.asp?brand=01103 전북쌀 판매 전용 홈페이지

http://www.interpark.com/malls/index.html?sid1=common&sid2=logo&sid3=001&sid4=001&bl_id=M92010 인터파크

2. 작명 방식과 구조

2.1. 어원 구성과 표기 문자

쌀 이름은 고유어, 한자어, 외래어, 숫자의 조합으로 구성되어 있다. 앞서 지적한 바와 같이 쌀은 어떤 상품보다도 우리말 이름이 선호되는 특이한 상품이다. 쌀 이름은 표기에서도 한글이 압도적으로 선호된다. 다만 '米'만은 자주 한자로 표기되는 경향이 있다. 어근을 단어 형식으로 사용하는 부자연스러움을 보완하기 위한 무의식적인 장치일 수도 있고, '미'를 한글로 표기했을 때 그 의미가 제대로 전달되지 않을 것을 우려하여 한자 표기를 통해 그 의미를 분명히 드러내고자 하는 의도일 수도 있다.

쌀 이름을 어원별 구성 방식에 따라 나누고 각각 예를 들어 보면 다음 (1)~(9)와 같다. ( ) 안에 표시된 내용은 각각 생산 지역과 제조원(단위농협, 개별 작목반, 영농조합법인 등)을 나타낸다. 예컨대 '고시마을'(경기 평택; 팽성)[178]은 '팽성농협'에서 출하된 쌀이고, '무농약

178 제조원은 대부분 '○○ 농협'이므로 농협 쌀인 경우 '농협'은 생략하고 '○○'만 표시한다. 예컨대 '팽성'은 '팽성농협'을 가리킨다. 개별 작목반이나 영농조합법인의 경우는 '한빛영농'과 같이 전체 이름을 쓴다.

희망햇쌀'(전북 순창; 금과친환경영농조합법인)은 '금과친환경영농조합법인'에서 출하된 쌀이다. 인접한 몇 지역에서 공동 상표로 사용하는 경우에는 한 지역만 표시하였다. 한자어, 고유어, 외래어 등의 상대적 어순은 문제 삼지 않는다.

일단 상표명으로 작명이 되면 고유명사가 되어 붙여 쓸 수 있지만, 그 구조가 눈에 바로 들어오도록 어문규범에 맞추어 띄어 썼다. '쌀'은 '햇쌀'과 같이 복합어를 이룬 경우를 제외하고는 원칙적으로 띄어 썼다. '미'는 자립성이 없지만 '쌀'이라는 상품 범주를 나타내는 범주명으로서, 앞에 구 이상의 수식어가 오는 경우에는 의존명사의 지위를 부여하여 띄어 썼고, 한자 성어를 이루거나 '청결미'처럼 새롭게 복합어를 구성한 경우에는 붙여 썼다.

(1) 고유어 – 가마솥(경기 화성; 독정), 가온들 찬 빛 쌀(부산 기장군; 동부산), 갯들 쌀(전북 김제; 광활), 고인돌 쌀(전북 고창; 무장), 오리 쌀(경기 포천; 관인)
(2) 고유어+한자어 – 금이야 옥이야(경남 김해; 한림), 서해 메뚜기(전주; 한빛영농), 생명 쌀(충북 청원; 옥산), 알짜미(전북 김제; 봉남), 참眞米 쌀(충북 보은; 탄부)
(3) 고유어+외래어 – EQ 온고을(전북 군산; 진봉), 카로틴 쌀(충남 연기; 금남), 햇섬 프리미엄(충남 아산; 미다움)
(4) 한자어 – 미중진미(米中眞味)(충북 청원; 오창), 옥토진미(전북 군산; 회현), 지리산 일품백미(一品白米)(경남 함양; 함양), 백옥(경기 용인; 원삼), 海風 포옹(전남 완도; 완도군연합), 黃土美人(전남 장성; 진원)
(5) 한자어+외래어 – 동강 드림 生미(전남 나주; 동강), 米 엔 味(전북 남

원; 남농영농), 아이 러브 米(전남 완도; 완도군연합), 풍광수토 골드(전남 강진; 도암)

(6) 외래어 – 라이스 큐(전남 고흥; 흥양), Come And See(전남 순천; 별량), Eat One(전남 영암; 월출산), STR(충남 서산; 서산서부지역연합)

(7) 고유어+한자어+외래어 – 게르마늄 氣 쌀(경남 하동; 옥종), 굿 모닝 당진 쌀(충남 당진; 신평), 김포 금쌀 A+(金)(경기 김포; 신김포 양촌), 상주 게르마늄 일품 쌀(경북 상주; 낙동)

(8) 고유어+한자어+숫자 – 365 새로미(전남 나주; 왕곡), 5000 전통 김포 쌀(경기 김포; 김포)

(9) 고유어+한자어+외래어+숫자 – 7℃ 냉각 쌀(경기 화성; 팔탄)

400개의 이름들을 어원 구성에 따라 나누어 보면 다음과 같다.

〈표1: 쌀 이름의 어원별 구성〉

어원 구성	수	비율(%)
고유어	71	17.75
고유어+한자어	231	57.75
고유어+외래어	6	1.5
한자어	66	16.5
한자어+외래어	8	2.0
외래어	5	1.25
고유어+한자어+외래어	10	2.5
고유어+한자어+숫자	2	0.5
고유어+한자어+외래어+숫자	1	0.25
계	400	100

고유어 상표명이 한자어나 외래어를 제치고 가장 높은 빈도로 사용되는 상품을 찾기는 아마도 어렵지 않을까 생각되는데, 쌀 이름의 경우 전체의 17.75%가 고유어로서 가장 높은 비율을 차지한다는 사실은 놀랍기까지 하다. 고유어, 한자어, 외래어가 쌀 이름의 구성에 참여한 비율을 조사해도 역시 고유어가 가장 높은 빈도로 사용된 것으로 나타나는데, 그것을 표로 나타내면 다음과 같다.

〈표2: 어원별 상표명 구성 비율〉

분류	수	비율(%)
고유어, 또는 고유어가 포함된 상표명	321	80.25
한자어, 또는 한자어가 포함된 상표명	318	79.5
외래어, 또는 외래어가 포함된 상표명	30	7.5
전체 상표명 수	400[179]	100

표기 문자도 절대적인 비율로 한글이 선호된다. 의미를 분명히 나타낸다든지 동음어를 구별할 때와 같은 특별한 경우에만 한자를 섞어 쓰며, 간혹 영어가 섞인 이름의 경우도 표기는 대부분 한글로 한다. 예컨대 '굿 모닝 당진 쌀'(충남 당진; 신평)과 같다. 알파벳이 일부라도 사용된 이름은 손으로 꼽을 정도로서, 'Come And See(전남 순천; 별량)/ Eat One(전남 영암; 월출산)/ EQ 온 고을(전북 군산; 진봉)/ STR(충남 서산; 서산서부지역연합)/ 스테비아 Herb 米(전북 고창; 부안)/ 임금님 표 이천 쌀 GOLD(경기 이천; 모가)/ 김포 금 쌀 A+(경기 김포;

179 표에서 고유어, 한자어, 외래어가 섞여 있는 상표명은 중복 계산되므로 표에 제시된 수의 '합계'가 아님.

신김포 양촌)' 정도이고, 괄호 속에 영어를 병기한 예로 '닥터 라이스(Dr. rice)(전북 김제; 광활)/ 머드 쌀(Mud rice)(충남 보령; 보령합자회사)'이 있다.

우리말이 압도적으로 선호되는 쌀 이름과 관련해서 볼 때, 한국소비자단체협의회가 시중에 유통되는 브랜드쌀 가운데 12개 브랜드를 좋은 쌀로 선정해 인증하는 것을 '러브미'(Love米)라고 부른다든지, 평택 농특산물 공동 브랜드로 사용하는 '슈퍼 오닝'(Super O'ning)[180] 같은 작명은 쌀의 특성에는 맞지 않는 것이 아닌가 생각된다.

쌀 이름의 어원 구성 비율을 볼 때, 상표명에서 우리말을 많이 사용하게 되려면 무엇보다도 해당 상품 분야에서 우리 것이 최고라는 자존감을 갖는 것이 가장 중요하다는 사실을 알 수 있다. 국어 순화 차원에서 우리말을 많이 사용하자고 외치는 것은 사실상 큰 효과를 발휘하기 어려우며, 우리 상품이 우리의 인식 속에서 높은 위상을 차지하면 저절로 우리말을 많이 사용하게 될 것이다.

2.2. 구성 요소

쌀 이름은 생산지명, 제조원명(주로 농협), 품종명, 상표명, 범주명(쌀/미(米))의 선택적 조합으로 구성된다.[181] 전체 이름에서 다른 요소

---

180 'Super the origin of morning'을 줄인 말이라고 한다. 그 개념으로 제시한 '상쾌한 아침을 맞이하게 해 주는 깨끗하고 믿을 수 있는 먹거리'와 의미 연결이 되지 않으며, '슈퍼 오닝'이라는 말에서 그러한 의미를 알아채기는 더욱 어렵다. 평택시청에서 2006년 이래 활발한 마케팅을 벌이고 있다. 평택 농특산물 직거래 장터 참고. http://www.ptfarm.com/introduction/introduction_07.asp

181 이러한 구성 요소들의 결합 순서는 정해져 있지 않으므로 본 장에서는 구성 요소들의 결합

들을 제외한 부분을 상표명으로 보는 것이 일반적이지만 쌀의 경우 범주명인 '쌀/미'가 비자립적인 구성 요소로 참여하는 예들도 많이 있으므로 쌀 포장지에 '쌀/미'가 표기되어 있는 경우 그것이 포함된 구성을 상표명으로 보았다. 쌀 포장지에 출하지나 품종명만을 표기한 경우도 있는데, 그런 경우 이름은 있지만 상표명은 없는 셈이다.

다음 (1)은 생산지명에 범주명만을 결합시킨 이름들로, 새로 지었다기보다는 관습적으로 '~~에서 생산된 쌀'이라는 의미로 불러 온 이름들이다. 상표명이라고 보기 어렵다. '특미'나 '청결미'는 차별성을 둘 수 없이 널리 사용되므로 '쌀'과 같이 범주명으로 본다.

(1)
강진 특미(전남 강진; 강진)
계양 특미(인천 계양; 계양)
서천 쌀(충남 서천; 동서천)
안성 쌀(경기 안성; 서운)
양구 쌀(강원 양구; 양구)
양주골 쌀(경기 양주; 양주연합)

다음 (2)는 제조원인 농협 이름을 딴 예들로서 (1)과 마찬가지로 상표명의 요건을 충족하지 못한다.

(2)
도암 쌀(전남 강진; 도암)
송산 청결미(경기 화성; 송산)

순서는 문제 삼지 않는다.

우강 청결미(충남 당진; 우강)
홍산 쌀(충남 부여; 홍산)

(3)도 제조원명을 이름으로 삼은 예들이지만 (2)와는 다른 경우다. 개별 생산단체의 이름을 딴 것인데 제조원명 자체를 상표명화 한 것이다. 대부분의 쌀이 농협을 통해 출하되는 가운데 '미다움'이나 '땅기운' 같은 상표명이 제조원과 상품에 함께 적용되는 것으로, 최근 들어 쌀의 품질 고급화와 맞물려 차별성을 지닌 상표로 자리 잡는 사례가 많아지고 있다. 이러한 개별 제조원들은 그 이름부터 느낌이 달라서, '계화 쌀'처럼 비교적 평범한 이름도 있지만 대체로 지명을 딴 농협명과는 전혀 분위기가 다른 참신한 작명들이 눈에 띈다. 아직까지 그 수는 많지 않지만 뜻도 좋고 부르기도 좋은 우리말을 적극적으로 활용한 새로운 감각의 상표명이 개발되는 추세가 주목할 만하다.

(3)
계화 쌀(전북 부안; 계화실업)
땅기운 쌀(전북 완주; 땅기운 쌀 작목반)
米다움(경기 김포 안성 송탄; 미다움)
米사랑人들(전남 순천; 미사랑인들)

품종명만으로 불리는 쌀도 있는데 다음 (4)에 든 예가 전부다. 다른 상품과 구별되는 정체성과 독자성을 표현할 수 없으므로 상표명이 될 수 없다. '신동진'이나 '일품' 같은 품종의 우수성이 널리 알려져 있다 하더라도 그 품종을 오직 한 지역에서만 재배하지는 않으므로 고유성을 나타내지 못한다.

(4)

신동진(전북 군산; 대야)

일품 쌀(전북 임실; 임실쌀연구모임)

다음 (5)는 범주명이 없는 이름들로, 실제 발화 현장에서는 상표명 뒤에 범주명을 붙여 부를 가능성이 크다. 예: 디딜방아 쌀, 만석군 쌀.

(5)

디딜방아(전남 장성; 동화)

萬石君(충남 아산; 봉농미곡)

보답(경남 김해; 한림)

상상예찬(전북 김제; 공덕)

여왕님 표(전북 김제; 공덕)

장원급제(경기 평택; 팽성)

풍년 고을(충북 보은; 탄부)

해나루(충남 우강; 우강)

행복 여울(전북 순창; 동계)

황금 곳간(충북 보은; 탄부)

다음 (6)은 상표명과 범주명이 결합된 이름들이다. 앞서 언급했듯이 '쌀'이나 '미'를 분리할 수 없거나, 분리하면 부자연스러워지는 경우가 많다. 예를 들어 '米다움'은 '米'가 범주명이 아니라 상표명의 핵심 구성 요소이며, '꿈의 쌀'은 '꿈의'와 '쌀'로 분리가 가능하기는 하나 그럴 경우 수식어만 남게 되어 기본적으로 명사구 형식을 취하는 상표명으로서 어색해진다. 그리하여 여기서는 무리하게 '쌀/미'를 분리해 내지 않고 세 가지로 나누어 예를 제시하였다. (6)㉠은 '쌀/미'가 상표명의 일부로서 분리가 불가능한 예들이다. (6)㉡은 범주명을 제외한 부분이 자립 형식으로서 분리가 가능하기는 하나, 상표명과 범주명이 〈수식어+피수식어〉 구성을 이루고 있어 범주명을 분리하고 나면 수식어만이 남게 되므로 일반적으로 명사구 형식을 취하는 상표명의 형태로는 부자연스러워지는 예들이다. (6)㉠과 (6)㉡의 경우 '쌀/미'를 굳이 분리하지 않고 상표명의 구성 요소로 본다. (6)㉢은 범주명을 제외한 부분이 명사구로서 자연스럽게 상표명으로 분리되는 예들이다.

(6)

㉠故米高米(전북 정읍; 정우)

米다움(경기 김포 안성 송탄; 미다움)

미중진미(米中眞味)(충북 청원; 오창)

새들만 서해진미(충남 서산; 현대서산영농법인)

쌀 마을(전북 정읍; 현대영농)

쌀의 황제(강원 철원; 동송)

옥토진미(전북 군산; 회현)

㉡꿈의 쌀(전남 해남; 옥천)

노을에 여문 쌀(전북 부안; 계화)

㉢가을빛 사랑 미(전북 완주; 지성영농조합)

녹음秀곡 쌀(충북 음성; 자연을 닮은 사람들 미(米)가)

들녘 쌀(전북 군산; 옥구)

맞춤 쌀(경기 안성; 안성지역농협사업연합)

미소 미(경기; RNL생명과학㈜)

백학 쌀(경기 연천; 전곡)

봉황 쌀(전남 강진; 도암)

새천년 쌀(경기 화성; 팔탄)

수라청 쌀(경기 화성; 정남)
순농(純農) 쌀(전북 고창; 성내농산)
순수 米(전북 익산; 함열)
옛 바다 이야기 米(전북 김제; 백구)
지킴이 쌀(경기 연천; 전곡)
천혜 으뜸 미(경기 화성; 조암)
청마루 쌀(경남 하동; 옥종)
초롱 이슬 미(전북 순창; 동계)
秋生 米(전북 부안; 행안)
칠보 미(경북 영덕; 병곡)
푸른 꿈 마을 쌀(전북 김제; 봉남)
푸른 들 쌀(충남 홍성; 금마)
한가위 쌀(경기 화성; 반월농산)
함박웃음 청결미(국내산; LG유통)
해맞이 쌀(전남 고흥; 홍양)
해샘찬 米(전남 나주; 다시)
황금 노을 米(전북 고창; 흥덕)
황금빛 노을 쌀(충남 태안; 원북)

(6)ⓒ의 '순농(純農) 쌀(전북 고창; 성내농산)'과 아래 (7)의 '남원 기와집 쌀(전북 남원; (주)순농)'을 비교해 보면 '순농'이라는 이름이 한쪽에서는 상표명으로, 한쪽에서는 제조원으로 사용되었다. 얼핏 혼동하기 쉬운 경우다. 같은 제조원의 상품이 아니라면 같은 이름을 쓰는 것은 피해야 한다.

'황금 노을 米'와 '황금빛 노을 쌀'은 형태가 너무 비슷한 점이 우선 문제가 된다. 의미상으로는 서해안의 낙조에서 차용한 이름인데 낙조가 좋은 쌀과 어떤 연관이 있는지 드러나지 않는다. '노을에 여문 쌀, 새들만 서해진미, 옛 바다 이야기 米, 해나루, 해맞이 쌀' 등도 서해안 지역에서 생산된 쌀이라는 것에 중점을 둔 작명으로서 서해안의 낙조가 좋은 쌀을 만드는 데 어떤 역할을 하는지를 모르는 소비자에게는 충분한 개념을 전달할 수 없다.

'새천년 쌀'은 특정한 시점(서기 2000년)을 의미하는 상표명이다. 이러한 부류의 상표명은 그 시점이 지나고 나면 신선도가 떨어진다는 단점이 있다. '새천년'을 바라보는 시점에서만 유효한 작명으로서 정작 새천년이 되고 나면 참신함이 사라져 버린다. 잠깐만 유통시킬 상품이 아니라면 적합하지 않은 작명이라 하겠다.

'해샘찬 米'는 '해가 샘에 가득찬' 정도의 의미를 추리할 수는 있으나, 적극적인 홍보가 따르지 않는 한 소비자에게는 암호처럼 느껴질 뿐이다. 절단 합성법에 의해 상표명을 만들 경우에는 원어를 홍보하여 소비자에게 작명 개념을 분명히 이해시킬 때 충분한 효과를 거둘 수 있다.

아래 (7)은 생산지 혹은 제조원명과 상표명을 결합하여 만든 이름들이다. 생산지나 제조원명이 결합된 점 외에는 (6)의 경우와 같으므로 예만 제시하고 설명은 생략한다.

(7)

남원 기와집 쌀(전북 남원; (주)순농)
당진 좋은 쌀(충남 당진; 면천)
물 맑은 양평 쌀(경기 양평; 양평군청)
소문난 금왕 쌀(충북 음성; 금왕)
예산 황금 쌀(충남 예산; 삽교)

철원 청정 쌀(강원 철원; 동송)

청원 생명 쌀(충북 청원; 내수)

함평천지 사계절 쌀(전남 함평; 손불)

강산 병산리 쌀(경기 양평; 병산리쌀작목반)

동강농협 으뜸 쌀(전남 나주; 동강)

등룡 쌀마을(전북 부안; 등룡영농)

서천 냉각 쌀(충남 서천; 동서천)[182]

월롱 옥돌 쌀(경기 파주; 월롱)

임금님표 이천 쌀(경기 이천; 모가, 율면)

지리산 함양 쌀(경남 함양; 함양)

진봉 금만 쌀(전북 김제; 진봉)

(5)~(7)에서 살펴본 상표명들은 대체로 어감과 의미가 친근한 자연어의 조합으로 구성된 점은 긍정적이라 할 수 있으나, 비슷한 개념이 중복 사용되어 차별성을 획득하기 어려운 경우도 있고, 왜 그러한 이름을 붙였는지 이해할 수 없는 예들도 있다. 상표명은 그저 이름을 붙이는 것에서 그치는 것이 아니라 상품을 더 잘 기억하게 하여 더 많이 파는 것이 목적이다. 상표명을 기억하기 쉽게 하려면 상품의 고유한 장점이 상표명의 개념과 연결이 되어야 하는데, 그러한 점에서 위의 예들은 좀 부족하지 않나 생각된다. 대부분의 소비자가 상표명만 보아도 알아차릴 수 있는 개념이 아니라면 스토리텔링을 입혀서라도 상표에 뚜렷한 개념을 부여해야 할 것이다.

아래 (8), (9)는 품종명이 포함된 상표명들이다. 품종명이 포함된 상

182 수확한 벼를 냉각 저장하면 쌀의 맛과 영양분이 그대로 있어 사계절 햅쌀 맛을 유지한다고 한다.

표명은 많지 않다. 수십 가지가 넘는 쌀 품종 중에서 상표명에 사용되는 품종명은 '일품, 오대, 추청[183], 신동진, 고시히카리' 정도로 한정되어 있다. 특별히 이름에 내세울 정도라면 소비자가 선호하는 품종임을 짐작할 수 있다.

(8)은 지역명 또는 제조원명과 품종명이 선택적으로 결합된 이름들이고, (9)는 품종명과 상표명이 주가 되고 그 위에 지역명이 선택적으로 결합된 예들이다.

(8)
경기 평택 추청 쌀(경기 평택; 팽성)
경기 안성 양성 추청(경기 안성; 양성)
고성 오대미(강원 고성; 고성)
금촌 추청미(경기 파주; 금촌)
영월 동강 오대미(강원 영월; 주천)
장수 오대미(전북 장수; 장수)
조암 추청 쌀(경기 화성; 조암)

(9)
고시마을(경기 평택; 팽성)[184]
못잊어 신동진(전북 군산; 옥구)
소백산 추청 쌀(경북 영주; 안정)
양구 오대미 꾀꼬리 쌀(강원 양구; 대암)
오대 맑음 미(경기 포천; 관인)
지리산 일품백미(一品白米)(경남 함양; 함양)

183 '추청(秋晴)'은 일본 이름으로 '아키바레'라고도 불린다. 지금은 쌀 품종이 많이 다양해졌지만 한동안 밥맛 좋은 쌀의 대명사로 통했다.

184 '고시마을'의 '고시'가 '고시히카리'를 나타냄.

철원 오대 신선맛 쌀(강원 철원; 동송)

2.3. 형태·통사적 구조

상표명은 일반어 혹은 타 상표명과 차별성이 있어야 뚜렷한 인상을 심어 준다. 상품의 종류도 많고 상표명도 많아져서 이제는 명사 한두 단어로 된 상표명은 더 이상 소비자에게 기억되기 어렵다. 상표명은 나날이 그 구조가 복잡해지고 일반어에서 찾을 수 없는 특이한 표현들이 사용되고 있는데, 쌀 상표명의 경우도 예외가 아니다. 최근의 작명 경향을 보면 더 이상 명사나 합성명사의 틀 안에 갇혀 있지 않고 조사나 어미가 참여한 통사적 구성을 이룬 예들이 많다. 여기서는 단어가 아닌, 구 이상의 구성으로 이루어진 상표명에 대해 그 구조를 분석해 보고자 한다.

2.3.1. 통사적 구성

(가) 명사 나열 구조

(10)
㉠자운영꽃과 나비 쌀(전남 함평; 나산)
㉡햇살과 단비(전북 정읍; 쌀산업연구회)

(10)㉠은 상표명이 접속조사에 의해 명사 접속 구성을 이루고 다시 범주명과 병렬된 예이다. 이 예에서 범주명 '쌀'은 상표명과 분리가 가

능하다. 상품의 범주명은 일반적으로 상표명에 포함되지 않지만 '쌀' 이나 '미'의 경우는 상표명과 분리되기 어려운 형태로 결합되어 있는 사례가 많아서 본 장에서는 상표명의 일부로 다루고 있다. 다른 상품의 경우에도 범주명이 늘 상표명과 분리되는 것은 아니어서 '해태 알사탕'처럼 범주명이 상표명의 구성 요소로 참여하는 일도 있는데, '쌀/미'가 바로 '알사탕'과 같은 사례에 속한다.

(10)㉡은 범주명 없이 명사 접속만으로 상표명을 구성하였다. 자연 친화적 이미지를 의도한 작명으로 보이는데 단독으로 사용되었을 경우 그 상품이 쌀이라는 사실을 알기 어렵다는 점이 문제점으로 지적될 수 있다.

(11)
가족 사랑(전남 순천; 순천)
금빛 세상(전남 담양; 금성)
서해 노을(전북 군산; 옥구)

(11)은 범주명 없이 두 명사가 나열된 구조로서, 일차적으로 수식어-피수식어 구조로 해석되지만 이러한 구성에서 그 내재적 관계가 늘 분명한 것은 아니다. '가족 사랑'은 '가족을 사랑하다', '가족의 사랑', '가족과 같은 사랑', '가족과 사랑' 등으로 얼마든지 다른 해석이 가능하다. 어쩌면 이처럼 여러 가지로 의미 해석을 가능하게 하는 것 자체가 작명 의도일 수도 있다. '금빛 세상'과 '서해 노을'은 수식 구성으로 해석하는 편이 자연스럽다.

(나) 수식어-피수식어 구조

최근의 상표명 작명에서 두드러지게 나타나는 경향 중 하나는 상표명을 관형절 형식으로 지어서 상표명과 범주명을 이어 불렀을 때 자연스럽게 〈수식어-피수식어〉 구성이 되도록 하는 기법이다. '참존(참 좋은) 화장품'이라든지, '더존(더 좋은) 포크', '꿈에 그린 아파트' 같은 예들이 그에 속하는데, 쌀 상표명에서도 자주 활용된다.

다음 (12)는 범주명이 피수식어가 되도록 구성된 관형절 형태의 상표명 들이다.

(12)
갯벌에 여문 쌀(전남 신안; 압해)
꿈 열린 쌀(전남 진도; 동진)
꿈에 그린 쌀(전국; 오창)
꿈에 본 쌀(전북 군산; 대야)
맑은 해와 고운 달이 빚은 쌀(경남 하동; 양보)
맘에 든 쌀(강원 원주; 문막)
빛을 담은 쌀(전북 군산; 옥구)
숨 쉬는 쌀(전북 익산; 이리)
씻어 나온 쌀(충남 당진; 우강)
옹골진 알찬 米(경북 예천; 예천)
키 크는 쌀(전국; 예스기업영농)
하늘이 내린 광양 쌀(전남 광양; 광양)
한 차원 높은 쌀(전북 군산; 제희미곡종합처리장)
한눈에 반한 쌀(전남 해남; 옥천)
행복이 가득 찬 쌀(전남 장성; 진원)

관형절 구성의 상표명은 어형이 길어지는 경향이 있어서 '맑은 해와 고운 달이 빚은 쌀'과 같이 이름 전체가 10음절이 넘는 것도 있다. 상표명은 범주명과 연결되어 한 호흡으로 불려야 하므로 지나치게 길어지는 것은 바람직하지 않다. 대체로 5~6음절 이상이 되면 한 호흡에 부르기 불편하게 느껴지는 듯하다. 국어 화자에게 가장 편안하게 느껴지는 상표명의 음절수에 대한 실증적 연구가 필요하다 하겠다.

다음 (13)의 예들은 상표명의 내부 구조가 〈수식어-피수식어〉 구성을 이룬 것들이다. (13)㉠은 선행 명사에 관형격 조사가 결합된 수식 구성이고, (13)㉡은 용언의 관형사형이 명사를 수식하는 구성이다. (13)㉢은 (13)㉡과 같은 구조에 범주명이 결합된 예다.

(13)

㉠갈대의 순정(전남 신안; 압해)
　농부의 아침(전북 군산; 옥구)
　천년의 신비(전남 강진; 도암)
　큰들의 꿈(전북 군산; 대야)[185]
　龍의 눈(전북 익산; 용안)
　축복의 땅(전남 장흥; 장흥)
㉡풍성한 가을(전남 화순; 도곡)
　친환경이 준 미소(전북 순창; 복흥)
　햇살로 가는 旅情(전남 완도; 완도군연합)
㉢맑은 고을 쌀(경기 양평; 양평)

'쌀/미'가 결합되지 않는 경우 상표명이 상품의 속성과 너무 멀어지

185 '큰들'은 '大野'를 우리말로 풀어 만든 말로 보인다.

는 문제가 생길 수 있다. 예를 들면 '천년의 신비'처럼 '강진-도요지-청자-천년의 신비'와 같은 의미 연상이 가능한 경우 생산지에 대한 정보는 전달할 수 있지만, 그것을 쌀의 품질과 어떻게 연관시키느냐 하는 문제가 남는다. '용의 눈'은 '용안(농협)'을 우리말로 풀어 놓은 것 같은데 너무 좁은 지역에서만 통용될 수 있는 개념으로서 생산지에 대한 정보조차 전달하기 쉽지 않아 보이고, 쌀과의 의미 연상 고리도 없어서 상표 개념을 설정하기가 어렵다. 상표명은 이름 붙이는 것에서 끝나는 것이 아니라 적절한 개념을 부여하여 기억하게 하고 그 상품을 구입하게 함으로써 목적이 달성되는 것이라는 사실을 작명 단계에서부터 고려하여야 할 것이다.

(다) 부사 수식어-범주명 구조

다음 (14)는 상표명이 부사구로 이루어진 예들이다. (14)㉠은 범주명이 결합되어 있으나 '바로 이 쌀'을 제외하고는 상표명과 범주명이 통사적으로 자연스러운 구성은 아니다. (14)㉡은 범주명 없이 부사구만으로 이루어진 상표명이다.

(14)
㉠가을 햇살에 米(전북 순창; 학마을영농조합)
바로 이 쌀(경기 양평; 개군)
싱그런 아침에 쌀(충북 청원; 남이)
해풍 솔솔 미(전북 부안; 부안)
㉡가을 맛 그대로(충남 아산; 둔포)

‘해풍 솔솔 미’는 의태어를 활용하고 있는데, ‘솔솔 미’가 음계를 연상시켜 리듬감을 더해 준다. ‘가을 햇살에’와 ‘싱그런 아침에’는 범주명과의 연결이 다소 부자연스럽지만 상큼한 느낌의 고유어를 잘 살려 쓴 점이 돋보인다.

(라) 명사문-범주명 구조

아래 (15)㉠은 명사문과 범주명이 결합한 구성이고, (15)㉡은 범주명인 ‘쌀’이 명사문 속에 포함된 구성이다.

(15)
㉠해와 입맞춤 米(전남 나주; 남평)
행복 나눔 米(충북 옥천; 이원)
㉡참숯과 쌀의 만남(경북 영주; 안정)

용언의 명사형으로 끝맺는 형태는 비음(鼻音)인 ‘ㅁ’의 여운 때문인지 최근 들어 사랑 받고 있다. 타 상품 분야에서도 빙과류인 ‘설레임’(롯데제과), 아파트 이름인 ‘미소지움(신성건설), 어울림(금호건설)’ 등의 예가 있다.

2.3.2. 비통사적 구성

상품의 작명 개념을 설정한 후 핵심적 어구를 발췌하여 이어서 만든, 결과적으로 국어의 통사 구조에 맞지 않는 구성으로 된 예들이다. 예를 들어 '대나무숯 맑은 쌀'은 '대나무숯을 시비(施肥)하여 생산한 맑은 쌀'에서 '을 시비하여 생산한'을 잘라 버린 것이다. 그러나 쌀 이름의 경우 홈페이지 등을 통해 작명 개념을 설명하는 경우가 매우 적은 실정에서, 소비자에게 그 정확한 개념을 전달하는 것이 관건이라 하겠다.

(16)
대나무숯 맑은 쌀(국내산; 달성)
대숲 맑은 쌀(전남 담양; 수북)
청호뜰 맑은 쌀(전국; 하서)
황금물결 맑은 쌀(충북 영동; 영동)

(16)의 예들이 '맑은 쌀'이라는 공통 어구를 포함하고 있는 것이 눈에 띈다. '맑은'은 '쌀'과 그리 잘 어울리는 수식어는 아니다. '맑은 물에서 재배한 쌀'이라는 개념을 담고 싶었을 것이나 그러한 의미가 바로 연상될 수 있는지는 의문이다. 자연스럽지 않은 표현의 중복된 사용은 혹시 모방 작명이 아닌가 하는 의심을 불러일으킬 수 있다.

2.3.3. 기존의 어구 차용

익숙한 노래나 시조의 한 구절을 잘라서 그대로 상표명을 삼은 예들도 있다. 이런 예들은 이미 형성된 어구를 그대로 가져다 쓴 것이므로 그 통사 구조를 문제 삼을 대상은 아니다.

(17)
나의 살던 고향은(전북 익산; 명천영농)
梨花에 月白하고(경기 강화; 강화농산)

3. 쌀 이름의 의미

3.1. 쌀의 품질

3.1.1. 고급 쌀

비슷비슷한 상표명이 많아지면서 다른 상품보다 고급이라는 차별화 표지가 필요하게 되었다. 고급 쌀이라는 것을 상표명을 통해 표현하기 위해 이름에 '금, 골드, A+, 프리미엄, 명품, 으뜸, 큐(Quality)' 같은 말을 덧붙이는 것은 가장 소박한 기법이라 하겠다.

그러나 품질 향상이 뒷받침 되지 않은 이름만의 '고급'은 상표에 대한 신뢰를 떨어뜨리므로 조심해야 한다. 비근한 예로 '新, 새로운, new' 같은 수식어를 새롭지 않은 상품에 붙였다가는 정말 새로운 상품이 개발되었을 때 붙일 이름이 없는 것이다.

(18)
골드 금왕 쌀(충북 음성; 금왕)
김포 금(金) 쌀 A+(경기 김포; 신김포양촌)
남곡 명품 쌀(경기 화성; 정남)
동강농협 으뜸 쌀(전남 나주; 동강)
라이스 큐(전남 고흥; 홍양)
명품 쌀(충남 홍성; 금마)
임금님표 이천쌀 GOLD(경기 이천; 모가)
풍광수토 골드(전남 강진; 도암)
햇섬 프리미엄(충남 아산; 미다움)

3.1.2. 안전한 쌀

안전한 쌀이란 농약이나 화학비료를 쓰지 않고 자연친화적 농법으로 재배한 쌀이라는 뜻으로, 최근의 환경 보호 운동에 편승한 작명이다.

첫째, 새로운 농사법 또는 생산 과정을 나타내는 상표명이다. 농약과 화학비료의 대체품인 '게르마늄, 참숯, 자운영, 스테비아, 허브, 키토산, 한방, 대나무숯' 같은 어휘를 상표명에 포함한다.

(19)
게르마늄 氣 쌀(경남 하동; 옥종)
게르마늄 농법 쌀 하늘 보배 米(강원 원주; 문막)
대나무숯 맑은 쌀(국내산; 달성)
상주 게르마늄 일품 쌀(경북 상주; 낙동)
숯과 쌀의 만남(경북 영주; 안정)

스테비아[186] Herb 米(전북 고창; 부안)
자운영 참숯 쌀(전남 화순; 청풍)
자운영꽃과 나비 쌀(전남 함평; 나산)
참숯과 키토산으로 재배한 쌀(전북 김제; 진봉)
키토미(충남 부여; 남면)
키토산 완전미(전북 김제; 공덕)
한바이오 양주골 쌀(경기 양주; 양주연합)

둘째, 농약을 사용하지 않아서 오리, 메뚜기, 우렁이 같은 동물들이 논에서 살 만큼 안전하고 친환경적이라는 내용을 표현하는 (20)과 같은 상표명이다. 친환경 농법을 상징하는 동물 중에서도 특히 '오리'가 선호된다. 오리를 논에 방사하면 병해충과 잡초를 제거해 주기 때문이다. 농약을 치지 않은 논에만 살 수 있는 '메뚜기, 우렁이' 같은 동물명을 포함한 상표명은 친환경 농법이라는 개념을 살려 주는 것과 동시에, 농촌에서만 볼 수 있는 것들이므로 향수를 자극하는 감성 효과도 있다. 다만 '오리'나 '우렁이'처럼 반복 사용되는 단어는 차별성이 떨어지므로 '오리 쌀, 오리농법 쌀, 우렁이 쌀' 같은 이름은 상표명으로서는 좀 부족하지 않나 생각된다.

(20)
강하 오메 쌀[187](경기 양평; 강하오메쌀작목반)
산청 메뚜기 쌀(경남 산청; 차황지소)
상북 오리 쌀(울산 울주; 상북)

---

186 스테비아는 허브의 일종임.

187 오메쌀은 오리와 메뚜기의 합성어임. 양평군청 http://www.yp21.net/

서산 뜸부기 쌀(충남 서산; 대산)

소문난 오리 쌀 (전남 화순; 북면)

오리 쌀(전남 화순; 북면)

오리농법 쌀(경기 이천; 율면)

오리농법 친환경 오대 쌀(경기 포천; 관인)

우렁각시 쌀(경북 구미; 선산)

우렁이 쌀(경남 거창; 원학)

자연농법 오리 쌀(전남 화순; 북면)

자연미, 우렁이농법 오대 쌀(경기 포천; 관인)[188]

장수 메뚜기 쌀(전북 장수; 산청, 장수)

지킴이 오리 쌀(경기 연천; 전곡)

차황 논고동[189] 쌀(경남 산청; 차황지소)

청개구리 쌀(충북 청원; 안양원예)

초록마을 오리 쌀(충남 홍성; 홍성유기영농)

팔당 생명 살림 오리 쌀(강원 횡성; 양서)

해맑은 우렁이 쌀(충북 음성; 금왕)

허반메 쌀[190](경기 양평; 지제)

黑두루미 쌀(경북 구미; 해평)

---

188 포장지에 두 이름을 같이 썼다.

189 '고동'은 '고둥'의 방언(강원, 경기, 경상, 전남, 충남).

190 허: 허수아비 춤추고, 반: 반딧불이 날며, 메: 메뚜기 뛰노는 쌀. 양평군청 http://www.yp21.net/

셋째, '무농약'을 이름에 포함시킨 예들이다. '무농약'만으로는 상표의 고유성을 표현할 수 없으므로 다른 어구와 합성하여 상표명을 구성하였다.

(21)
무농약 배아미(경기 안성; 안성농협연합)
무농약 오리 쌀(경기 용인; 원삼)
무농약 희망 햇쌀(전북 순창; 금과친환경영농조합법인)
소문난 무농약 쌀(충북 음성; 금왕)

넷째, 다소 추상적인 느낌을 주는 '자연, 녹색, 친환경'을 포함한 상표명이다. '자연'과 '녹색'은 적용 범위가 너무 넓어서 '쌀'만의 고유성을 나타내기 어렵다.

(22)
녹색 청결미(경북 의성; 안계)
자연 햇살(전남 나주; 왕곡)
자연과 함께 하는 사람들(전남 영암; 월출산)
자연이 숨 쉬는 쌀(전남 함평; 나산)
친환경이 준 미소(전북 순창; 복흥)

3.1.3. 영양 많은 쌀

쌀을 특별한 과정을 거쳐 재배하거나 가공하여 영양이 많다는 것을 나타내는 상표명들이 있는데, 이들을 다시 몇 가지로 나눌 수 있다.

첫째, 쌀눈이 그대로 살아 있다는 의미의 상표명들이다. 쌀이 가진 영양의 핵심을 쌀눈이 담고 있다는 믿음이 퍼지면서 유행하게 되었다.

(23)
눈 달린 쌀 미미(전남 장흥; 황산)
눈 달린 영양 쌀(충남 예산; 대동미곡)
쌀눈 플러스(전국; 인주RPC[191])
쌀의 눈(경기 파주; 세종)
완전 배아미(경기 안성; 안성농협연합)
유아식용 배아미(경기 안성; 안성농협연합)

둘째, 특별한 성분을 첨가하여 영양분을 강화했다는 상표명들이다. 갖가지 영양 성분 혹은 첨가물 이름이 포함된다.

(24)
장흥 표고버섯 쌀(전남 장흥; 장동)
카로틴 쌀(충남 연기; 금남)
칼슘 철분 강화 쌀(충남 연기; 금남)
홍천 수라 인삼 쌀 蔘米(강원 홍천; 홍천)

셋째, 쌀에 특별한 효능이 있다고 주장하는 상표명들이다. 이러한 상표명을 쓰려면 이름뿐 아니라 품질로서 실제 효능을 입증해야 한다. 예컨대 '다이어트 쌀'이나 '키크米' 같은 경우 어떤 성분이 무슨 작용을 해서 살을 빼 주거나 키를 크게 하는지를 설명할 수 있어야 한다. 실

191 Rice Processing Complex 미곡종합처리장.

증적 근거 없이 특정한 효능을 암시하는 상표명을 남용하다 보면 신뢰를 떨어뜨릴 수 있다는 점을 유의해야 한다. 또한 그 특별한 효능은 쌀 자체가 가진 기본적인 효능이 아니라 해당 상품만이 가진 고유의 특성이어야 할 것이다.

(25)
다이어트 쌀(전남 영광; 영광)
보약 밥상(경북 고령; 달성)
키크米(충남 서산; 대산)

3.1.4. 맛있는 쌀

맛을 강조하는 상표명은 다음 (26)과 같다.

(26)
맛 드린 쌀(전북 김제; 맛드린쌀농장)
맥반석 누룽지맛 쌀(전국; 양구군산천작목반)
참맛 아름 米(경기 양평; 개군)
맛 좋은 진천 쌀(충북 진천; 진천)
참 眞米 쌀(충북 보은; 탄부)

3.2. 지역의 특성

3.2.1. 특산물

지역의 이름난 특산물이나 축제, 예를 들어 보성의 녹차, 담양의 대나무, 보령의 머드, 익산의 보석, 상주의 삼백(三白: 누에고치, 곶감, 쌀), 무안의 연꽃, 강진의 청자, 청도의 소싸움 등을 상표명에 내세워 생산지를 나타내는 방식이다.

(27)
綠茶의 향기(전남 보성; 보성)
茶香이 숨 쉬는 쌀(전남 보성; 보성)
대숲 맑은 쌀(전남 담양; 수북)
머드 쌀(충남 보령; 보령합자회사)
보석 쌀(전북 익산; 이리)
삼백 쌀(경북 상주; 함창)
蓮 이슬 초롱 米(전남 무안; 일로)
죽향 쌀(전남 담양; 금성)
청자골 바다 햇쌀(전남 강진; 칠량)
청자골 생명 사랑 쌀(전남 강진; 칠량)
황소고집(경북 청도; 서청도)

이러한 방식의 작명은 '삼백'처럼 그 말 속에 좋은 쌀의 생산지라는 의미가 포함되어 있는 경우에는 개념이 바로 전달되지만, 그렇지 않은 경우 충분한 효과를 거둘 수 없을 수도 있다. 예컨대 '녹차', '대나무'

하면 곧 보성, 담양을 연상할 수는 있으나 그 지역 쌀이 어째서 좋은가 하는 정보는 주고 있지 않으며, 품질 좋은 '보석'을 만들어 내는 고장이라고 해서 그 지역에서 생산된 쌀도 좋다는 것을 함의하지는 않는다. 이러한 작명 방식은 지역 알리기에는 성공적이라 할 수 있지만, 판매 촉진으로 이어지느냐 하는 것은 또 다른 문제라 하겠다.

3.2.2. 지리적 특성

지리적 특성을 담은 상표명이란 지명이나 지역의 특성에 관한 정보를 담은 것을 말한다. 지명, 또는 그 지역에 있는 산 이름이나 강 이름 같은 것이 포함된 상표명들이다. 이러한 경우에도 생산지를 알리는 것 이상의 정보를 전달하려면 품질 향상이 뒷받침되어야 한다. 어느 지역의 쌀이 좋은 쌀이라는 등식이 성립되고 나면 지역명을 알리는 것만으로도 목적을 달성할 수 있기 때문이다.

(28)
가야산 고령 쌀(경북 고령; 달성)
강화섬 쌀(경기 강화; 양도)
금강 쌀(충북 옥천; 청산)
김제 지평선(전북 김제; 부량)
김제평야 쌀(전북 김제; 김제)
땅끝 쌀(전남 해남; 해남)
미호천(충북 청원; 오송)
박사고을 쌀(전북 임실; 오수)
벽골제 쌀(전북 김제; 부량)

새만금 쌀(전북 김제; 새만금농산)
순(純) 우리 파주 쌀 (경기 파주; 금촌)
순천만 갈대 쌀(전남 순천; 별량)
아산 맑은 쌀(충남 아산; 둔포)
안성마춤 쌀(경기 안성; 안성)[192]
옥당 쌀(전남 영광; 영광)[193]
용궁 진상미(경북 예천; 예천)
용추 米(경남 함양; 안의)[194]
월출옥미(月出玉米)(전남 영암; 군서)
지리산 함양 쌀(경남 함양; 함양)
천수만 청풍명월 쌀(충남 홍성; 갈산)
철원 DMZ 쌀(강원 철원; 철원)[195]
청청청 하동 포구(경남 하동; 금남)
초정약수 쌀(충북 청원; 내수)
충주 남한강 쌀(충북 충주; 주덕)
통일로 가는 길목 파주 쌀(경기 파주; 파주)
홍천강 오대 쌀(강원 홍천; 홍천)
황산벌 특미(충남 서산; 연무)

'박사고을 쌀, 용궁 진상미'는 각각 마을 이름인 '박사고을', '예천군 용궁면'에서 딴 상표명들이다. 작명 배경을 모르는 사람에게 '박사고을 쌀'은 박사가 많은 고을에서 생산된 쌀이라는 의미로 해석될 수 있

192 '안성마춤'은 안성의 농산물 공동 브랜드로 사용되고 있다.
193 '옥당'은 영광의 옛 지명임.
194 안의면에 있는 '용추계곡'에서 따 온 이름.
195 DMZ는 출입이 제한된 지역이므로 비옥하고 공해가 없어 좋은 쌀이 생산된다는 점을 강조한 이름.

고, '용궁 진상미'는 용궁의 용왕에게 진상되는 쌀이라는 의미로 받아들여질 수 있다. 어쩌면 작명 의도에서부터 중의적 해석을 염두에 둔 것일 수도 있겠다.

(29)는 모두 영암 지역에서 출하되는 쌀로서, 지명이 직접 포함되지는 않았지만 월출산의 '달' 이미지를 차용한 상표명들이므로 이 항목에 포함시킨다.

(29)
달마지 쌀(전남 영암; 군서)
달빛 미소(전남 영암; 시종)

3.2.3. 토질

(30)은 토질에 관한 정보를 담은 상표명들이다. 토질과 관련된 개념으로는 황토와 갯벌, 간척지가 가장 자주 사용되고 있다. 황토는 전통적으로 좋은 농산물을 키워내는 것으로 알려져 왔다. 최근에 바다를 막아 농토로 만든 곳이 많이 생기면서 흙에 섞여 있는 어패류의 잔재인 미네랄과 키토산이 쌀의 품질을 높이는 것으로 알려지자 갯벌과 간척지도 상표명에 즐겨 차용되고 있다.

(30)

간척지 쌀(전북 군산; 회현)[196]

개펄 쌀(전남 신안; 압해)

고래실 쌀[197](충남 당진; 한국농산)

고창 황토 쌀(전북 고창; 고창)

고흥 갯논 쌀(전남 고흥; 논두렁밭두렁)

둔포 갯벌 추청 쌀(충남 아산; 둔포)

아산 갯마을 쌀(충남 아산; 영인)

아산 갯벌 쌀(충남 아산; 둔포)

지리산 황토 쌀(경남 함양; 함양)

칠산 간척지 쌀(전남 무안; 해제)

해변 쌀(전북 고창; 유풍미곡)

해변의 쌀(전북 부안; 계화)

황토 脈 쌀(충북 청원; 옥산)

3.2.4. 역사 또는 전설

널리 알려진 역사적 유물이나 전통, 전설 등을 차용하여 상표명을 기억하기 쉽도록 만드는 것도 즐겨 사용되는 기법이다. 기억하기 쉬울 뿐 아니라 바로 특정 지역을 환기할 수 있다는 점이 장점이라 하겠다. (31)은 역사와 전통, (32)는 전설에 기원을 두고 있다.

---

196 '간척지 쌀'은 전북 부안 계화농협과 전남 광양 광양농협, 충남 서산 대산농협 등 여러 곳에서 쓰고 있는 상표로서 이처럼 같은 상표명을 여러 지역에서 중복 사용하는 경우는 한 번만 인용하였다.

197 고래실은 바닥이 깊고 물길이 좋아 기름진 논을 의미한다.

(31)

만세보령 청결미(충남 보령; 남포)

오산 세마 쌀(경기 오산; 오산)

왕건이 탐낸 쌀(전남 나주; 남평)

正二品 쌀(충북 보은; 보은)

울돌목(전남 진도; 동진)

양반 쌀(경북 안동; 풍산)

강화도령 쌀(경기 강화; 강서)

대왕님 표 여주 쌀(경기 여주; 여주)

소백산 선비골 쌀(경북 영주; 안정)

여주 대왕님 쌀(경기 여주; 능서)

五千年傳統米 김포 쌀(경기 김포; 김포)

(32)

금개구리 쌀(경남 양산; 하북)

生居진천 쌀(충북 진천; 덕산)

우렁각시 쌀(경북 구미; 선산)

'만세보령'은 조선 선조 때 호국공신 안대진 선생에게 내린 교지 말미에 '진충보국 만세보령'이라고 추기된 역사적 사실에서 따 온 것이라 한다.[198] '만세보령'은 보령시의 로고이기도 하다. '세마(洗馬) 쌀'은 임진왜란 때 왜군을 물리친 오산 세마대의 역사적 사실을 기리고자 붙인 상표명이다.[199] '正二品 쌀'은 속리산의 '正二品松'의 일화에서 차용했고, '양반 쌀'과 '소백산 선비골 쌀'은 안동과 영주가 옛부터 양

---

198 보령시청 http://www.boryeong.chungnam.kr/ctnt/ptal/

199 오산 독산성 세마대는 임진왜란 전투중 말과 쌀을 이용하여 왜군을 물리친 역사적 승전지로 사적 제 140호로 지정되었다. 오산농협 http://www.osannonghyup.co.kr/

반의 고을이라는 것을 환기시킨다. '강화도령 쌀'은 조선 철종의 일화를 차용했으며, '대왕님 표 여주 쌀'과 '여주 대왕님 쌀'은 여주 영릉에 모셔진 세종대왕을 의식한 작명이다. 그러나 '왕건이 탐낸 쌀'은 근거가 희박하고, '五千年傳統米 김포 쌀'은 무슨 전통인지 알 수 없어 다소 막연한 작명이다.

'금개구리 쌀'은 신라 시대에 양산 통도사에서 자장율사가 금개구리를 길렀다는 전설을 차용한 것이고, '생거진천 쌀'은 '生居鎭川 死居龍仁'이라는 전설에서 따 왔다. '우렁각시 쌀'은 '우렁이'로 친환경적인 '안전한 쌀'이라는 개념을 나타내면서 동시에 '우렁각시 전설'을 연상하게 하는 상표명이다.

3.3. 예술 작품

(33)~(36)은 친숙한 예술 작품에서 차용한 상표명들이다. (33)은 노래, (34)는 TV 드라마, (35)는 고전문학 작품, (36)은 현대문학 작품 혹은 작가에 기원을 둔 작명이다.

(33)

나의 살던 고향은(전북 익산; 명천영농)

밀양아리랑 쌀(경남 밀양; 산동)

(34)

대장금이 찾던 수라 쌀(전남 광양; 광양미곡)

(35)

梨花에 月白하고(경기 강화; 강화농산)

靑山別穀(충북 옥천; 청산)
지리산 함양 변강쇠 쌀(경남 함양; 함양)
춘향골 쌀(전북 남원; 남원)
홍길동 쌀(전남 장성; 진원)

(36)
상록수 쌀(충남 당진; 송악)
옥천 향수 쌀(충북 옥천; 청산)

'홍길동 쌀'은 전남 장성군이 홍길동의 고향이라고 주장하면서 붙인 이름이다. 장성군청에서는 홍길동을 적극 홍보에 활용하여 홍길동 테마파크도 있고 홍길동 축제도 연다.[200]

'상록수 쌀'은 소설 '상록수'를 쓴 심훈이 머물던 '필경재'가 당진군 송악면에 있어서 붙여진 이름이고, '옥천 향수 쌀'은 '향수'의 시인 정지용이 옥천 사람이기에 붙여진 이름이다.

이러한 작명 방식은 소비자의 흥미를 끌 수는 있으나 상품과의 연관성이 부족한 것이 문제가 될 수 있다. 또한 (34)처럼 대중 예술에서 따온 상표명은 그 '유통 기한'이 짧다는 것도 문제다. 당시에 아무리 사랑을 받았다 하더라도 그것이 방영되는 기간이 지나고 나면 쉽게 잊혀지는 것이 대중 예술이기 때문이다.

---

200 장성군청 http://www.jangseong.go.kr/

3.4. 귀소 본능

'고향'과 '어머니'를 내세워 귀소본능을 자극하는 상표명이다. 어머니가 손수 농사지은 쌀을 택배로 받는 도시 자녀의 뭉클함을 연상시킨다. '쌀-농촌-고향-어머니'로 이어지는 연상을 통해 고향과 어머니에 대한 그리움을 상품으로 전이시키려는 전략을 담은 작명이라 할 수 있다. '어머니'와 '고향'을 모두 넣은 상표명도 있다.

그러나 대다수 도시민의 부모가 농촌에 거주하던 시절과 달리 현재는 인구의 절대다수가 도시 주민이므로 따라서 '어머니'도 도시에 사는 경우가 많다. '쌀-농촌-고향-어머니'라는 연결고리도 빠른 도시화와 함께 점차 약해질 것으로 예상된다.

(37)
고향 들녘(경기 이천; 이천농산)
고향 산천 청결미(충남 보령; 주포)
고향 생각(전북 김제; 김제)
고향의 맛 쌀(전남 나주; 왕곡)
어머니 고향 쌀(전남 신안; 북신안)
어머니 쌀(母情)(국내산; 옥종)
엄마가 고른 쌀(인천 계양; 계양)
우리 고향 들녘 쌀(전북 김제; 새만금농산)

4. 언어 기법

4.1. 중의법

상표명 작명에 널리 애용되는 기법 중 하나는 동음 현상을 활용하여 중의적 의미를 표현하는 것이다. 상표명은 눈으로 읽는 것뿐 아니라 귀로 듣는 기회가 많은 언어 형식으로서, 표기를 확인하기 전에 우선 귀에 들리는 음상과 의미가 중요하다. 쌀 상표명의 표기에는 대부분 한글이 사용되는데 동음 현상을 활용한 상표명에서는 전체 또는 일부가 한자로 표기되기도 한다. 그렇게 되면 귀로 들었을 때는 본래의 익숙한 의미로 이해되고 눈으로 읽었을 때는 또 다른 의미로 이해되어 결과적으로 두 가지 의미가 전달된다. 예를 들어 '별미'라는 말을 귀로 들으면 일차적으로 '別味'를 연상하지만 상품에 표기된 '別米'를 보고 "아~ 쌀 이름이구나." 하고 고개를 끄덕이게 된다. 중의법을 활용한 상표명은 귀로 들었을 때 일차적으로 연상되는 의미가 호기심과 호감을 주고 또 다른 의미와의 연결이 기발할수록 더 잘 기억된다.

먼저 '미'를 포함한 상표명을 살펴본다.

(38)
365 새로미(전남 나주; 왕곡)
고인돌 건강미(전남 화순; 도곡)
농협 別米(전남 낭산; 백수)
단풍 미인(丹楓米人)(전북 정읍; 고부)
동강 드림 生 미(전남 나주; 동강)
米人(충남 아산; 영인)

아이 러브 米(전남 완도; 완도군연합)
참사랑 해말그미(전남 영광; 영광)
천하일품 米(경북 포항; 기계)
青山別穀(충북 옥천; 청산)
키크米(충남 서산; 대산)

'고인돌 건강미, 농협 別米, 단풍 미인, 米人' 등은 '米'가 '美', '味'와 동음인 점을 활용한 예들이다. '건강미'는 '健康美'와 '健康米'로 해석되어 두 의미가 상호작용하면 '건강한 아름다움을 가꿔 주는 건강한 쌀'이라는 의미가 이끌어진다. '別米'는 귀로 들었을 때는 일차적으로 '別味'로 해석되지만 글자의 뜻으로 보면 '특별한 쌀'이 되어 '특별히 좋은 맛을 가진 특별한 쌀'이라는 의미를 전달한다. '단풍 미인, 米人'은 '米人'과 '美人'을 연관시킨 작명인데 그 의미 연결에 별로 필연성이 느껴지지 않아서 평범한 작명으로 그친 듯하다.

'미/米'가 명사형 어미 '-ㅁ'과 접미사 '-이'의 결합으로 해석될 수도 있도록 작명된 예들도 있다. '도우미' 이래 〈명사형 어미 '-ㅁ'+ 접미사 '-이'〉가 결합된 신어들이 어미 '-ㅁ'을 뒤의 음절로 내려 쓰는 경향이 있어서 어미 '-ㅁ'을 내려쓰는 것만으로도 신어라는 느낌을 준다.[201] '365 새로미, 참사랑 해말그미, 키크米'가 그 예인데, 각각 '새롬+이', '해맑음+이', '키 큼+이'로 분석되는 한편, '미'는 '米'와 연관되어 '새로운 쌀', '해맑은 쌀', '키 크(게 하)는 쌀'이라는 의미를 이끌어낸다. 그러나 '새로운 쌀'이라는 개념은 너무 막연하고, '해맑은 쌀'

201 '도움이'가 아니라 '도우미'를 규범형으로 사전에 등재하는 데 대해 거부감을 가지는 사람들도 있으나, '다리미'(〈다림+이)의 사례가 있으므로 '도우미'가 꼭 비규범형이라고 주장할 일은 아니라고 본다.

이라는 것은 쌀의 특성과는 잘 안 어울리며, '키 크(게 하)는 쌀'은 실증적 근거가 필요하다는 점에서, 자칫 상표명과 상품이 겉돌 수도 있다는 점을 염두에 두어야 한다.

'동강 드림 生미'와 '아이 러브 米'는 영어와의 동음 현상을 활용한 작명이다. '드림'은 '드리다'의 명사형이면서 영어 'dream'과 동음이기 때문에 최근 여러 분야에서 애용되는 작명이다. 예: 미소드림 아파트(동도건설). '아이 러브 米'는 들었을 때는 'I love me'로 이해되어 표기를 보고서야 '쌀'이라는 것을 알 수 있다. 'I love me'와 '쌀'과의 연관성을 찾을 수 있었으면 더 좋았을 것이다.

고려가요 '靑山別曲'을 변형시킨 '靑山別穀'은 마침 제조원이 '청산농협'이어서 세 가지 뜻을 나타낼 수 있도록 작명되었다. 처음 들었을 때는 고려가요로 생각되지만, 글자를 보면 노래가 아니라 쌀이라는 것을 알게 되고, 그것이 청산농협에서 제조, 판매된다는 사실을 알고 나면 '청산농협에서 판매하는 특별한 곡식'이라는 의미로까지 해석이 가능하다.

'천하일품 米'(경북 포항; 기계)는 아래 (40)의 '正일품 쌀'과 마찬가지로 '일품'이 포함된 친숙한 단어를 상표명으로 삼아 잘 기억되고 연상되도록 작명하였다. 작명자의 의도가 소비자에게 100% 전달된다면 '天下一品 일품 쌀' 정도로 해석될 것이다.

다음 (39)는 '햅쌀', '햇살', '해 쌀', '햇쌀'의 발음이 같아지는 점을 활용한 상표명들이다.

(39)

땅끝 햇살(전남 해남; 황산)

천년 햇살(논산 연무; 연무)

하회마을 물도리 아침 해 쌀(경북 안동; 풍천)

햇쌀 가득 담은 米(충남 당진; 합덕)

'햇살'은 '해가 내쏘는 광선'이라는 의미의 단어지만 폐쇄음 뒤에서 'ㅅ'이 경음화 되어 '쌀'이 되므로 '햇쌀'과 동음이 된다. '해 쌀'은 표기로는 '해(日)'와 '쌀'의 조합이면서 음상으로는 '햅쌀'과 비슷한 점을 활용하였다. '햇쌀'은 '햇살+햅쌀'을 절단 합성하여 만든 것으로 볼 수도 있다.

다음 (40)도 중의법을 활용한 예들이다.

(40)

正일품 쌀(경북 달성; 달성)

하늘 내린 쌀(강원 인제; 인제)

'正일품 쌀'은 세 가지 중의성을 포함한다. 첫째, 품종명 '일품'이고, 둘째, 품질이나 상태가 제일이라는 뜻의 '일품', 셋째로는 품계의 으뜸인 '정일품'이다. 모두 최고의 쌀이라는 의미를 함의한다. 소비자들이 품계로만 이해하지 않고 '일품'만의 의미를 따로 생각할 수 있도록 표기문자를 달리하여 구별해 놓았다. '하늘 내린 쌀'의 '내린'은 동사와 고유명사의 두 가지로 의미가 해석된다. '하늘이 내린 쌀'이라는 뜻과 함께 인제에 있는 '내린천(川)'을 연상시킨다.

4.2. 한자 성어 또는 관용어

우리가 익숙하게 사용하는 관용어나 작품 이름, 성어 따위를 (41)과 같이 그대로 사용하거나, 혹은 (42)와 같이 일부를 살짝 바꿔서 상표명으로 삼은 예들도 있다. '農肥御天家'는 '龍飛御天歌'를, '米風堂堂'은 '威風堂堂'에서 일부 글자를 바꾼 것이다.

(41)
葛米 청산유수(충남 홍성; 갈산)
錦衣還鄕(경남 김해; 한림)
梅蘭菊竹(전남 영암; 월출산)
백년해로(전남 보성; 벌교)
春夏秋冬(전남 해남; 옥천)

(42)
農肥御天家(전남 순천; 순천)
미풍당당(米風堂堂)(경남 함양; 함양)

4.3. 맞춤법 변형

상표명을 일반어와 구별해 주기 위해 맞춤법을 틀리게 하거나 고어, 혹은 옛 글자를 활용한 작명 방식도 선호된다.

맞춤법의 변형은 대부분 분철된 원어를 연철시키는 방식에 의해 이루어진다. (43)은 각각 '달맞이, 들인, 알아, 해맑음이, 들이'에 해당하는 부분을 연철시켜 만든 예들이다.

(43)

달마지 쌀(전남 영암; 군서)

맛 드린 쌀(전북 김제; 맛드린쌀농장)

아라 주는 쌀(전남 영암; 월출산)

참사랑 해말그미(전남 영광; 영광)

햇살 드리 추청 쌀(경기 화성; 팔탄)

옛글자 중에서는 모음 ‘ㆍ’가 주로 사용된다. 표기상의 차별성은 있으나 그 의미는 잘 전달되지 않는다.

(44)

고향 ᄆᆞᆺ 쌀(전남 해남; 황산)

김포 ᄀᆞᆷ쌀(경기 김포; 김포)

ᄀᆞᄅᆞᆷ 슬기(전남 장흥; 장흥)

ᄃᆞ르ᄆᆞ(경북 봉화; 봉화참농원)

ᄎᆞᆷ 맛있는 쌀(전북 임실; 오수)

ᄎᆞᆷ 無洗米(전국; 미즈이라즈코리아)

ᄎᆞᆷ 米 나라(전남 무안; 일로)

ᄒᆞᆫ사랑 쌀(전남 강진; 도암)

4.4. 형태론적 기법

단어 형성법을 활용하거나 변형 적용하여 만든 상표명도 있다. 형태론적 기법이 활발하게 사용되는 다른 상품들과 달리 쌀 상표명에서는 많이 사용되지는 않았다. (45)는 두음절 절단법에 의한 작명으로서 각각 '오리+메뚜기', '허수아비+반딧불이+메뚜기'의 두음절을 절단 합성하였다. (46)은 각각 '고시히카리'와 '키토산'의 일부를 절단하여 합성한 예들이다. (47)에는 반복법이 적용되었다.

(45)

강하 오메쌀(경기 양평; 강하 오메쌀작목반)

허반메쌀(경기 양평; 지제)

(46)

고시마을(경기 평택; 팽성)

키토미(충남 부여; 남면)

(47)

故米高米(전북 정읍; 정우)

청청청 하동포구(경남 하동; 금남)

(45)와 (46)은 일반어의 조어법에서는 잘 사용되지 않는 기법이다. 최근 들어 상표명의 작명에서 일반어의 조어법을 뛰어넘는 기발한 조어가 자주 등장하는데, 무조건 국어 조어법에 어긋난다고 하여 배척하게 되면 외래어로 눈을 돌리게 되므로 오히려 새로운 조어법을 개발하여 우리말을 적극적으로 활용하는 편이 옳은 길이 아닌가 생각된다.

5. 결론

쌀 상표명은 단어의 울타리를 벗어나 통사적 형식을 자유로이 넘나든다. 이러한 특성은 우리나라 상표명의 일반적 특징이다. 동사와 형용사 어간이 직접 단어 합성에 참여하기 어려우므로 어미가 개입되어 구 형식이 되는 것과 관련이 있다.

쌀 상표명은 상품의 속성이나 공급자가 나타내고 싶은 개념을 담은 일반어의 조합으로 이루어져 있다. 대부분이 개념어의 통사적, 비통사적 결합 절차를 통해 만들어진 묘사적, 속성 제시적 의미의 합성어 또는 구이다.

아직까지 쌀 상표명의 작명에는 공산품 상표명의 경우와 같은 전문적인 지원 절차가 부족한 듯이 여겨진다. 그러나 일단 쌀의 상표화가 시작된 이상 법적으로나 작명 방식에 있어서나 전문적인 지원 장치가 필요하다고 생각된다. 농산물의 상표화가 우리 농업 발전의 한 축을 담당한다는 점에서 그것을 계속 '소박한' 채로 두어서는 안 될 것이다.

참고문헌

권재일 외(1991), 상호, 상품 이름, 아파트 이름 등의 광고에 나타난 국어 사용의 실태 조사 연구, 국립국어연구원.

김윤학 외(1988), 가게·물건·상호·상품 이름 연구, 과학사.

서진희(2002), "The Grammar of the Naming of Brands in Korean: The Case of Cosmetics", 사회언어학 10-2, 한국사회언어학회.

이관수(2003), 브랜드 만들기, 미래와 경영.

전창곤(2003), 농산물 공동브랜드화 실태와 발전 전망, 한국농촌경제연구원.

조창완(2004), "전남 농산물 브랜드 현황과 육성 방안", 全南光州비전21 39, 광주전남발전연구원.

채완(2004a), "아파트 상표명의 구성과 조어", 한국어 의미학 14, 한국어 의미학회.

채완(2004b), "아파트 이름의 사회적 의미", 사회언어학 12-1, 한국사회언어학회.

채완(2006), "국내산 쌀 상표명의 구조와 의미", 이병근선생퇴임기념 국어학논총.

Delano, Frank(1999), *The Omnipowerful Brand*, New York: AMACOM; 김상률 외 옮김(2003), 브랜드 네이밍, 거름.

제3장 1991년 이전의 아파트 이름

1. 서론

1964년 서울 마포구 도화동에 들어선 '마포 아파트'를 시작으로 우리의 주거 생활에 있어 아파트라는 개념이 자리잡게 되었고, 1966년~1971년 사이에 한강 아파트 단지가 건설됨으로 해서 중산층의 생활 터전에 대한 인식이 단독 주택으로부터 아파트로 바뀌게 되었다. 이후 1972년~1974년 사이에 반포 단지, 1975년~1978년 사이에 잠실 단지 등 대규모 아파트 단지가 속속 조성되었고, 대단위 아파트 단지 위주로 신도시가 건설되어 이제 우리의 주거 생활에 있어서 아파트가 차지하는 비중은 날로 커져서, 아파트 경기가 국가의 경제를 좌우할 정도까지 되었다.

그러나 이처럼 우리의 주거 생활에서의 비중이 커졌는데도 불구하고, 아파트의 이름을 어떻게 지을까 하는 문제에 대해서는 심각하게 고민했던 흔적을 찾기 어렵다. 그것은 아파트 건설 회사뿐 아니라 국어 연구자들이나 정책 당국자들에게도 해당되는 말이다. 아파트 이름도 하나의 상품명인데 다른 상품명이나 상호, 간판 등은 국어 순화 차원에서 자주 거론되면서도 유독 아파트 이름에 대해서는 관심이 거의 미치지 못해 왔던 것이다. 나날이 새로운 아파트가 들어서고, 그에 따라 새로운 이름이 지어지고 있는 상황에서, 국어의 올바른 사용이라는 관점에서 아파트의 이름에 대해서도 진지하게 관심을 기울여야 할 때가 아닌가 생각된다.

본 장에서는 1991년 상반기 현재 전국에 산재해 있는 아파트 이름의 실태를 조사하고 문제점을 정리하고자 한다.[202]

2. 아파트 이름

2.1. 형식적 특성

아파트 이름[203]에서는 일반적인 상품명에서 흔히 찾아볼 수 있는 국어의 오용 문제는 거의 드러나지 않는다. 아파트 이름은 대부분이 한자어 한두 단어로 구성되어 있는데, 여타 상품명에 나타나는 잘못된 조

202 본 장의 내용은 1991년 권재일 외 8인이 공동으로 참여한 연구용역과제(국립국어연구원)인 〈상호, 상품 이름, 아파트 이름 등의 광고에 나타난 국어사용의 실태 조사 연구〉의 한 장(논문 pp. 87~107; 자료 pp. 254~263)을 토대로 다시 쓴 것이다. 불필요한 부분은 빼고 내용을 다듬었지만 1991년 집필 당시의 시각은 그대로 유지하였다. 사회경제적 환경이 엄청나게 달라진 현재의 시각에서 보면 달리 해석될 부분이 있더라도 되도록이면 바꾸지 않았다. 본 장의 자료 조사와 내용 집필은 저자 단독으로 하였다.

203 2000년 이후에 분양된 아파트의 이름은 대부분 회사명, 지역명, 상표명, 개체명, 범주명의 조합으로 구성되어 좀더 길고 복잡해졌다. 그러나 1991년 이전에 분양된 아파트의 이름에서는 이름을 구성하는 요소에 대한 개념과 인식이 분명하지 않아서 상표명, 범주명 등으로 세분하지 않고 포괄적인 표현인 '이름'으로 통칭한다.

어나 잘못된 표기 사례는 거의 없다. 조사된 자료에서 어문규범에 어긋나는 예는 '맨숀'(→ 맨션) 정도다. '맨숀'은 아파트가 많이 건설되면서 기존의 아파트와 차별화하기 위해 덧붙은 이름으로, 원어인 'mansion'의 규범표기가 확립되기 전의 표기이다.

아파트의 이름은 다음과 같이 한 단어에서 네 단어로 이루어져 있다. 범주명인 '아파트'를 제외한 부분을 구성 요소의 수에 따라 분류하였다.

(1)

단어 수에 따른 분류

1단어 – 강남, 강변, 개나리, 건영, 건우, 경남, 경복
2단어 – 가든하이츠, 가락극동, 강남맨션, 강마을, 개포럭키
3단어 – 거성고속맨숀, 경남완월맨숀, 구미우방타운, 남천삼익비치
4단어 – 남천반도보라맨숀, 신매탄고층주공, 올림픽선수기자촌

여기서 '단어'는 기본적으로 '최소 자립 형식'을 가리키는데, 아파트 이름의 특성상 그 적용에 융통성을 두었다. 접두사 '신(新)–'의 경우 '신동아(회사명), 신세계'와 같이 고유명사로 굳어진 예는 '신동아' 전체를 한 단어로 취급하고, '신+개금(지명)+우성(회사명)'과 같이 기존의 아파트 이름에 '신'을 덧붙여 새로운 이름을 형성한 '신구로현대, 신도곡, 신동남아' 등의 '신'은 형태론적으로는 단어 자격이 없지만 한 단어로 취급하였다. 이런 경우 엄밀하게 따지자면 '단어의 수'가 아니라 '구성요소의 수'라고 해야 할 것이다.

아파트 이름은 아래 〈표1〉과 같이 1~2단어로 이루어지는 경우가 압도적이다.

〈표1: 아파트 이름을 구성하는 단어 수〉

분류	1단어	2단어	3단어	4단어	기타	계
수	195	169	38	2	2	406
비율(%)[204]	48.0	41.6	9.4	0.5	0.5	100

아파트 이름을 구성하는 요소의 어원적 분포, 즉 고유어, 한자어, 외래어[205]의 비율은 이름이 몇 단어로 구성되어 있는가에 따라 다르게 나타난다.

먼저 1단어 이름을 살펴보면 한자어가 대부분이며, 다음이 외래어이고, 고유어 이름은 극히 적은 수만 나타난다.

(2)

어원에 따른 분류

고유어 – 개나리, 노들, 무지개, 미리내, 보람, 서울, 소라, 진달래, 해바라기

한자어 – 공무원, 공성, 공작, 광명, 광성, 광장, 국제, 국화, 궁전

외래어 – 그린, 라이프, 라인, 럭키, 렉스, 로얄, 롯데, 빌라, 월드

1단어로 된 고유어 이름은 위의 9 예가 전부이다. 대부분 회사 이름이나 지역 이름으로 아파트 이름을 삼던 당시에 '노들'이나 '미리내'처럼 일상적으로 쓰이지 않는 단어들을 찾아내서 이름 붙인 것을 보면 이름 짓기에 나름대로 노력한 흔적이 보인다. 1단어 이름의 예들 중 고유어, 한자어, 외래어의 수와 비율을 표로 보이면 다음 〈표2〉와 같다.

---

204 이 장에 나오는 모든 계산표에 나타나는 비율은 소수점 둘째 자리에서 반올림한 수치임.

205 우리말로 익지 않은 외국어도 많이 포함되어 있지만, 여기서는 외래어로 통칭한다.

〈표2: 1단어 이름의 어원 구성 비율〉

분류	수	비율(%)
고유어	9	4.6
한자어	168	86.2
외래어	18	9.2
계	195	100

1단어 이름에서는 한자어가 압도적인 것에 반해, 2단어 이상이 되면 외래어의 비중이 커진다. 고유어의 비율은 줄어들며, 두 단어가 모두 고유어인 예는 전혀 없다. 외래어 중에서도 '맨션(맨숀)'이 덧붙은 경우가 특히 많다. 아파트가 점차 많아지면서 기존의 아파트와 차별성을 주기 위해 이름이 점점 길어지는데 그 첫 단계가 '저택'을 의미하는 '맨션'을 덧붙이는 것이다. '맨션'은 범주명인 '아파트'를 대신하거나, 범주명을 수식하기 위해 덧붙인 것인데, 언어현장에서는 범주명으로 확립되지 못했다.

2단어 이름을 구성 성분의 어원에 따라 분류하면 다음 (3)과 같다.

(3)

2단어 이름의 어원 구성[206]

고유어+한자어 – 강마을, 계산동하나, 금양해바라기, 새동래

고유어+외래어 – 뉴서울, 새들맨숀

한자어+한자어 – 개포주공, 개포현대, 경동미주, 고덕대우

한자어+외래어 – 광명맨숀, 광명프레지던트, 근화그린, 금호맨숀

외래어+외래어 – 가든하이츠, 그린맨션, 골든맨숀, 뉴비치

206 구성 성분의 예시에서 고유어, 한자어, 외래어의 결합 순서는 문제 삼지 않는다.

2단어 이름의 어원에 따른 비율은 다음 〈표3〉과 같다.

〈표3: 2단어 이름의 어원 구성 비율〉

구성 방식	수	비율(%)
고유어+한자어	6	3.6
고유어+외래어	3	1.8
한자어+한자어	87	51.5
한자어+외래어	61	36.0
외래어+외래어	12	7.1
계	169	100

〈표3〉에서 볼 수 있듯이 2단어 이름에서도 가장 많이 사용된 것은 한자어이다. 한자어로만 구성되었거나 한자어가 섞인 이름을 합하면 154 예(91.1%)나 된다. 아파트 이름이 2단어로 확장되면서 외래어의 비중이 현저하게 높아진 점도 주목된다. '맨숀, 타운, 빌라, 파크, 가든' 따위가 덧붙게 되었기 때문이다. 소비자에게 품질 좋고 고급이라는 인상을 주기 위해 외래어 상표명을 사용하는 것이다. 고유어, 한자어와 복합된 경우를 포함하면 2단어 이름에 외래어가 사용된 예들은 모두 76 예로서 45%나 된다.

아파트 이름이 2단어 이상으로 지어지는 것은 아파트 이름을 '상표명'과 '범주명'을 분화하여 인식하기 시작했다는 것을 말한다. '맨숀, 타운, 빌라' 같은 이름들은 일반화된 범주명인 '아파트'와 차별화하기 위해 덧붙인 말들인데 작명 의도와는 달리 범주명으로서보다는 상표명의 일부로 인식되어, 실제 사용 현장에서 '○○맨숀'이나 '△△타운'

이 아니라 '○○맨숀 아파트', '△△타운 아파트'로 불린다. '빌라'는 아파트가 아니라 연립주택의 고급화된 명칭으로 사용되고 있다. 상표명의 요건 중 하나인 차별성을 획득하기 위해 점점 더 낯선 단어(대부분 외래어)가 아파트 이름에 덧붙는 것이다. 조사된 예에서 범주명으로 가장 많이 사용된 것은 '맨숀(션)'으로 60 예이고, 다음이 '타운'으로 9 예이다.

3단어 이름을 구성 방식에 따라 예를 들어 보면 다음 (4)와 같다.

(4)

3단어 이름의 어원 구성

한자어+한자어+외래어 – 거성고속맨숀, 경남완월맨숀

한자어+외래어+외래어 – 대림파크맨숀, 대진타워맨션

외래어+외래어+외래어 – 뉴골든맨숀, 올림푸스골든맨숀

한자어+한자어+한자어 – 신구로현대, 신계금우성

한자어+한자어+고유어 – 서한앞산미리내[207]

한자어+고유어+외래어 – 한우새로운맨숀

고유어+고유어+외래어 – 한아름맨숀

3단어 이름은 모두 38 예인데, 〈표4〉에 나타나 있듯이 '한자어+한자어+외래어'와 '한자어+외래어+외래어'가 절대적인 우위를 차지하고 있다. 고유어가 포함된 예는 3 예에 불과하다. 이름이 길어질수록 고유어의 사용을 기피하고 외래어의 사용은 더 늘어나서, 외래어가 포함되지 않은 것은 5 예에 지나지 않는다.

---

207 '앞산'은 사전에 한 단어로 등록되어 있다. 이 단어는 다시 고유어와 한자어로 분석되나 여기서는 단어 단위로 전체적인 구성 방식을 살피는 것이므로 '山'을 기준으로 하여 한자어로 분류하였다.

〈표4: 3단어 이름의 어원 구성 비율〉

구성 방식	수	비율(%)
한자어+한자어+외래어	18	47.4
한자어+외래어+외래어	11	28.9
외래어+외래어+외래어	2	5.3
한자어+한자어+한자어	4	10.5
한자어+한자어+고유어	1	2.6
한자어+고유어+외래어	1	2.6
고유어+고유어+외래어	1	2.6
계	38	100

4단어 이상으로 구성된 이름들은 한자어, 고유어, 외래어로 구성된 '남천반도보라맨숀'과, 외래어와 한자어로 구성된 '올림픽선수기자촌', 그리고 숫자가 포함된 '창동택지개발사업지구내4-1브럭'과 '구미1차우방타운'이 있다. 90년대 이전에는 아파트 이름을 4단어 이상으로 짓는 것은 일반적인 방식은 아니었다.

위의 〈표2〉, 〈표3〉, 〈표4〉와 4단어 이름을 종합해서 정리하면 다음 (5)와 같다. 고유어, 한자어, 외래어로만 각각 이루어진 예들과, 각 요소를 포함한 이름을 합한 것이므로 일부 예는 중복 계산된다.

(5)

구성요소의 어원별 분포

고유어, 또는 고유어를 포함한 이름: 21 예

한자어, 또는 한자어를 포함한 이름: 361 예

외래어, 또는 외래어를 포함한 이름: 131 예

2.2. 의미적 특성

아파트의 이름을 조사하는 것은 곧 아파트 건설 회사의 이름을 조사하는 것과 거의 일치한다. 여타 상품들에서 유명 브랜드 제품을 선호하는 것과 마찬가지로, 아파트에서도 지역이나 크기, 구조와 같은 요인과 함께 건설회사의 이름에 따라 투자 대상으로서의 매력이 크게 좌우되고 가격이 달라지기 때문이다.

비교적 초기에 조성된 영등포구 여의도동 일대와, 용산구 이촌동을 비롯한 한강변의 아파트들은 꽤 다양한 이름들이 붙여졌던 것으로 보아 아파트를 짓던 초기에는 건설회사의 이름을 그대로 사용하기보다는 나름대로 음상과 뜻이 좋고 개성적인 이름을 지으려고 노력했던 것으로 보인다. 그러나 아파트가 붐을 이루고 투기 대상이 되기 시작한 후에 지어진 강남 일대의 아파트들은 대부분 회사 이름을 그대로 아파트 이름으로 사용하였다.

아파트가 매력적인 주거 공간으로 자리잡기 시작한 것은 반포 아파트와 압구정동의 현대 아파트가 대단위 단지로 조성된 이후인데, 특히 현대 아파트의 경우 투기 붐을 일으켜서 당시 큰 사회 문제가 되기도 했다. 두 군데에 대규모 아파트 단지가 조성된 이후부터 아파트 이름을 짓는 방식은 두 가지로 대표된다. 하나는 지역 이름을 따는 방식이고(예: 반포 아파트), 또 하나는 회사 이름을 따는 방식이다(예: 현대 아파트). 그러나 한 지역에 여러 회사의 아파트가 들어서면서 대기업을 중심으로 회사의 이름을 부각시켜 광고 효과를 높이려는 의도가 작용하여, 회사명을 따르거나, 지역명과 회사명을 묶어 이름 짓는 방식(예: 고덕한양 아파트)이 보편화되었다. 아울러 같은 회사에서 한 지역에 시차를 두고 아파트를 짓게 됨에 따라 '한신1차 아파트, 한신2차 아파트, 목동신시가지2차4단지 아파트'와 같은 건조하고 무성의한 이름들도 쓰이게 되었다.

아파트 이름의 구성요소 중에서 '회사명'에 해당하는 부분은 어느 정도 부정확성을 감수해야 한다. 같은 이름(상표)을 걸고 분양하는 아파트라 할지라도 실상은 그룹 내의 계열 회사나 하청업체에 의해 지어지기도 하는데, 그런 경우에도 원래 수주회사의 이름으로 분양되기 때문이다. 예컨대 '현대 아파트'라는 같은 이름으로 분양되는 아파트들이 모두 '현대건설'에 의해 지어지는 것이 아니라, 계열회사인 '현대산업개발'이나 '고려산업개발'에서 짓는 경우에도 '현대'라는 상표를 사용하는 것이다. 예를 하나 더 들면, '상아 아파트'는 서울, 부산, 대구에 있는데, 서울의 아파트는 '(주)동성'에서 지었고, 부산에서는 '(주)화인주택'이, 대구에서는 '(주)보성주택'이 지었다. 또 우리가 미처 조사하지 못한 다른 회사의 '상아 아파트'가 있을 가능성도 배제할 수 없다. 때로는 회사명 자체가 지역명을 딴 경우도 있어서 과연 아파트 이름이 정확하게 회사의 이름을 사용한 것인지를 결정하기가 어려워진다. 그리하여 여기서는 '한국주택사업협회'에서 펴낸 〈한국의 아파트〉에서 '한국의 대표적인 아파트'로 선정한 아파트의 이름들을 살펴봄으로써 전체적인 추세를 가늠해 보고자 한다. 건설회사의 이름은 ( ) 안에 제시하였다.

(6)

한국의 대표적인 아파트

건영 아파트(건영) 경남 아파트(경남기업)

계룡 아파트(계룡건설산업) 금호타운(광주고속)

극동 아파트(극동건설)	뉴서울 아파트(뉴서울주택건설)
대림 아파트(대림산업)	대주 아파트(대주건설)
주공임대 아파트(대하주택공사)	동현 아파트(동산토건)
가락동상아 아파트(동성)	동신 아파트(동신주택개발)
동아 아파트(동아건설산업)	모라동원타운(동원개발)
미성 아파트(라이프주택개발)	라인효친 아파트(라인건설)
올림픽훼미리 아파트(럭키개발)	벽산 아파트(벽산건설)
보성상아맨션(보성주택)	부영 아파트(부영주택홍산)
삼부 아파트(삼부토건)	삼성 아파트(삼성종합건설)
삼익파크맨션(삼익건설)	삼익비취타운(삼익주택)
삼환가락 아파트(삼환까뮤)	대천보령 아파트(서오개발)
서한앞산미리내 아파트(서한)	선경 아파트(선경건설)
성원 아파트(성원건설)	성일 아파트(성일건설)
신동아 아파트(신동아건설)	산본신환 아파트(신환종합건설)
쌍용 아파트(쌍용건설)	법동영진로얄 아파트(영진건설산업)
우방신세계타운(우방주택)	우성신대방 아파트(우성건설)
임광 아파트(임광토건)	청구효성타운(청구)
코오롱내동 아파트(코오롱건설)	계산동하나 아파트(한국공영)
미도 아파트(한보주택)	한신 아파트(한신공영)
한양 아파트(한양)	김해칼(KAL) 아파트(한일개발)
구의동현대 아파트(현대건설)	가락동현대 아파트(현대산업개발)
화성녹원맨션(화성산업)	상아아트빌라(화인주택)

위의 예들을 보면 48 예 중 37 예(77.1%)가 아파트 이름에 회사명을 사용하고 있다. 위의 예들을 제외한 나머지 아파트들의 이름을 작명 근거에 따라 분류하면 다음과 같다.

[1] 지역명

강남	대천보령	도곡	목동신시가지
반포	새동래	서강	서울
성수	신도곡	신반포	영동
용산	이수	자양	청담

[2] 회사명

건영	건우	경남	경복
대림	대명	대우	대주
동성	동아	라이프	럭키
삼성	삼신	삼익	삼풍
한양	한진	현대	효성

[3] 기존의 아파트명 + 지역명

가락극동	가락미성	가락삼익	가락상아
가락한라	개포럭키	개포우성	개포주공
개포현대	고덕대우	고덕신동아	고덕우성
잠실주공	잠실한신코아	잠원설악	천호우성
청담삼익	청담한양	하안주공	한강현대

[4] 기존의 아파트명 + 외래어

가락프라자	강남맨션	개포럭키	거성고속맨숀
광명프레지던트	광장타운	구미1차우방타운	궁전맨숀
대원그린	대자연맨숀	진타워맨션	동산맨숀
삼익그린	삼익뉴타운	삼익맨숀	삼익세라믹
한남하이츠	한우새로운맨숀	화목타운	화성녹원맨션

[5] 새로운 작명

(가) 구체명사

강마을	강변	개나리	공작
광장	국화	궁전	노들[208]
목화	목련	무지개	미리내
백조	산호	상아	소라
수정	왕궁	왕자	은하
장미	진달래	진주	청실
청탑	코스모스	크로바	태양
해바라기	홍실		

(나) 추상명사

보람	복지	우정	자유	화목

(다) 기타

미도	미성

새로 지어진 이름들은 대부분 구체명사로서 주로 자연물에서 이름을 딴 것이 많은데 특히 꽃 이름이 8개로 가장 많다. 추상명사는 삶에서 추구할 만한 긍정적인 의미를 띤 단어들이 사용되었고, 기타 예들은 기존의 명사가 아니라 적절한 의미를 가진 한자를 조합해서 이름을 지었다. 작명자가 원하는 의미를 지닌 한자로 두 음절 정도를 조합해서 이름 짓는 것은 회사나 단체, 또는 사람 이름 등을 지을 때 가장 선호되는 방식이다.

---

208 서울 한강 남쪽 동네의 옛 이름. 예전의 과천 땅으로, 지금의 노량진동이다.

2.3. 구성 단어의 수와 어원 분포

아파트 이름들을 보면 이름을 구성하는 단어의 수와 어원적 분포가 지역별로 꽤 다르게 나타나고 있는 점이 먼저 눈에 띈다. 서울에서는 구(區)에 따라 단어 수나 외래어 사용 빈도에 있어 차이를 보인다. 단어 수가 늘어날수록 외래어의 비율이 높아지는 현상에 대해서는 앞서 살펴본 바가 있다(〈표3〉, 〈표4〉 참조).

우선 서울 지역을 살펴본다. 서울 지역에는 한강변, 여의도, 반포, 잠실, 강남 지역의 순서로 대규모 아파트 단지가 조성되었다. 이 중 초기에 조성된 한강변과 여의도의 아파트들은 회사명이나 지역명을 기계적으로 사용하지 않고 나름대로 이름을 새로 지은 경우가 많다. 제일 먼저 조성된 단지인 용산구(한강변)의 아파트 이름은 다음과 같이 외래어로 지어진 것이 많다. 새로운 작명을 한 것은 좋으나 너무 외래어에 치우친 것이 문제라 하겠다.

(7)

골든맨숀	렉스	리바뷰	로얄
빌라	점보	코스모스	타워

용산구 소재 아파트 30 예 중 8 예(26.7%)가 외래어라는 것은 전국적인 분포(18/195; 9.2%)로 볼 때 상당히 높은 비율이다(〈표2〉 참조). 초기의 아파트가 서양식 이름을 갖게 된 이유는, 아파트가 아직 우리의 주거 공간으로 보편화되지 못하고 서구적인 생활공간이라는 느낌이 강해서였기 때문이지만, 종래의 주거 형식과 차별되는 새로운 주거 공간이라는 인상을 심어 주기 위한 의도적 작명의 결과이기도 하다.

이어 지어진 여의도 지역의 아파트들은 1단어 이름의 경우 외래어를 거의 사용하지 않았다.

(8)

공작	광장	대교	목화
미성	미주	백조	삼부
삼익	은하	서울	수정
순복음	시범	장미	진주
한성	한양	화랑	

위의 예들 중에는 회사 이름을 그대로 사용한 예도 있지만(미주, 삼부, 삼익, 한양 등), 지역적 특성을 반영한 이름(광장, 대교), 식물 이름(목화, 장미), 동물 이름(공작, 백조), 보석 이름(수정, 진주)에 기독교 교단 이름(순복음)까지 있어서, 꽤 다채로운 편이다. 여의도에 아파트가 지어지던 당시만 해도 우리나라에 아직 아파트가 많지 않을 때라서, 굳이 지역명이나 회사명을 부각시켜서 차별화할 필요가 없었기 때문에 대체로 1단어 이름으로 지어졌다.

서초구와 강남구에 아파트가 속속 들어서면서, 지역 이름을 딴 이름들이 많아졌다(반포, 신반포, 도곡 등). 아파트가 한 지역 안에 많이 지어지자 회사 이름을 아파트 이름으로 사용하는 방식이 보편화되었는데, 이 방식은 회사에 대한 광고 효과를 얻을 수 있는 이점도 있기 때문에 이후 아파트 이름은 으레 회사 이름을 그대로 사용하거나 지역 이름에 회사 이름을 덧붙이는 것으로 인식되게 되었다. 앞서 건설된 한강변이나 여의도의 아파트들에 비해 네이밍의 관점에서는 오히려 퇴보했다고도 볼 수 있다.

다른 지역의 아파트 이름들은 대체로 서울 지역과 비슷한 형태로 지어졌는데, 부산과 대구 지역의 아파트 이름에서 특이한 점이 눈에 뜨인다. 부산과 대구의 아파트 이름들은 우선 2단어 이상으로 되어 있는 경우가 많으며, 외래어의 사용 비율이 전국 평균치에 비해 현저하게 높다. (9)는 부산, (10)은 대구의 아파트 이름이다.

(9)

경남	금양해바라기	남천반도보라맨숀	남천삼익
남천삼익비치	남천삼익빌라	남천삼익타워	로얄
망미주공	대동대교맨숀	대연삼익비치	대원
대진타워맨션	동원	럭키	모라동원타운
반도	보수상가맨숀	신호비치	새동래
새들맨숀	서면삼익	선경	신계금우성
신동양	스파맨션	양정백조	연산삼익
용두산맨숀	우성베스토피아	우성보라	자유
초읍선경	한성맨숀	한양	현대
현대그린맨숀	협진태양	화목	화목타운
뉴비치			

(10)

가든하이츠	경남타운	골든맨숀	광명
광명맨숀	광명프레지던트	광장타운	궁전맨숀
그린	금탑	녹원맨숀	뉴골든맨숀
대봉맨숀	대성	대자연맨숀	동산맨숀
동신점보	로얄하이츠	룸바드맨숀	미리내
백작맨숀	보성상아맨션	삼성솔라맨숀	삼익뉴타운
삼익맨숀	삼환	상아맨숀	삼정비치

서한앞산미리내	새한	송정맨숀	송현주공
수도맨숀	아진맨숀	용마맨숀	우방
우방범어타운	우방신세계타운	을지맨숀	장원맨숀
정우맨숀	청구맨숀	청구효성타운	청운맨숀
청호맨숀	파크맨숀	한도맨숀	한양가든
한우그랜드	한우새로운맨숀	한일맨숀	해바라기
화성녹원맨션	황제맨숀	효성	희도맨숀

부산과 대구 지역 아파트 이름의 구성 요소의 수와 전체에 대한 비율을 표로 나타내면 다음 〈표5〉와 같다. 특히 대구 지역은 2단어 이상으로 이름 지어진 비율이 82.1%로 매우 높다. 이 두 지역은 외래어 사용 비율도 가장 높아서 조사한 406 예 중 외래어로 되어 있거나 외래어를 혼용한 이름이 모두 131 예인데((5) 참조), 그 중 부산에 20 예, 대구에 45 예가 소재하여 두 지역에서만 65 예로 전국의 절반에 이른다.

〈표5: 부산 대구 지역 아파트 이름의 구성 요소의 수〉

분류	부산		대구	
	수	비율(%)	수	비율(%)
1단어 이름	11	26.8	10	17.9
2단어 이름	19	46.4	36	64.2
3단어 이름	10	24.4	10	17.9
4단어 이름	1	2.4	0	0
계	41	100	56	100

반면 인천 지역은 외래어 사용 면에서 대구와 대조를 이룬다. (11)에서 볼 수 있듯이 인천 지역은 아파트 28 예 중 1 예만이 외래어인데, 그것도 회사명인 '코오롱'이므로 사실상 외래어로 따로 이름 지어진 사례는 없는 셈이다.

(11)

건우	계산동하나	경남	광명
극동	금호	뉴서울	대림
대진	동성	동아	무지개
미도	범양	삼익	삼천리
삼환	신동아	쌍용	우성
욱일	주공	진주	코오롱
한신	한진	현대	효성상아

3. 문제점과 방향

아파트의 이름을 어떻게 짓는 것이 바람직할까 하는 문제는 아파트의 이름에 대해서 어떤 입장에서 접근하느냐에 따라 달라진다. 첫째, 아파트도 하나의 상품이라는 관점, 둘째, 아파트가 우리의 주거 공간이라는 관점, 셋째, 언어적 관점에서 보는 것이다.

아파트를 하나의 상품으로 인식하고 그 이름을 상표라고 본다면, 아파트의 이름에 회사명을 사용하는 것은 상당히 효과적이다. 이를테면 자동차나 과자 같은 상품들이 제조원명을 이름의 일부로 사용하여 '현대 소나타 자동차, 해태 부라보 아이스크림' 따위로 부르는 것과 같은 방식이다. 회사 이름을 상표명으로 사용함으로 해서 건설회사 측에서는 반영구적인 광고탑을 세우는 것과 같은 효과를 얻을 수 있다. 긍정적으로 보면, 생산자의 입장에서는 회사의 이름을 걸고 상품을 판매하고, 그 상품이 계속 그 이름을 지니고 있게 되므로, 좀 더 좋은 상품을 만들어 기업의 이미지를 높이려고 노력하게 된다. 소비자의 입장에서도 그 이름으로부터 품질 보증을 받고 상품을 선택할 수 있는 이점이 있다.

아파트가 우리의 주거 공간이라는 관점에서 본다면, 아파트의 이름에 지역명을 사용하는 방식도 바람직하다고 볼 수 있다. 예컨대 '반포 아파트'라고 하면 거의 혼란 없이 그 소재지를 찾을 수 있는 이점이 있다. 그러나 한 지역 내에 아파트가 많아진 경우 지역명만으로 이름을 삼는 것은 한계가 있다.

언어적 관점에서는 고유어 사용 비율이 낮고 외래어의 비율이 너무 높은 점을 지적할 수 있다. 고유어 이름의 경우 수가 적을 뿐 아니라 소재도 한정되어 있다. '미리내'나 '보람' 등 음상이 아름답고 뜻이 좋은 고유어를 살려 쓴 경우도 있지만, 대체로 꽃 이름과 같이 진부한 소재들이 주로 사용되고 있다. 외래어의 사용 비율은 아파트의 이름이 길어지고 구성 단어의 수가 많아질수록 더 높아지고 있다.

아파트의 이름을 거리나 다리 이름과 같이 다른 것과 구별하기 위한 목적으로 짓는다면, 회사 이름을 따든지 고유의 상표를 개발해서 나름대로 특색 있는 이름을 짓고, 다른 곳에 같은 회사의 아파트를 또 지을 때는 거기에 다시 지역명을 덧붙여서 구별하는 방식이 무난할 것으로 생각된다. 아파트의 특색을 살린 새로운 상표명을 개발해서 지역, 회사명과 병행한다면, 획일적이고 무미건조한 이름들에서 벗어날 수도 있을 것으로 생각된다. 다만 회사 나름의 독특한 이름을 개발하는 것이 외래어 남용으로 이어지는 경우가 많아서 우리말 상표명의 개발이 시급한 문제라 하겠다.

아파트는 한번 지어 놓으면 적어도 수십 년을 그 자리에 있으면서 우리의 생활을 지배하게 되며, 그 이름은 우리의 중요한 언어 환경을 이루게 된다. 그러므로 기왕에 지어진 이름들에서 나타나는 문제점들을 검토하여, 앞으로 지어지는 아파트의 이름을 잘 짓기 위한 노력이 필요하다. 외래어의 사용을 되도록 억제한다든지, 바람직한 이름의 모델을 만들어서 참고 자료로 제시한다든지 하는 적극적인 대안이 필요하다고 하겠다.

자료 출처

강신태 편(1990), 아파트 국세청 기준 시가액표, 사법행정문화원.
한국주택사업협회 편(1991), 한국의 아파트.
부동산뱅크 제65호, 1991. 5. 7.

제4장
아파트 상표명의 구성과 조어

1. 서론

현대 생활에서 아파트는 주거 수단인 동시에 재산 증식 수단이며 생활 수준의 지표이고 무엇보다도 하나의 상품이다. 아파트도 여느 상품처럼 상표명(brand name)을 갖는다. 아파트가 처음 도입되었을 때는 상표명이 없이 '현대(회사명) 아파트' 혹은 '반포(지역명) 아파트'로 불렸으나, 이제는 '삼성 분당 미켈란쉐르빌'(회사명-지역명-상표명), '쌍용 스윗닷홈 예가'(회사명-상표명-개체명), '롯데 인벤스 우두파크'(회사명-상표명-지역명=개체명) 등과 같이 복잡한 이름으로 불린다. 이러한 이름들은 제각기 상당한 시간과 노력과 돈을 들여서 지어진 것이고, 나름대로 소비자의 마음을 사로잡기 위한 고도의 전략을 담고 있다.

본 장에서는 아파트 상표명의 구성과 조어 방식에 대하여 고찰하고자 한다. 최근에 분양된 아파트 이름들은 절대 다수가 외래어[209]를 포

209 아파트 이름에 쓰이는 외래 어휘는 국어 어휘 체계의 일부로 자리 잡은 외래어보다는 생소

함한 구성으로 되어 있는데, 우리는 그것 자체를 하나의 사회적 추세(trend)라고 보아 국어 순화적 관점에서의 논란은 접어 놓고, 있는 그대로의 자료에 대해 분석하고 해석하고자 한다.

2. 고찰 대상

2.1. 자료의 시기

우리나라에 본격적으로 아파트가 들어선 것은 70년대 초이고, 90년대에 신도시 건설을 계기로 그 수가 폭발적으로 늘어나게 되었다. 아파트 공급이 늘어나면서 아파트에도 상표명이 도입되었다. 브랜드 아파트의 효시는 1999년에 분양된 주상복합 아파트 '쉐르빌'(삼성중공업)이지만 본격적인 브랜드 아파트의 시대가 된 것은 2000년 3월에 선보인 '래미안'(삼성물산) 이후라 할 수 있다. 이어 '(현대) 홈타운, (대우) 푸르지오, (LG) 자이, (대림) e-편한세상, (쌍용) 스윗닷홈' 같은 상표명들이 아파트 시장을 장악하게 됨에 따라 아파트에서도 상표명이 필수적인 것으로 인식되게 되었다.

본 장에서는 아파트에 상표명이 보편적으로 쓰이기 시작한, 소위 '브랜드 아파트의 시대'가 열린 기점을 2000년부터로 잡고, 2000년 7월부터 2003년 10월까지 사이에 신규 분양된 아파트(주상복합 아파트 포함)의 상표명들을 대상으로 하여 논의를 전개하고자 한다.[210]

한 외국어, 또는 실재하는 단어가 아닌 외국어 느낌의 조어(造語)가 더 선호된다. 여기서는 이들을 포괄하는 통칭으로 '외래어'를 사용한다.

이 기간에 분양된 아파트의 이름 중에는 새로운 것도 있지만 그 이전부터 사용하고 있던 것들도 있다. 어떤 경우든 해당 기간에 분양된 것은 모두 고찰 대상으로 하였다. 아파트 이름에도 일종의 유통 기한이 있어서 상표로서의 가치가 떨어지면 바로 교체되므로, 이전부터 사용하고 있던 이름이라도 해당 기간에 사용된 것이라면 의미가 있다고 판단하였다.

2.2. 용어

본 장에서 '이름'은 어떤 아파트를 다른 아파트와 구별하기 위한 포괄적인 호칭으로 사용된다. 이름은 회사명, 지역명, 상표명, 개체명, 범주명의 선택적 조합으로 구성된다. 아직도 회사명만으로 이름을 삼는 경우도 있지만 대체로 상표명만으로 이름을 대신하거나 회사명과 지역명, 상표명을 이어서 이름을 구성한다.

상표명이란 어떤 회사에서 자사의 아파트임을 나타내기 위해 자사에서 건설한 아파트들에 일관되게 붙이는 이름을 가리킨다. 예를 들면 삼성물산의 '래미안' 같은 것이다. 어떤 지역에 있든 '래미안'이라는 이름이 붙어 있으면 그것이 삼성물산에서 지은 아파트라는 사실을 알리는 구실을 한다.

개체명이란 같은 상표명의 아파트가 두 군데 이상 있을 때 그들을 구

---

210 분양 아파트 목록을 찾으려면 〈부동산 114〉(http://www.r114.co.kr/)의 '분양정보→분양 캘린더'로 들어가면 시기별로 정리되어 있다. 여기에 2003년 9, 10월의 신문 기사와 광고, 광고 우편물(DM), 각 건설사의 홈페이지 등을 종합한 520개의 아파트 이름이 본 장의 고찰 대상이다. 의미 있는 고찰 대상은 방대한 자료 중 일부이고, 자료들이 모두 인터넷으로 검색 가능하므로 목록은 첨부하지 않는다.

별하기 위해 덧붙이는 이름이다. 종래에는 주로 지역명을 덧붙여 같은 상표명의 다른 개체와 구별해 왔으나, 최근에 와서는 구별 기능과 함께 소위 '업그레이드' 개념을 담는 '플러스'라든지 '노블', '마제스티', '秀' 같은 개체명들이 즐겨 사용되고 있다.

범주명이란 '아파트'라는 주거 양식 자체를 가리키는 이름이다. 앞으로 살펴보게 되겠지만 최근에는 '-빌'[211]이라든지 '타운' 같은 새로운 범주명이 다양하게 등장하고 있다. 그러나 아직은 '아파트'를 대신할 범주명이 확립된 단계는 아니다. '아파트'는 '-빌'이나 '타운' 등을 포괄하는 더 큰 범주명으로 사용되지만 '-빌' 등은 특정 아파트들에만 선택적으로 붙는다. 범주명이 '-빌, 힐, 타운, 시티, 파크' 등과 같은 장소명사들이고 아직 범주명으로 확립되지 않았으므로 '장소명'이라고 불러도 좋겠지만, '장소명'은 지역명과 혼동될 우려가 있으므로 범주명이라는 용어를 사용하기로 한다.

아파트의 이름을 구성 방식에 따라 들어 보면 다음과 같다.[212]

(1) 지역명: 반포, 잠실 등.
(2) 회사명: KCC, 건영, 극동, 금강, 금오, 금호, 대림, 대우, 삼환까뮤 등.
(3) 상표명: Sea-파라다이스, 가든, 고운여의주, 느티나무, 브라운스톤, 아델리아, 이안 등.
(4) 회사명 상표명: LG 자이, 경림 한아름, 광덕 카운티스, 극동 미라주, 근형 심포니, 금강 에스쁘아, 금성백조 예미지, 금호 어울림, 낙원 스카이뷰 등.
(5) 회사명 상표명-범주명[213]: LG 리더빌, SK 북한산시티, 경성 홈타운,

211 '-빌'에만 의존형태소 표시인 '-'을 붙인 이유는 뒤에서 밝히게 된다.
212 지역명과 다른 요소가 결합된 이름에서는 지역명을 뺀 나머지 부분만 인용한다.

계룡 리슈빌, 그린마을 부영,[214] 금강KCC 파크타운, 남명 플럼빌리지, 삼성 명가타운, 신창 미션힐, 현대 홈타운 등.

(6) 상표명-범주명: 골든캐슬, 그랜드힐, 그린카운티, 그린타운, 리버빌, 미래타운 등.

(7) 회사명-범주명: 벽산타운, 우리빌, 한일타운 등.

(8) 회사명 상표명 개체명: 대동조광 이미지 피렌체, 대우 드림월드 마제스티, 두산 위브 센티움, 롯데 캐슬 골드, 쌍용 플래티넘 노블, 코오롱 하늘채 秀, 포스코 the # 스타파크 등.

(9) 회사명 상표명-범주명 개체명: 대우 디오빌 프라임, 영남 네오빌 블루, 주공 벚꽃 그린빌,[215] 한진 그랑빌 비치 등.

본 장의 고찰 대상은 아파트 이름에서 지역명과 회사명을 제외한 부분, 즉 상표명과 범주명, 개체명이다. 지역명을 개체명으로 삼는 경우도 있고 범주명은 상표명과 한 단위로 인식되므로, 굳이 세분할 필요가 없을 때는 '상표명'이라는 용어 속에서 이들을 아우른다. 조어나 의미상으로 보면 상표명과 개체명을 굳이 구별할 필요는 없다. 예를 들어 '리버'는 '리버빌'에서는 상표명으로 '쌍용 스윗닷홈 리버'에서는 개체명으로 쓰이는 식이어서, 조어나 의미상으로는 상표명으로 쓰이나 개체명으로 쓰이나 마찬가지다.

---

213 범주명은 선행어와 붙여 쓰고 있으며, 언중들도 범주명을 포함한 전체를 하나의 상표명으로 인식하므로 '-'으로 연결하였다.

214 '부영'이 회사명이다. 결합 순서는 문제삼지 않는다.

215 주공 그린빌 아파트는 개체명을 상표명 앞에 붙인다. 예: 주공 새천년 그린빌.

3. 우리말 상표명

3.1. 구성 방식

2000년 이후의 아파트 이름에서 가장 눈에 띄는 점은 '자연어,[216] 한 단어, 명사'라는 작명 방식이 이제는 더 이상 통용되지 않는다는 사실이다. 1991년 이전에는 고유어로 된 아파트 이름이라면 으레 다음과 같은 자연어 한 단어 명사였다.

> 강마을, 개나리, 노들, 무지개, 미리내, 보람, 새들, 서울, 소라, 진달래, 해바라기

국어는 첨가어이기 때문에 동사나 형용사를 이름 짓기에 사용하려면 어미를 결합시켜야 하고, 그러다 보면 어형이 길어질 뿐 아니라 구나 절의 형태가 되어 고유명사라는 느낌이 적어지기 때문에, 그 동안 고유어 이름에는 한정된 부류의 명사들만이 집중적으로 사용되어 왔었다.[217] 그러나 최근 들어 명사뿐 아니라 용언 활용형, 관형사 등이 과감하게 고유명사에 활용되기 시작하여, 이제는 조사나 어미 같은 문법적 요소가 상표명에 참여하는 것이 어색하지 않을 정도가 되었다.

본 장에서 조사한 기간 동안 분양된 아파트의 이름은 모두 520개이다.[218] 이 중 고유어로만 된 상표명은 30개도 되지 않고 고유어에 한자

---

216 사전에 실려 있는 기존의 단어.

217 최근에 붙여진 서울의 길 이름을 보면 동네마다 '개나리길, 파랑새길'이 있다고 느껴질 정도로 이름들이 비슷비슷하다.

218 〈부동산 114〉(http://www.r114.co.kr/)의 '분양 캘린더' 참고.

어나 외래어가 섞인 것들까지 합해도 50개에 못 미친다. 그러나 그 수는 적지만 다양한 조어 방식을 개발하여 우리말 상표명이 앞으로 뻗어나갈 방향을 제시해 주고 있다는 점은 긍정적으로 평가된다.

상표명은 그 형태나 구성 방식이 복잡하더라도 하나의 고유명사로서 만들어진 것이므로 단어 형성법(word formation), 즉 조어법의 대상이 되어야 하겠으나 상표명이 단어의 경계를 넘어 통사적 구성을 이루는 예들이 늘어감에 따라 '조어법'이라는 용어로 설명하기 어려운 경우가 있다. 그리하여 여기서는 좀 더 포괄적인 개념인 '구성 방식'으로 상표명의 구조를 살피기로 한다.[219]

3.1.1. 고유어로만 된 상표명

고유어만으로 된 아파트 상표명을 그 구성 방식에 따라 나누어 보면 다음과 같다.

(1) 복합명사

느티나무(경남 진주시) / 버드내[220](대전시 중구) / 별보라[221](부산 사하구) /

---

219 이하 자료들에서 회사명은 ( )로 묶어 상표명 앞에 표시하였다. 회사 이름이 분양 자료에 나와 있지 않은 경우도 있는데 대체로 지명도가 낮은 소규모 건설사들이 그런 경향이 있다. 인터넷이나 보도 자료를 통해 회사명을 확인할 수 있는 것들은 표시하고, 그렇지 않은 경우는 회사명 대신 분양된 지역명을 ( )로 묶어 상표명 뒤에 표시하였다. 아파트 이름에 영어/영문 표기를 하는 것이 최근의 추세인데, '캐슬, 타운' 등과 같이 한글 표기만으로도 뜻을 알 수 있는 익숙한 말들에는 일일이 원어를 표시하지 않고, 나름대로 독특한 개념을 담았거나 주목할 만한 예들만을 ( ) 안에 원어를 표기하였다.

220 '버들+내'에서, 'ㄴ' 앞에서 'ㄹ'이 탈락한 형태.

221 '별보라'는 〈표준국어대사전〉에 북한어('갠 밤하늘에 많은 별들이 깔려 있음을 비유적으로 이르는 말')로 등재되어 있다.

샘터(경기 고양시) / 솔내음(부산 부산진구) / 솔빛마을(인천 동구) / 우리마을(경기 양주군) / 한울(대전시 동구) / 햇빛마을(울산시 중구)

이들은 나타내고 싶은 의미가 담긴 기존의 복합명사를 찾아 상표명으로 삼거나, 원하는 단어들을 찾아 조합해서 새말을 만들어 내는 방식으로 작명되었다. '마을'은 고유어를 포함한 상표명에서도 여러 번 사용되어 '타운'에 대응되는 범주명으로 자리 잡을 가능성이 있다.

복합명사 이름은 단순명사 이름보다는 조금 복잡해진 것으로 볼 수 있지만, 통사적 구성으로 확장되어 가는 최근의 작명 방식에서 볼 때는 보수적인 이름이라 할 수 있다. 다시 말해 작명에 특별한 기교를 부리지 않은 소박한 이름들이다. 이들이 시공사 이름을 앞세우지 않는 비교적 소규모 건설사에서 공급된 점도 언급할 만하다. 이 이름들은 전국적인 공급을 염두에 둔 상표명이라기보다는 해당 아파트만을 부르는 개체명의 성격이 짙다.

(2) 명사구[관형어-명사]

(영조) 아름다운 나날 / (서한) 이다음 / (대우) 이안(iaan) / (동양메이저) 좋은사람 좋은집 / (석미) 한아름 / (명지) 해드는터

이들은 관형사 또는 용언 활용형이 명사를 수식하는 구성이다. 특히 '아름다운 나날'이나 '좋은사람 좋은집', '해드는터' 등은 꽤 파격적인 상표명으로서 고유명사가 아니라 일반어처럼 보일 위험성을 무릅쓴 작명이다. 상표명이 일반어와 차별성이 없어지면 상표로서의 기능이 희석되어 버리기 때문이다. 그러나 이들은 단어 안에 갇힌 상표명을

밖으로 끌어냈다는 점에서 우리말 상표명의 발전 방향을 제시한 작명이라고 생각한다.

다만 '아름다운 나날'과 '좋은사람 좋은집'은 범주명인 '아파트'까지 붙여 부르면 9~10 음절이 되어 아파트 이름으로는 너무 길지 않나 하는 느낌도 있다. 전통적으로 회사 이름이나 사람 이름 등 고유명사에서는 2 음절로 된 한자어가 압도적이었다. 작명 방식이 달라져도 음절 수에 대한 선호는 쉽게 달라지지 않아서, 최근 고유어 이름이 많이 지어지고 있지만 여전히 '보람, 슬기, 나리' 류의 2 음절 이름이 대부분이다. 아파트 상표명의 경우 몇 음절짜리가 가장 기억하기 쉽고 부르기 쉬운가에 대한 연구가 필요한 시점이라 하겠다.[222]

상표명은 간결하고 발음이 쉽고 의미가 긍정적이며 상품의 특성을 잘 나타내는 것이 좋다. 아파트 상표명은 특히 일상 생활 속에서 음성 언어로 사용되는 일이 많기 때문에 간결하고 음상이 좋은 것이 중요한 조건이 된다. 예를 들어 전화 통화로 위치를 가르쳐줄 때 한 번에 알아듣기 어려운 이름이라면 썩 좋은 편은 아니라고 할 수 있다. "…어디? 무슨 집? 아파트가 아니고?…" 이런 식의 반문이 이어진다면 문제가 될 수 있겠다. 일반 상품의 경우 장보기를 위해 메모할 때 귀찮을 정도로 길거나 철자법이 복잡해서 자꾸 틀리게 되는 상표명은 잘 지은 것이라고 할 수 없는데, 아파트 이름도 쉽고 간결하면 더욱 좋을 것이다.

---

222 영어에서는 알파벳 여섯 자로 된 상표명이 성공한다든지 하는, 단어의 길이에 대한 믿음(미신?)이 있다. 중국 영화는 '영웅본색, 천장지구, 동방불패, 종횡사해, 최가박당' 등 4 음절짜리가 많다. 최근 우리나라 영화에는 5 음절로 된 제목이 선호된다. 예: 가문의 영광, 달마야 놀자, 살인의 추억, 두사부 일체, 바람난 가족 등.

(3) 통사적 구성

(청안) 해오름[주어-서술어] / (삼익) 츰드림[Charm Dream; 목적어-서술어] / (한화) 꿈에그린[Dream Green; 부사어-서술어]

'해오름'과 '츰'은 아직 〈표준국어대사전〉에는 실려 있지 않지만 최근 각각 '日出'과 '眞'에 대응되는 고유어로 세력을 확장해 가고 있다. '해오름'은 국립극장의 '해오름극장'의 용례가 있고, '해오름잔치'(발대식)[223]의 형태로 〈Naver 오픈사전〉[224]에도 실려 있으며, 학원 이름 등으로도 널리 사용되고 있다. '츰'은 '츰 크래커'(크라운제과)에서 이미 상표명에 사용되었다.

'꿈에그린'은 범주명 '아파트'를 자연스럽게 수식하는 관형절로 구성된 작명이다. '참존(참 좋은) 화장품', '더존(더 좋은) 포크'(돼지고기) 같은 예에서 보듯이 다른 범주의 상표명에서 이미 세력을 넓혀가고 있는 구성 방식이다.

(4) 용언 활용형

(보람) 쉬움 / 신나리(경북 구미시) / (금호) 어울림([ə]ullim) / (예전) 이룸(eroom) / (대우) 푸르지오(Prugio)

이름 짓기에는 전통적으로 명사가 선호되어 왔고 용언이 사용될 때도 명사형이 주를 이루어 왔다. 이런 점에서 '신나리'와 '푸르지오'는

223 90년대 초반부터 대학가에서 우리말 사랑 차원에서 사용되기 시작한 말.

224 http://kin.naver.com/openkr/de-편tail.nhn?docId=921

용언 종결형을 상표명으로 삼은 특이한 예들이다. 새로운 조어가 부자유스러운 것이 고유어 작명을 막는 요인의 하나라고 볼 때, 이처럼 과감하게 관습을 깨뜨림으로써 우리말 조어의 새 유형을 만들어 낸 것은 매우 바람직하다고 본다. 우리말의 어미는 음절 구조가 단순하기 때문에 어말어미를 적절히 찾아 결합시키면 의외로 부드러운 느낌의 말을 만들 수 있다.

(5) 파생어

(코오롱) 하늘채

'하늘채'의 '채'는 '집채'의 '채'인데, 이후에 분양된 '아리채'(서희건설; 2003. 11.) '아르비채'(세양건설; 2004. 1.)에서도 활용되었다. '채'는 의존명사로 볼 수도 있고 접미사로 해석할 수도 있는데,[225] '하늘채' 홈페이지의 설명에 따르면 접미사[226]로 보는 편이 맞을 것 같다.[227]

---

225 '채'의 문법 범주 문제는 제14회 한국어 의미학회 학술대회 때 윤평현 교수께서 지적해 주셨다. 참고로 〈표준국어대사전〉의 뜻풀이는 다음과 같다.

채08 「명」「의」「1」 집을 세는 단위.
¶ 기와집 몇 채/오막살이 한 채. …
채20 「접사」(몇몇 명사 뒤에 붙어) '구분된 건물 단위'의 뜻을 더하는 접미사.
¶ 문간채/바깥채/사랑채/안채

226 「접사」((몇몇 명사 뒤에 붙어)) '구분된 건물 단위'의 뜻을 더하는 접미사.

227 http://www.ihanulche.co.kr/
"하늘채는 코오롱건설이 가장 한국적이면서도 자연 친화적인 주거공간을 만들겠다는 기본 철학을 가지고 2000년에 발표한 새로운 아파트 브랜드입니다. 순수 한글인 "하늘"과 주거공간을 의미하는 "채"의 합성어로 하늘처럼 맑고 푸른 주변 환경을 기본으로 주거민의 건강까지도 배려한 자연을 닮은 아파트입니다."

(6) 조사 결합형

(KT) 이자리에 / (미듬) 하나로

'하나로'는 '하나로 클럽', '하나로 통신' 등 다른 분야에서 사용되고 있는 상표명이다. '이자리에'는 상표명 설명을 찾을 수 없었지만 형태로 보아 장소명사 '자리'에 지시어와 처격조사가 결합된 것으로 분석된다.

(7) 부사-명사

(우민) 늘사랑

통사적으로 '제일 부자, 바로 여기'와 같은 일부 예를 제외하고는 부사가 바로 명사를 수식하지 못한다. 그러나 단어 형성에서는 '내리사랑, 따로국밥' 같은 〈부사+명사〉로 구성된 복합명사가 가능하다. 상호에서도 '늘봄'(한식집) 같은 예가 있다.

3.1.2. 고유어를 포함한 상표명

고유어를 포함한 상표명은 한자어를 혼용한 것과 영어를 혼용한 것으로 나눌 수 있다. 구성 방식에 따라 예를 들어 보면 다음과 같다.

(가) 한자어 혼용 상표명

① 복합명사

(원일) 대궐터 / 송림마을(대전시 유성구) / 수정마을(부산시 북구) / 운천마을(광주시 서구) / (도시개발공사) 학마을 / 향수마을(충북 옥천군)

복합명사로는 비교적 평범한 한자어 이름에 '마을'이 결합된 구조가 선호되고 있다. '향수마을'은 충북 옥천 출신인 정지용 시인의 시 '향수'에서 가져온 이름이다. '대궐터'는 실제 대궐터가 아닌 지역에 지어진 아파트라면 허세로 비춰질 수도 있다.

② 통사적 구성

㉠ [관형어-명사]: 고운여의주(충남 천안시) / (에덴) 다모은정
㉡ [명사 수식어-명사]: (쌍용) 경희궁의 아침 / (성우) 아침의 미소 / (원창) 시민의 마을
㉢ [목적어-서술어]: (동도) 미소드림(Misodream) / (신성) 미소지움(Misozium)

㉠, ㉡의 이름들은 신선한 느낌을 주기는 하지만 '경희궁의 아침'과 '시민의 마을'을 제외하고는 주거 공간이라는 의미와 너무 동떨어져서 아파트 이름처럼 느껴지지 않는 점이 아쉽다. '미소드림'과 '미소지움'에 대해서는 3.2.에서 언급하기로 한다.

(나) 영어 혼용 상표명

① 영어 상표명 혹은 범주명 결합어

가람타운(대구시 동구) / (주공) 벚꽃 그린빌 / (한솔) 솔파크 / 아느칸빌 (경기도 오산시) / (부영) 그린마을

'타운, 빌, 파크'는 영어 범주명들로 선행어와 결합해서 상표명을 구성하고 있다. 이들은 일단 선행어와 결합하면 범주명으로 인식되지 않고 전체가 상표명으로 인식된다. '벚꽃 그린빌'은 주공 아파트의 상표명인데 개체명이 맨 끝에 붙는 일반적인 방식과 달리 개체명인 '벚꽃'이 상표명 '그린빌'의 앞에 놓인 것이 특징이다. '아느칸'은 '아늑한'의 맞춤법을 일부러 어겨서 외래어 같은 느낌을 주기 위한 작명이다. 그러나 '아느칸'이 딱히 어떤 언어라는 느낌이 바로 오지 않기 때문에 의도가 그리 살아난 작명은 아닌 듯하다.

② 고유명사 차용

(유림) 노르웨이숲 / (늘푸른) 늘푸른오스카빌

'노르웨이숲'은 1965년에 발표한 Beatles의 album 'Rubber Soul'에 실린 'Norweigian Wood'에서 제목을 차용한 무라카미 하루키의 소설 '노르웨이의 숲'을 딴 상표명이다. '늘푸른오스카빌'은 '아파트 부문의 오스카상'을 표방한 작명이다.[228] 고전이 아니라 유통 중인 고유명사를 차용하는 경우는 차용 대상의 호감도를 공유한다는 점이 손

---

228 늘푸른주택 http://www.npl21.com/ 참조.

쉽게 얻는 장점인 동시에 단점이 될 수도 있다. 차용 대상과 함께 유통 기한이 끝날 수도 있기 때문이다.

③ 영어 약어 결합어

(남양) i-좋은집

'i'는 현대 'I'PARK' 이래 'innovation, internet, intelligent' 등의 약자로 상표명에 즐겨 사용되고 있다. 특별한 설명 없이 'i'나 'e'를 덧붙인 모방 작명도 유행하고 있다. 모방 작명은 최초의 작명을 뛰어 넘기 어렵다는 점을 염두에 두어야 한다.

3.2. 영어 동음어 상표명

최근 세계화 바람을 타고 우리말과 영어가 동음이의어(同音異義語)가 되도록 상표명을 짓는 것이 유행이다.

첫째, 우리말 형태와 뜻을 살려 이름을 짓고 그에 대응되는 영어 단어를 찾아 대응시킨 예로, '꿈에그린'(Dream Green), '미소드림'(Misodream), '춤드림'(Charm Dream) 등이 해당된다. '꿈'에는 의미가 같은 'dream'을, '그린'과 '춤', '드림'에는 음이 같은 'green'과 'charm', 'dream'을 짝지은 것인데, 그야말로 영어의 '訓'과 '音'을 이용한 영어판 향찰(鄕札)이라고 할 만하다. '그린'은 의미상으로 '그리다'(畵, 慕)와 '초록색=환경 친화적 이미지', '드림'은 '드리다'(與)와 '꿈'의 중의적 효과를 얻을 수 있다.[229]

다만 '미소드림'과 다음에 언급할 '미소지움'은 상당히 애쓴 작명임에도 불구하고 어디까지나 국내용이라는 한계가 있다. '미소'를 알파벳으로 표기했을 때 어떤 의미가 전달될지 알 수 없기 때문이다. 'miso–'는 영어에서 '혐오'의 뜻을 나타내는 연결어인데, 만일 외국에 수출하는 상품이었다면 곤란한 이름이 될 뻔했다. 상표명을 지을 때는 특정 언어로 뜻하지 않은 부정적 의미를 나타내지 않도록 조심해야 한다. 'Dream Green'과 'Charm Dream'도 영어 화자에게 어떤 뜻으로 해석될지 궁금하다.

둘째, 우리말로 작명을 하되 영어 표기를 살리기 위해 국어 규범을 살짝 어긴 경우로, '미소지움'과 '푸르지오'가 그 예이다.

'미소지움'은 단순명사의 틀을 벗어났을 뿐 아니라 음감도 부드럽고 그 뜻도 아름다워서 상당히 호감을 주는 작명이지만 맞춤법 규범을 어겼다. '미소를 짓다'에서 온 말이므로 명사형으로 바꾸면 '미소지음'이라야 맞지만 영어 표기를 위해 '음'을 '움'[um]으로 표기하였다. 홈페이지에서 '미소지움'의 작명 동기를 보면 '움'은 '대형 경기장을 의미하는 영문형 어미 – um'[230]이라고 설명되어 있다. 우리말과 영어로 중의적(重義的)인 뜻을 전달하는 셈이다. 맞춤법 규범만을 생각한다면 잘못된 표기라고 보겠지만, 일반어와의 차별성을 위해 맞춤법을 조금 변형시키는 것이 상표명 짓기에서는 기본적인 기법의 하나로 통하고 있다. 상표명 작명에서 일반어와의 차별성을 위해 어문규범을 어기는 것에 대해 국어 순화적 관점에서 지나치게 비판하는 것이 오히려 우리

---

229 현대 캐피탈의 '드림 론 패스'(dream loan pass)에서도 우리말 '드림'의 '드린다'라는 의미와 영어 'dream'의 뜻 '꿈'의 중의적 효과를 활용한 바 있다.

230 미소지움 http://www.misozium.net/

말 상표명의 개발을 막을 수도 있으므로 이 문제에 대해서는 유연성이 필요하다고 본다.

'푸르지오'도 비슷한 경우로, 홈페이지에 '젊음, 깨끗함, 산뜻함의 이미지인 '푸르다'와 공간을 상징하는 'geo'가 결합된 상표명으로 사람, 자연 그리고 환경이 하나 된 차원 높은 생활 문화 공간'이라고 개념이 설정되어 있다.[231] 즉 '지오'는 한국어 화자에게 일차적으로 어미 '-지요'로 해석되지만 그 숨은 뜻은 달리 있다는 것이다.

셋째, 영어로 상표명을 짓고 국어 동음어를 대응시킨 경우이다. '이안'(iaan)은 영어 두문자 결합어(acronym)로서, 홈페이지의 작명 개념을 보면 'Interior(내부중심), Advance(진보), Assurance(자신감), Nobility(고결함)의 머리글자로서 이 4 가지 가치가 이 안에 있다는 의미'라고 광고하고 있다.[232] 그러나 "이안이 아파트라고 생각해 보세요." "이안은 특별해요."와 같은 카피를 통해 우리말 '이 안'이라는 느낌으로 유도하고 있다.

'이룸'(eroom)도 고유어 작명처럼 보이지만 'e'를 'easy space(편한 공간), entertaining life(재미있는 생활), enjoyable time(즐거운 시간)을 의미'하는 것으로 개념 설정을 하여 동사 '이루다'의 명사형인 동시에 영어로도 뜻이 통하도록 작명하였으나 'eroom'이라는 철자를 보고 그러한 작명 개념을 알아채기는 쉽지 않을 것이다.[233]

넷째, 영문 상표명을 함께 쓰지만 영어에 이끌리지 않은 경우로, '어울림'이 눈에 띈다. '어'가 알파벳 한 글자로 표기하기가 어려운 점에

---

231 대우 푸르지오 http://www.prugio.com/

232 이안 http://www.iaanapt.co.kr/brand/iaan.php

233 예전건설의 홈페이지가 2004년 당시에는 www.yjcons.com 였으나 2010년 현재 폐쇄됨.

착안하여 발음기호를 사용하여 '[ə]ullim'으로 표기를 하였다. 대괄호로 인해 시각적으로도 두드러지며, 발음기호를 사용한 표기법 자체가 상표로서의 독자성을 확보해 주고 있다. 알파벳 표기에 맞추기 위해 단순히 맞춤법을 변형시킨 예들에 비해 한결 돋보이는 예라 하겠다.

4. 한자어 상표명

한자어, 또는 한자어 포함 상표명(이하 한자어 상표명으로 통칭함.)을 구성 방식에 따라 살펴보면 다음과 같다.[234] 한자는 광고나 홈페이지에 명시한 경우와 특이한 한자를 사용한 경우만 표기하고, 일상적으로 사용하는 한자어는 한글로만 표기하였다. 최근에는 한자어 상표명도 다양한 작명 기법을 활용한 참신한 것들이 많이 등장하여 주목을 끌고 있다.

4.1. 한자로만 된 상표명

4.1.1. 기존 한자어 활용

(갑을) 명가 / (대영) 장미 / 청학(경기 남양주시) / (효성) 백년家약 / (대한토지신탁) 山水花

---

234 고유어와 한자어, 외래어가 함께 사용된 상표명의 경우 이름 짓기 과정에서 비중이 크다고 생각되는 쪽으로 포함시켰다.

이는 일상적으로 사용되는 한자어를 그대로 쓰거나 변형하여 활용하는 방식이다. 갖가지 '튀는' 상표명들 틈에서 눈에 뜨이기가 쉽지 않은 비교적 평범한 이름들이라 할 수 있으나 평범해 보이는 가운데서도 새로운 기법이 시도되고 있다. '백년家약'과 '山水花'는 한자를 일부 바꿈으로써 귀로 들었을 때의 의미와 눈으로 읽었을 때의 의미를 중의적으로 표현하는 동시에 상표명으로서의 차별성을 얻었다.

'山水花'는 최근 사회적으로 추구되는 가치 중 하나인 '아름다운 자연 환경'이라는 개념을 표현하고 있다. '백년家약'은 '佳約'을 '家약'으로 변형시켜 '家'만을 한자로 표기하고 ◇로 둘러쌈으로써 '家=아파트'를 강조하면서, 그 동음어인 '百年佳約'(젊은 남녀가 부부가 되어 평생을 같이 지낼 것을 굳게 다짐하는 아름다운 언약)을 연상하게 하여 '행복을 만드는 소중한 공간'이라는 개념을 효과적으로 표현하고 있다.[235]

4.1.2. 고전 차용

(윤중) 수신제가(←修身齊家治國平天下) / (동원) 청산별가(←青山別曲) / (현대·롯데) 청어람(←青出於藍而青於藍)[236] / (금광) 포란재(←金鷄包卵形)[237]

235 효성건설 http://www.hyosungtown.co.kr/html/pr/brand.jsp

236 '청어람'은 부산 인근 양산 신도시에 세워진 아파트로서, '부산(藍)보다 살기 좋은 양산 신도시(青)'라는 숨은 뜻을 담고 있다. 분양 당시 운영되던 홈페이지는 폐쇄되었다. 대신 이와 같은 작명 개념을 다룬 기사가 http://news.naver.com/main/read.nhn?mode=LSD&mid=sec&sid1=101&oid=008&aid=0000223884 에 있음.

237 '금계포란형'이란 황금 닭이 알을 품고 있다는 뜻으로 풍수지리상 명당의 하나.

이들은 익숙한 고전이나 성구(成句)에서 차용하여 기억하기 쉽게 하는 동시에 고전이 주는 무게와 격조를 결합시킨 작명 방식이다. 기존 아파트 이름에서 찾아볼 수 없는 작명 방식으로서 한자어 작명의 한 방향을 제시하고 있다.[238]

그러나 이러한 상표명들은 한자에 익숙하지 않은 세대에게는 위압감을 줄 수도 있다. 주로 한글로만 표기하므로 어려운 한자어가 문제되지 않는다고 생각할 수도 있지만, 한글로만 써 놓고 보면 그 뜻이 잘 전달되지 않으므로 작명자가 의도하는 효과를 거둘 수 없다. 젊은 세대일수록 한자에서 멀어진 현실에서 한자어 상표명에 사용되는 한자는 읽고 쓰기에 쉬울수록 좋다. 이런 점에서 글자 하나하나가 읽고 쓰기 쉽고 그 뜻도 분명한 '來美安'이 하나의 기준이 될 수 있다.

4.1.3. 고유명사 차용

(영풍) 한강秀

'한강秀'는 기존 한자어의 한 글자를 바꾸는 방식에서 한 단계 더 진전된 작명 기법을 보여주고 있다. '한강수'(漢江水)라는 귀에 익숙한 말을 음으로 사용하여 쉽게 기억되도록 하고, '수'에 '水, 樹, 秀'의 세 가지 동음이의(同音異義) 해석을 부여함으로써 의도된 개념을 함축적으로 표현하고 있다. 대표 표기는 그 중에서도 '최고'의 의미를 나타내

---

238 오피스텔은 최첨단 느낌이 나는 외래어 이름을 붙이는 것이 대부분이다. 금호건설에서 2001년에 분양한 오피스텔(서울 종로구) 이름인 '용비어천가'(龍飛御天家〈龍飛御天歌〉)가 예외적 작명에 속한다. 오피스텔의 핵심 구매 계층(타깃)이 한자 이름을 선호하지 않는다고 판단해서일 것이다.

는 '秀'를 사용하였다.[239]

4.1.4. 새로운 조어

(1)

(삼성) 래미안(來美安) / (모아) 미래도(美來都) / (금성백조) 예미지(藝美智)

이들은 아파트의 특장점을 표현하는 한자를 조합하여 만든 상표명들이다. 홈페이지에 따르면 '래미안'은 '來-첨단주거시스템, 美-과학적인 설계와 아름다운 디자인, 安-첨단안전시스템'을 의미한다.[240] '래미안'은 우리말의 두음법칙에 어긋나는 단어 첫머리의 'ㄹ'이라든지, 인명·지명 따위에 붙어서 '~의, ~에 속하는'(예: Korea-an)의 뜻을 갖는 '-an'을 연상시키는 '안'으로 인하여 이국적인 분위기를 풍기고, 불어인 'Les Miennes'(나의 것들, 나의 가까운 사람들)과도 발음이 비슷하여 한자어이면서도 서구어 같은, 즉 고전적이면서도 현대적인 느낌을 살린 것이 성공의 요인으로 보인다. '래미안'은 한자어 상표명의 성공이라는 의미와 함께, 서구어 분위기를 풍기는 한자어 이름의 유행을 이끌었다는 양면성을 가진다.

'미래도'는 '未來의 都市'를 절단 합성하여 만든 느낌을 주어 중의적

---

239 "'한강 수'는 한강변이라는 위치를 뜻하는 '한강'이라는 말에 강물(水)과 천연기념물 등 주변 거목을 의미하는 나무(樹)의 동음어이자 최고를 나타내는 秀를 합성한 말로써 한강의 아름다운 풍광과 함께 하는 최고의 주거 공간을 의미합니다." (조선일보 2003. 10.15. 영풍산업 분양 광고)

240 삼성 래미안 http://www.raemian.co.kr

개념을 전달하고 있으나 상표 자체인 '美來都'의 개념은 오히려 불분명하다. '예미지'는 각 한자의 의미를 조합하면 상표 개념이 되지만 중의성이라든지 함축적 의미는 뚜렷하게 부각되지 않는다.

(2)

(극동) 미라주(美羅住, Mirage) / (대동) 이미지(異美知) / (평화) 이지(利地)

이들도 (1)과 같은 방식으로 만든 조어들인데 각각 영어 단어와 동음관계를 이룬다는 점에서 (1)과 구별된다. 이 예들은 한자로 만들어진 작명이라기보다는 서양 이름을 음차자(音借字)로 표기하는 것처럼(예: Helen → 活蘭) 영어에 한자를 대응시킨 인상이 강하다.

'이미지'와 '이지'의 상표명 설명에는 'Image'나 'Easy'에 대한 언급이 없지만, 일찍부터 영어 교육을 받은 상당수의 소비자들은 그 이름에서 한자보다는 오히려 영어를 연상할 것이다.

'미라주'는 상표명에 한자와 영어를 병기하고 있는데,[241] 본래의 언어로는 좋은 뜻을 가진 상표명이 특정한 언어로는 부정적인 의미로 해석될 수 있다는 사례를 보여준다. 'Mirage'는 '신기루'(蜃氣樓)다. 이 상표명은 한자만으로도 작명 개념을 충분히 나타낼 수 있으므로 영어 병기를 하지 않는 편이 나을 것 같다.

---

241 극동건설 http://www.kukdong.co.kr/

(3)

(롯데) 낙천대(樂天臺)

'낙천대'는 꽤 독특한 방식으로 작명되었다. '낙천대'는 '롯데'의 중국어 상표명 '樂天'에 '높직하게 자리잡은 큰 집'을 의미하는 '臺'를 결합시킨 말이다. 금상첨화로 '대'가 '(롯)데'와 음이 비슷하여 '롯데 낙천대'가 각운을 이룬다. 의미나 형태로 보아 나무랄 데가 없는 작명 사례라 하겠다.

4.2. 한자를 포함한 상표명

4.2.1. 우리말 구성

(대림) e-편한세상

'e-편한세상'에는 영어, 한자어, 고유어가 섞여 있다. 양적으로는 한자어(便, 世上)의 비중이 가장 크지만 단어가 아니라 통사적 구성이라는 점에서 우리말 구성으로 분류하였다. 여기서 알파벳 'e'는 인터넷(사이버)를 상징하는 동시에 우리말 지시어 '이'를 중의적으로 나타내어 '이렇게 편리한 세상'을 의미한다고 설명하고 있다.[242] '이 편한 세상'이라는 일상어가 상표명으로의 차별성을 갖추게 된 것은 띄어쓰기를 없애고 알파벳 'e'를 효과적으로 표기한 덕분인데, 조어법상 제약이

242 e-편한세상 https://www.daelim-apt.co.kr/index.jsp

많은 우리말을 상표명에 활용하기 위한 아이디어가 돋보인다. 'e-편한 세상'은 브랜드 인지도에서 1위를 차지함으로써(머니투데이, 2003. 9. 19. 참고) 일상어로 구성된 상표명의 성공 가능성을 열었고, 'e'나 'i', 'N' 따위의 알파벳을 덧붙인 상표명의 유행을 이끌었다.[243]

4.2.2. 영어 범주명 결합

(삼성) 명가타운 / (경일) 미래타운 / (명지) 미래힐 / 반석타운(제주시) / (벽산) 벽산타운 / (SK) 북한산시티

이 예들은 평범한 한자어 혹은 회사명에 '타운, 힐, 시티' 같은 범주명을 결합한 방식으로, 범주명을 포함한 전체가 상표명으로 기능한다. 1990년 이전의 아파트에서도 볼 수 있는 구성이다. '북한산시티'는 친환경 바람을 타고 북한산의 아름다운 자연의 이미지에 편승한 이름으로 지역명에 범주명을 결합한 구성이다.

4.2.3. 개체명 혹은 고급형 표시

(주공) 새천년 그린빌 / (삼능) 스페이스 香 / (롯데) 롯데캐슬 천지인 / (코오롱) 하늘채 秀

'새천년, 香, 천지인, 秀' 등은 각각 '그린빌, 스페이스, 캐슬, 하늘

243 '와! e-멋진 세상'이라는 TV(MBC) 프로그램 이름도 있다.

채'와 같은 상표명으로 분양된 아파트 혹은 주상복합 아파트의 특정 개체를 가리킨다. 그동안 개체명으로는 지역명이 주로 사용되었으나, 최근에는 개체를 지정하는 동시에 의미상으로 고급화(업그레이드) 개념을 나타내는 개체명이 따로 작명되는 것이 추세이다.

'새천년'이라는 이름은 새천년을 바라보는 시점에서는 참신하지만 정작 2000년대가 되어 문자 그대로 '새천년'이 되고 나면 그 의미가 퇴색해 버린다는 단점이 있다.

4.2.4. 새로운 조어

(한승) 美메이드 / (한국토지신탁) 코아루(Koa/Core樓) / (한신) 休플러스

'休플러스'는 처음에는 '休'라는 상표명으로 분양되었는데 뒤에 개체명이라 할 수 있는 '플러스'를 아예 상표명으로 결합시켰다. '休'는 그 형태와 의미에 아파트의 개념(concept)을 담은 상표명으로, 글자를 분해하면 '人'과 '木', 즉 인간과 자연이 조화된 생활공간을 의미한다고 한다.[244]

'美메이드'는 로고가 '한승美made'로 표기되어 세 가지 문자가 사용된 사례인데, 조어 과정에 대한 설명은 없다. '한승'은 회사명, '美메이드'는 표현하고자 하는 개념을 모자이크식으로 조합해서 만든 상표명이다.[245]

244 한신 休플러스 http://www.hyuplus.com/ 참고.

245 한승종합건설 http://www.hanseung.com/ 참고.

'코아樓'는 〈Korea Advanced +樓〉('Korea의 아름다운 집'), 또는 〈Core+樓〉를 나타낸다고 한다.[246] 〈Core+樓〉는 '美메이드'와 같은 조어이고, 〈Korea Advanced +樓〉에서 '코아樓'를 만든 것은 절단 합성법이다.

상표명 작명에서는 적합한 의미나 형태의 단어들을 모아서 불필요한 부분을 떼어낸 나머지를 모아 새말을 만드는 '절단 합성법'이 즐겨 사용되는데, 이때 '첫'이니 '글자', '음절' 같은 조어론적 제약에 구애받지 않는 점이 일반어와 다르다. 예를 들면, 'Korean can do'에서 'Korando'(코란도)를, 'extra intelligent'에서 'Xi'(자이)를 만들어 내는 방식은 일반어의 조어법에는 없다. 그러므로 언중들은 이러한 예측할 수 없는(언어 지식에 없는) 조어 과정에 의해 만들어진 상표명의 의미를 작명자의 설명 없이 유추해 내기가 매우 어렵다. 그러한 상표명들은 언중들에게 거의 '암호'처럼 느껴질 수도 있다. 그러나 그 '암호'가 일단 소비자의 의식 속에 자리를 잡으면 새로운 의미를 획득하기 때문에 상표명이 꼭 자연어일 필요는 없다.

상호나 상표명을 얘기할 때 빠지지 않는 말은 외래어가 너무 많고 고유어가 없다는 것이고, 으레 그 이유를 외국 선망, 언어적 사대주의와 연결시켜 왔다. 물론 그런 면도 있기는 하다. 오랜 기간 한자 위주의 문자 생활을 해 오다가 한글 시대를 맞자마자 이번에는 영어의 위세에 눌리고 있기 때문이다. 그러나 그것이 전부는 아니다. 상표명 작명의 기본적 기법이 두자어(頭字語) 합성인데 일단 우리말은 자음 모음이 분할되어 음절을 이룰 수가 없으므로 두음절어(頭音節語) 합성이 된다. 그런데 고유어에서는 두음절어 합성법도 극히 부자유스럽다는 점

---

246 한국토지신탁 http://www.koreit.co.kr/ 참고.

이 가장 큰 걸림돌이다. '토지개발공사'를 '토개공'이라 하거나 '불고기 백반(白飯)'을 '불백'이라 하면 금방 그 의미가 전달되지만, '개나리 울타리'를 '개울'이라고 하거나 '예쁜 아가씨'를 '예아'라고 할 수는 없다.

그러나 1984년에 '노찾사'(노래를 찾는 사람들)라는 고유어 두음절어 이름이 등장한 이후 방송 프로그램 '웃찾사'로 이어지면서 고유어 두음절어에 대한 거부감이 줄어들게 되었다. 최근에는 문장까지도 두음절어로 표현하는 것이 유행하고 있다. 통신언어나 문자 메시지에서 짧은 표현을 선호하면서 문장의 각 어절 첫음절을 따서 한 단어로 표현하는 것인데, 예를 들면 '깜놀(깜짝 놀라다), 지못미(지켜주지 못해서 미안해), 흠좀무(흠, 그게 사실이라면 좀 무섭군)' 등으로 사용이 확대되고 있다. 이런 추세를 타고 '우공비'(우리들의 공부 비법; 학습 참고서 이름) 등 상표명에서도 두음절어법이 활용되고 있다. 고유어 두음절어가 처음 들어서는 의미를 알아차릴 수 없더라도 한번 의미를 부여하여 사용하면 단어로 자리잡게 되는 것이므로 기존 조어법에 어긋난다고 배격할 일만은 아니라고 생각한다. 국어의 사용을 어떤 식으로든 너무 제한하는 것보다는 새로운 표현 방식에 대해 열린 마음을 갖는 것이 중요하다고 본다. 특히 광고와 상표명에서는 기존의 언어 틀을 깨고 신선하게 표현하는 것이 생명인데, 자꾸 우리말의 활용에 제한을 두다 보면 손쉽게 외래어 쪽으로 눈을 돌릴 수밖에 없는 것이다.

5. 외래어 상표명

5.1. 구성 방식

2000년대 들어 신규 분양된 아파트 목록을 살펴보면 한눈에도 외래어가 절대적인 비율로 사용되고 있음을 알 수 있다. 아파트 이름에 외래어가 얼마나 많이 쓰이고 있는가를 알기 위해서는 굳이 통계를 내지 않더라도 주변의 아파트들을 둘러보기만 해도 바로 느낄 수 있을 정도다.

해당 기간에 분양된 520개 아파트 이름 중 상표명이 영어로만 된 것이 304개이고, 영어와 다른 언어가 섞인 구성까지 합하면 400개가 넘는다. 영어를 제외한 외국어로는 불어가 다음으로 많아서 24개 정도로 나타나고, 그 외에 독일어, 스페인어, 라틴어 등이 각각 하나부터 서너 예씩 사용되고 있다. 여기서 수치를 정확하게 제시하지 못한 부분은 해석에 따라 달라질 여지가 있기 때문이다. 상표명에 사용된 단어가 기존의 자연어가 아닌, 특정 외국어의 느낌을 본뜬 인위적 조어들이 많기 때문이다. 예컨대 'Desian'(데시앙)은 'dessin+an'으로 구성되었다고 작명 개념을 설명하고 있는데, 불어의 조어법에 맞는 것은 아니지만 발음이 불어 느낌이며 주요 성분인 'dessin'이 불어이므로 불어로 분류하는 식으로 집계하였다. 만일 이런 식으로 만들어진 조어를 특정 언어에 포함시키지 않는다면 수치는 달라지지만, 적어도 우리말인지 외래요소인지는 분명하므로 전체적 추세를 판단하는 데는 영향이 없다.

대표적인 조어 방식을 중심으로 몇 예씩만 소개하면 다음과 같다. 일상적으로 많이 알려진 외래어나 고유명사에는 원어를 표시하지 않는다.

5.1.1. 자연어 합성어[247] 또는 구

(태왕) 메트로시티 / 파크뷰(경남 진해시) / (가야) 써니빌 / (쌍용) 스윗닷홈 / (현대) 홈타운 / (경원) 프라우드빌 / 골든캐슬(전북 익산시) / (주공) 그린빌

이들은 원하는 의미를 담은 단어들을 합성하여 상표명을 삼은 것으로 가장 흔한 작명 방식이다. 아파트 이름에 사용되는 단어들도 유행을 타서 '파크, 타운, 빌, 힐, 그린, 캐슬' 등이 흔하게 눈에 띈다. 유행하는 단어를 사용하면 비슷비슷한 이름이 되어 버려 차별성이 없어지므로 상표명의 효용이 반감된다. 어떤 상표명이 인기를 끌면 이어서 모방 작명이 나타나는데, 모방 작명은 원래의 상표명을 뛰어넘기 어렵다.

5.1.2. 고유명사 차용

(대우) 트럼프월드[248] / (성우) 헤스티아(Hestia)[249] / (신일) 엘리시움(Elysium)[250] / (삼성) 미켈란쉐르빌 / (유진) 마젤란 / (한라) 가우디움 / (한라) 비발디 / (현대) 하이페리온(Hyperion)[251] / (대동) 피렌체 / (세영) 첼시빌[252] / (서해) 그랑블(Grand Bleu)

---

247 '합성어'는 복합어, 파생어를 포괄하는 의미로서 어간이 둘 이상의 형태소로 구성된 말을 가리킴.

248 미국의 부동산 거부인 트럼프(D. Trump)의 Trump Tower, Trump Hotel 같은 유명한 건물을 연상시킴.

249 그리스 신화. 불과 화로의 여신.

250 그리스 신화. 제우스의 특별한 대우를 받은 영웅들이 불사의 생활을 보냈던 곳.

251 그리스 신화에 나오는 빛의 신이자 자연을 관장하는 신의 아버지.

널리 알려진 고유명사를 차용하여 그 인지도에 편승하려는 작명 방식이다. 그 대상은 신화(헤스티아, 엘리시움, 하이페리온), 예술가(미켈란젤로, 가우디, 비발디), 탐험가(마젤란), 지명(피렌체, 첼시), 미국의 부동산 거부(트럼프월드), 영화 제목(그랑 블뢰〉그랑블) 등으로 다양하다.

5.1.3. 새로운 조어[253]

(LG) 자이: Xi=extra intelligent

(대아) 아이투빌: I2vill=intelligent 2000 villa

(현대) 아이파크 I' Park: I=Innovation('기존의 아파트 개념을 혁신하겠다'). Park='사람들이 가장 편안한 상태에서 문화를 느낄 수 있는 공간'. ='삶의 질을 향상시켜 주는 나만의 공간'.

---

252 Chelsea는 London의 Kensington and Chelsea의 일부로 예술가와 작가들이 거주함. 세영종합건설 http://www.seyeong.co.kr 에는 영국 런던의 귀족들이 사는 동네 이름으로 설명됨.

253 여기에 제시된 예들의 작명 개념에 대해서는 아래 홈페이지 참고. 분양 당시 브랜드 별로 운영되던 홈페이지가 2010년 현재 폐쇄된 경우에는 현재 운영되고 있는 본사 홈페이지 주소를 제시하였다.
당시는 LG건설 http://www.lgenc.co.kr/이었으나, 현재 GS건설 http://www.gsconst.co.kr/로 바뀜.
대아건설 http://www.i2vill.com/members/frm_join_check.asp
아이파크 https://www.i-park.com/main.jsp
현대건설 http://www.hdec.kr/
금호 리첸시아 http://www.richensia.co.kr/
새롬건설 http://www.isaerom.co.kr/
두산 위브 http://www.weveapt.co.kr/
신도 브래뉴 http://www.sdconst.co.kr/
신세대 건설 지큐빌 http://www.ssdc.co.kr/about/sale.html
태영건설 http://www.taeyoung.com/
우림건설 http://www.woolim.com/

(금호) 리첸시아 Richensia: Rich+Intelligentsia.

(새롬성원) 네오파트: Neo+Apt. 'Neo'는 회사명 '새롬'을 의미.

(두산) 위브 We've: '-ve'는 Live, Love, Have, Save, Solve의 끝음절과, ValuE의 처음과 끝 글자를 딴 것임.

(신도) 브래뉴 Branew: Brain New, Brand New

(신세대) 지큐빌 GQ: Great Quality

(태영) 데시앙 Desian: 〈F〉 Dessin+-an

(우림) 루미아트 Lumiart: Luminal+Art

위의 예들은 일반어의 조어법에 제약을 받지 않고 단어의 원하는 부분을 절단하여 합성한 조어(造語)들이다. 이 상표명들이 어떤 과정으로 만들어졌는지를 소비자가 알아차리는 것은 거의 불가능하므로 작명자는 그 개념을 잘 정립해서 소비자에게 각인시켜야 한다. 소비자의 의식에 그 개념이 자리를 잡으면 차별적이고 잘 기억되는 상표명이 되지만, 개념 설정에 실패하면 기억하기 어려운 난해한 이름일 뿐이다. 수수께끼 같은 상표명으로 작명자의 재주를 뽐내는 것이 본래의 목적은 아니기 때문에 이러한 방식으로 만들어진 상표명은 홍보가 특히 중요하다.

'위브'와 같이 발음이 불편한 이름은 문제가 있다. 현대 국어에서 발음이 불안정한 '위'와, 원순모음화 되는 '브'의 결합으로 구성되어 표기와 발음을 일치시키기 어렵다. 다시 말해 전화로 알아듣기 어렵고 받아쓰기 할 때 틀리기 쉬운 이름이다. 'We've'는 아파트 건물 벽에 이름을 영어로 표기하고 있는데 그것을 보고 일반 소비자들이 어떤 구체적인 개념을 떠올릴 수 있을지도 의문스럽다.

5.2. 외래어 상표명의 문제점

외래어 상표명 중에는 원어를 알기 어렵거나 제시된 원어 자체가 부정확한 예들이 적지 않다. 특히 영어 이외의 언어가 더 그러하다. 영어 다음으로 많은 불어(식) 상표명을 예로 보면, 작명자는 불어라고 밝히고 있으나 정확한 불어가 아닌 경우가 많다.

우선 표기가 부정확한 예들이 있는데, 영어 자판으로 치기 불편한 액센트 따위를 쓰지 않는 것이 한 예이다. 삼성중공업의 '쉐르빌'(Chereville; 정확한 표기는 Chèreville)은 악상(accent)을 표기하지 않았다. '월드 메르디앙'(Meridian; 불어로는 méridien 메리디앙)은 표기는 영어로, 발음은 불어풍으로 하였다.[254]

발음이 잘못된 예도 있다. 동부의 '센트레빌'(Centreville)은 영어로는 '센터빌', 불어로 읽으면 '상트르빌'이므로 발음이 너무 동떨어졌다.

'그랑빌'(Grandville)은 불어에서 'ville'이 여성이므로 형용사도 여성형으로 'grande'를 써야 어법에 맞는다. 그러나 그렇게 되면 '그랑드빌'이 되어 한 음절이 늘어나고, 또 자음 'ㄷ' 때문에 어감이 딱딱해지므로 어법을 무시하고 남성형을 결합시킨 것으로 보인다.[255]

서해종합건설의 '그랑블'(〈F〉 Grand Bleu 그랑 블뢰)은 마지막 모

---

254 여기에 든 예들에 대해서는 아래 홈페이지 참고.
삼성중공업 http://www.shi.samsung.co.kr/kor/
월드건설 http://www.world-const.co.kr/
서해종합건설 http://www.seohai.co.kr/
삼부 르네상스 http://www.sambu.co.kr/crm/brand/br_main02.htm

255 음감을 위해 문법을 어긴 사례는 화장품 상표명 '마몽드'에서도 볼 수 있다. '몽드'가 남성명사이므로 'Mon monde'가 되어야 하나 발음을 부드럽게 하기 위해 'Ma monde'(〉Mamonde)가 되었다.

음을 떼어냈는데 그렇게 하면 불어로는 음절이 성립되지 않는다. '그랑블'은 불어 모음을 떼어낸 것이 아니라 한글로 표기한 마지막 음절 '뢰'를 떼어낸 것이다. 마지막 음절을 떼어낸 이유가 3 음절을 만들기 위한 것인지, 아니면 상표권 문제가 있었는지에 대해서는 설명이 없다. 이 이름은 한때 인기를 끌었던 영화의 제목을 딴 것이다. 한때 유행하고 지나가는 대상에서 차용하는 경우에는 애초의 차용 대상을 넘어서는 인지도를 확립하는 것이 상표명 성공의 관건이 된다.

단어를 절단 합성하고 악상을 떼어낸 '아그레빌'(Agreville = 〈F〉 Agréable[256]+Ville) 같은 재미있는 예도 있다. 회사 홈페이지에 의하면 '아그레빌'의 작명 개념은 "“아! 그래. 바로 이런 집(=빌)이야.” 라는 고객만족의 외침'까지를 담은 것이라고 하니 상당히 차원 높은 작명임은 분명하다. 그러나 작명자가 설정한 작명 개념을 소비자에게 각인시키는 것은 별개의 문제다. 작명 과정이 아무리 기발하더라도 소비자에게 이해되지 않으면 소용이 없기 때문이다.

포스코의 'the #'은 한글 표기를 하지 않고 음악 전문 기호인 '#'와 영어 관사를 쓰고 있다. 저자는 '내 삶의 반올림'이라는 브랜드 슬로건을 보기 전에는 이것이 무슨 기호이며 어떻게 읽어야 할지를 알지 못했다. 후에 방송 광고를 통해 그것이 [샵]으로 발음된다는 것을 알게 되었지만, 이것은 어쨌든 매우 불친절한 표기의 예가 될 것이다. 'the #' 정도는 바로 읽어낼 수 있는 수준의 고객이 타깃이므로 그 수준 이하의 사람들을 걸러내기 위한 것이라면 성공적이라 하겠으나 앞서도 언급했듯이 받아쓰기가 불편한 상표명은 좋은 것이 아니다. 현재 'the #'은 분양 광고나 기사에서 '샵'과 '샾'으로 달리 표기되고 있는데 외래어

256 유쾌한, 쾌적한, 기분 좋은.

표기법 상으로는 '샤프'니까 어느 쪽도 규범적인 표기는 아니다. 이와 같이 표기가 달라질 가능성이 있는 이름은 경우에 따라서는 상표권 분쟁을 불러일으킬 각오도 해야 한다. 소위 '짝퉁'으로 불리는 상표가 원 상표의 형태를 아주 살짝만 바꾼 것임을 상기할 필요가 있다.

5.3. 새로운 범주형태 '-빌'

2000년 이후의 아파트 이름에 나타나는 특징 중의 하나는 범주명의 확산이다. 아파트의 수가 많아지자 서민 아파트부터 고급 아파트까지 지역이나 평형, 시설면에서 차이가 나는 여러 종류의 아파트들이 공존하게 되었다. 아파트에 산다는 것이 중산층이라는 사회적 신분을 의미하던 초기와는 사정이 달라진 것이다.[257] 그리하여 '그냥 아파트'가 아닌 '특별한 아파트'라는 것을 나타내기 위해 '빌리지, 빌, 타운, 힐, 파크, 팰리스, 캐슬' 같은 범주명을 사용하기 시작했다. 아파트는 가구수가 많은 큰 단지가 인기가 높으므로 범주명으로는 아파트가 몇 동으로 이루어졌건 큰 단지, 즉 '도시, 마을'의 의미를 가진 것이 선호된다.

그러나 언중들은 그것을 상표명의 일부로 인식하고 여전히 '아파트'라고 부른다. 신문 경제면의 '아파트 시세'를 통해 '현대 홈타운', '주공 그린빌', '타워팰리스' 등의 시세를 알 수 있으며, 또 주거 양식을 단독주택과 아파트로 구분하지 단독주택, 아파트, 타운, 빌… 등으로 구분하지는 않는다. '타운'이나 '팰리스, 빌' 등도 'ㅇㅇ지역 아파트 동

---

257 80년대의 아파트에서도 '고급'을 의미하고자 '맨션(숀)'이라는 말을 '아파트' 앞에 덧붙인 경우가 있었다. 처음에는 고급 아파트를 의미했지만 점차 그 사용이 일반화하면서 초기의 의도 의미를 잃게 되었다.

시분양' 때 분양되고 '아파트 분양 캘린더'를 검색하면 그 일정이 나온다. 작명자도 그것을 뚜렷이 범주명으로 의식하기보다는 하나의 유행으로 받아들이는 듯하다.

아파트와 대응되는 범주명으로는 '빌라'가 있다. 정확히 말하면 주거 양식의 분류상으로는 '연립주택'이라야 맞다. 그러나 '연립주택'이 아파트보다 작으며 상대적으로 싼 값의 서민주택이라는 인상을 주면서, 평수가 크고 고급 자재를 사용한 연립주택을 '빌라'로 부르게 되었다. '빌라'는 건축법상의 분류와 상관없이 현재는 하나의 범주명으로 자리 잡았다. 예를 들어 '아파트를 팔고 빌라로 이사했다'와 같은 표현이 가능하다. 그러나 '너 아파트 팔고 타운으로 이사했다면서?'와 같은 표현은 사용되지 않는다.

최근에 사용되고 있는 범주명 중 가장 두드러진 것은 단연 '-빌'이다. 해당 기간에 분양된 아파트 중 133개 예에 '-빌'이 사용되어 우선 양적으로 다른 형태들과 비교가 되지 않는다. '-빌' 외에는 '파크(34), 타운(24), 힐(14), 캐슬(11), 마을(10)' 등이 높은 빈도로 사용되고 있다.

이들 중 '캐슬'은 대부분 '롯데 캐슬' 아파트들이 개체명을 달리하여 사용한 예들이므로 그 숫자가 바로 넓은 분포를 의미하는 것은 아니다. '파크'는 '파크뷰, 파크타운, 파크빌, (중흥) 파크 S-클래스빌, 파크 프레지던트, 모닝파크빌, (the #) 센텀파크' 같은 예들에서 범주명이 아니라 상표명이나 개체명으로 사용되어 꼭 범주명이라고 부르기 어렵고, '힐'도 '파크'와 사정이 비슷하다. '-빌' 외에, 그 의미나 용법으로 보아 범주명의 지위를 얻을 가능성이 있는 것으로는 '타운'과 '마을'이 가장 유력하다고 하겠다. 그밖에 10회 이하의 용례를 보이는 예들로는

'빌리지, 시티, 팰리스, 카운티, 타워, 하임, 밸리, 존(죤; zone), 하이츠' 등이 있다.

이들 중에서 우리가 '-빌'을 특별히 언급하는 이유는 '-빌'이 다음과 같이 몇 가지 점에서 우리말 접미사로 귀화한 새말로 보이기 때문이다.

첫째, '-빌'은 그 기원은 외국어일지언정 아파트 상표명에 사용되는 양상을 보면 원어에서 멀어져 한국어 속에 제 자리를 잡았음을 알 수 있다. '-빌'의 알파벳 표기는 'vill, ville, vil'로 제각기 다르게 나타나며, 광고나 홈페이지에 아예 알파벳 표기를 하지 않고 한글로만 표기한 경우도 많다. 즉 원어의 알파벳 표기가 무엇이든 별 문제가 되지 않는다는 뜻이다.

'ville'은 불어로는 '도시'를 의미하는 자립어이고, 영어로는 '도시, 마을'을 의미하는 연결어이다. '한진 그랑빌'(Grandville)이나 '삼환 나띠르빌'(Natureville)처럼 불어 작명이 확실한 경우도 있지만 특별한 어원의식 없이 'ville'로 표기한 예도 많다.

'vill'(예: 동일 하이빌(Highvill), 현진 에버빌(Evervill) 등)은 영어나 불어 사전에 없는 말로 'village'나 'villa'의 줄인 말이 될 수 없지만 각사 홈페이지에서는 으레 'village'나 'villa'에서 따 온 말이라고 밝히고 있다. '건영 캐스빌'(Cas Vill) '우리빌'(Woori vill)에서는 아예 띄어 써서 자립어로 사용하고 있다.

'vil'(예: 상지 리츠빌(Ritzvil))은 영어 'village'의 줄인 말인데 오히려 'vil'로 표기한 예가 수적으로 가장 적다.

여기서 상표명의 '-빌'이 영어 또는 불어의 'village'나 'villa'의 줄인 말이 아니라 한글로 표기된 '빌리지' 혹은 '빌라'의 줄인 말이라는 사실을 알 수 있다. 각 회사 홈페이지의 작명 개념에서 어떤 식으로 설명했건 한국인의 언어 직관으로는 '빌라' 혹은 '아파트' 이상의 의미는 없다고 생각된다. 즉 '-빌'은 완제품으로 수입된 말이 아니라 한국에서 재가공된 외래어이며, 한국어에서 자립적으로 사용되지 못하므로(예: *나 빌로 이사했어.) 앞에 하이픈을 붙여야 하는 접미사 혹은 의존명사인 것이다. '-빌'이 접미사로 정착한다면 그 형태론적 지위로 보아 접미사 '-각(閣)'[258]과 비교될 수 있다.

'-빌'이 아직은 국어 사전에 실리지 못했으나 그 사용 빈도가 더 높아지면 '공동주택의 한 형태를 나타내는 범주명', 혹은 '공동주택의 상표명에 자주 붙는 접미사'로 자리를 잡게 될 날이 올지도 모르겠다. 다만, 유행을 심하게 타는 아파트 이름 짓기의 속성상 너무 많이 사용된 '-빌'이 참신성이 떨어져서 앞으로는 잘 사용되지 않게 되면서 사라질 가능성도 있다. '호화저택'을 의미하는 원뜻에서 벗어나 아파트마다 붙다시피 하던 80년대 초의 '맨션(맨숀)'처럼 한때의 유행으로 그칠지 새로운 접미사로 자리 잡게 될지는 좀 더 시간을 두고 지켜보아야 할 것 같다.

258 (일부 명사 뒤에 붙어) 크고 높다랗게 지은 집'을 뜻하는 접미사.

6. 결론

이제까지 살펴본 것처럼 아파트 상표명의 작명 방식은 기대 이상으로 다채롭다. 아파트 상표명의 분석을 통해 우리말 어휘 사용의 한 단면을 들여다볼 뿐 아니라, 나아가 새로운 상표명을 개발하는 데에도 좋은 참고가 될 것으로 생각한다.

이러이러한 상표명이 국어 어법에 맞는가 하는 논의는 여기서는 접어 놓았다. 맞느냐 틀리느냐의 문제보다는 그러한 작명을 언중들이 수용하느냐가 문제일 것이다. 만일 어법에 틀린 이름을 언중이 수용한다면 그것을 국어 조어법의 확대로 인식하느냐, 규범에 어긋나므로 막아야 하느냐 하는 것은 선택의 문제라고 생각한다.

지금까지 국어 어휘에 대한 연구는 우리가 매일 말하고 듣는 살아있는 말보다는, 문헌으로 고정되었거나 규범으로 확립된, 표본화된 자료들에 치우쳐 왔다. 말하자면 실험실에 방부처리되어 있는 표본을 연구하느라 살아 있는 개체에 대해 인식할 겨를이 없었다고 해도 지나치지는 않을 것이다. 현재 우리가 쓰고 있는 말을 있는 그대로 충실하게 수집하고, 학술적으로 검토 분석하고, 필요할 경우 바로잡고 하는 일을 학계에서 적극적으로 하지 않는다면 언중의 언어 사용과 국어 어법과의 괴리는 점점 더 커지게 될 것이다.

상표명 뿐 아니라 사람 이름 등 각 부문의 이름 짓기에 고유어가 많이 활용될 수 있게 하려면 무엇보다도 고유어의 조어법적 제약을 극복할 수 있는 방법을 찾아내야 할 것으로 생각된다. 그간의 국어 조어법 연구는 이미 만들어진 말들의 분석에 집중되었으나 이제는 새말을 만들어 우리말 어휘를 풍부하게 하는 일에도 눈을 돌려야 할 것이다. 이 문제는 국어 순화와도 직결된다. 광복 이후 수십 년을 국어 순화 작업에 매달려 왔으나 성공한 사례는 몇 되지 않는다. 고유어 새말 만들기 기법이 여러 가지로 개발되면 이 문제도 함께 해결될 것으로 믿는다.

참고문헌[259]

국립국어연구원 편(1999), 표준국어대사전, 서울: 두산동아.

김양수(1993), 브랜드 네이밍 전략 매뉴얼, 서울: 나남.

브랜드메이저 엮음(2001), 메이저브랜드를 만드는 브랜딩, 서울: 새로운 사람들.

이관수(2003), 브랜드 만들기, 서울: 미래와경영.

채완(1991), "아파트 이름의 국어의 사용 실태", 상호, 상품 이름, 아파트 이름 등의 광고에 나타난 국어 사용의 실태 조사 연구, 국립국어연구원.

채완(2004), "아파트 상표명의 구성과 조어", 한국어 의미학 14, 한국어 의미학회.

Delano, F.(1999), *The Omnipowerful Brand*. 김상률 외 옮김(2002), 브랜드 네이밍, 서울: 거름.

Randazzo, S.(1995), *The Myth Makers*. 리대룡 · 김봉현 옮김(2003), 신화를 만드는 브랜드, 브랜드를 만드는 신화, 서울: 커뮤니케이션북스.

---

259 각주나 본문에 명시된 웹사이트는 참고문헌에서 다시 밝히지 않음.

제5장 아파트 이름의 사회적 의미

1. 서론

현대 사회에서는 모든 것이 상품화되어 각기 고유한 상표(brand)가 붙여져 통용된다. 상표의 지명도와 평판은 상품의 가치를 매기는 중요한 기준이 된다. 소비자들은 몇 백 원짜리 볼펜부터 수십억 원짜리 아파트에 이르기까지 상표가 품질을 말해 준다고 믿는다. 상품이 많아지고 다양해질수록 선택은 더욱 어려워지며, 소비자는 그럴수록 실체보다는 상표에 의지하여 상품을 선택한다. 기술의 진보로 비슷한 품질의 상품이 대량 생산되면서 어떤 물건을 소유하는 것만으로는 자신을 남들로부터 구별할 수가 없게 되자, 자신을 남들로부터 구별하고 분리하기 위한 방법으로 보다 비싸고 유명한 '상표'를 선택하게 되었다.

상표는 상품에만 붙는 것이 아니라 구매자에게도 붙는다. 하나의 상표를 선택한 구매자는 자신을 그 상표와 동일시한다. 옷이든 가방이든 누구에게나 뚜렷이 보이는 위치에 상표가 붙은 상품을 선택하여 그 상표를 몸에 붙인 채 거리를 활보한다. 상표명(brand name)을 커다랗게

써 넣은 옷이라든지 상표 자체를 반복적으로 사용하여 디자인으로 삼은 가방 따위가 인기를 끄는 현상은 상표에 대한 소비자의 생각을 반영한다.

모든 상품이 상표로 평가되는 시대에, 대부분의 평범한 개인이 평생 동안에 구매하는 상품 중 가장 비싼 상품인 아파트에 상표가 없을 수 없다. Popcorn & Hanft(2001:387~394)에서 지적했듯이 현대는 주택도 브랜드화된 사치품 영역에 속하게 되어 거주자의 신분을 나타내는 시대가 되었다. 부엌에서 직접 요리를 하는 일이 거의 없는 사람이 온갖 비싼 조리 도구와 인테리어를 갖춘 '박물관 부엌'을 만들고, 사용법도 잘 모르는 '정보화된 거실'을 갖추며, 고급품임을 보증하는 상표가 붙은 성채(城砦, castle)를 소유하고자 하는 열망이 하나의 사회적 추세(trend)가 된 것이다.

우리나라에 아파트가 처음 지어졌을 당시에는 상표명이 따로 없었다. '현대 아파트'니 '한신 아파트', 또는 '반포 아파트'라고 불렀지만 그것은 그 아파트를 지은 회사 이름이나 지역 이름을 붙여 다른 것들과 구별하는 구실을 했을 뿐이다. 아파트가 흔하지 않았던 1970년대 초반에만 해도 '아파트에 산다'는 사실 자체만으로 충분히 특별했고, 또 아파트 단지가 여의도, 잠실, 반포 등 몇 군데뿐이었기 때문에 지역명이나 회사명 정도만 밝혀도 어떤 아파트인지 알 수 있었기 때문이다.

이후 1990년대의 신도시 건설을 거쳐 2000년대에 이르면서 아파트의 수가 엄청나게 많아지자 아파트에도 본격적으로 경쟁 시대가 도래했다. 현대의 주거 생활이 아파트 위주로 바뀌면서 소비자의 요구도 복잡해져 갔다. 지역이나 건설 회사에 따라 아파트의 청약 경쟁이 수백 대 일이 되는 것이 있는가 하면 한편으로는 미분양 아파트가 속출하기도 하였다. 이제는 지어만 놓으면 팔리는 시대가 아니라 적극적인 홍보를 통해 소비자에게 선택 받아야만 하는 시대가 된 것이다.

제일기획에서 조사한 '2002년 한국인의 라이프스타일과 소비 행동 ② 주거 문화, 패션·미용 생활에서 나타나는 트렌드'에 의하면 한국인의 주거 생활 트렌드는 ① 예쁘고 아름다운 집, ② 쾌적한 주거 환경과 넓은 집, ③ 서구식 주거 문화, ④ 재산 증식의 확실한 방법으로서의 집이라는 네 가지로 요약된다. 또한 아파트를 선택하는 기준으로는 첫째, 회사의 브랜드와 신뢰성(42.3%), 둘째, 견고함(36.9%), 셋째, 구조와 편리성(22.8%), 넷째, 주위의 평가 즉 입소문(14.8%), 다섯째, 기타(19.4%)의 순이었다. 우리나라도 이제 브랜드 아파트의 시대가 된 것이다.

본 장에서는 '브랜드 아파트의 시대'인 2000년대 들어 아파트의 이름 짓기에 숨어 있는 사회적 의미를 추적해 보고자 한다. 고찰 대상은 아파트가 본격적으로 상표명을 갖게 된 2000년 7월부터 2003년 10월 사이에 신규 분양된 아파트(주상복합 아파트 포함)의 이름들이다. 아파트 이름은 지역명, 회사명, 상표명(개체명, 범주명 포함)의 선택적 조합으로 구성되는데, 그 중에서도 지역명과 회사명을 제외한 상표명 속에 메이커 측에서 소비자에게 전달하고자 하는 아파트의 개념(concept)이 담기게 된다. 아파트는 우리의 삶을 담는 그릇과 같으므로 그 상표명이 소비자의 눈길을 끌기 위해서는 소비자가 원하는 삶의 모습, 즉 구매자로 설정된 핵심 계층(target)의 구매 욕구를 자극할 수 있어야 한다. 다시 말해 아파트 상표명은 그 의미 속에 현대 한국인이 원하는 삶의 모습을 투영하게 되는 것이다.

2. 고가 아파트와 임대 아파트의 이름 짓기

2.1. 고가 아파트

90년대에 건설된 분당, 평촌 등 신도시에서는 아파트 단지에 이름을 붙이고, 그 안에 들어서는 여러 회사의 아파트들을 〈단지명+회사명〉 방식으로 부르는 것이 유행했다. 예를 들면, 평촌의 '무궁화 단지'안에 '무궁화 건영코오롱, 무궁화 태영, 무궁화 경남' 아파트가 있고, 분당의 '샛별 단지'안에 '샛별 우방, 샛별 라이프, 샛별 동성' 아파트가 있다. 그때 지어진 신도시의 아파트 단지에는 '무지개, 청솔, 한솔, 아름, 은빛, 별빛, 달빛, 옥빛, 목련' 같은 아름다운 우리말(고유어, 한자어) 이름들이 많이 붙여졌다.

그런데 2000년 이후 분양된 아파트의 이름들은 회사명, 상표명, 개체명 중 어느 하나라도 외래어[260]로 되어 있지 않은 예를 찾기가 어려울 정도로 외래어가 선호되고 있다. 게다가 아파트가 크고 비쌀수록 외래어 이름을 선호하는 경향을 보인다. 주요 건설사들은 일반 아파트와 고급형 주상복합 아파트를 따로 지어 분양하고 있는데, 그런 경우 일반 아파트에는 우리말 이름을 붙이더라도 고급형에는 외래어 이름을 붙이는 것이 일반적이다.

2000년 초에 '래미안'(來美安)이라는 상표명을 도입하여 브랜드 아파트 열풍을 선도하면서 동시에 우리말 상표명의 가능성을 열었던 삼성에서도 최고가 주상복합 아파트의 상표명은 외래어로 짓고 있다. 고가 아파트의 대명사처럼 된 '타워팰리스'와 '트라팰리스'[261]가 삼성의

---

260 이 책에서는 국어사전 등재 여부와 관계없이 외래 요소라는 개념으로 사용됨.

아파트이다. 다른 주요 건설사들도 비슷해서, 대림의 일반 아파트는 'e-편한세상', 고급형 아파트는 '아크로비스타'[262]이며, '어울림'이라는 멋진 상표명을 만들어 낸 금호에서도 최고급 주상복합 아파트에는 '리첸시아'(Richensia)라는 상표명을 쓰고 있다. 코오롱도 일반 아파트는 '하늘채'이고 최고급 호텔식 아파트는 '레이크폴리스'이다. 롯데에서도 '낙천대'(樂天臺)와 '캐슬'을 같은 기준으로 구별해서 쓰고 있다. 'e-편한세상, 하늘채, 어울림, 래미안, 낙천대' 같은 상표명을 채택할 정도의 감각과 안목을 가진 회사들이 최고가 아파트에는 외래어 이름을 붙여야 한다는 생각에서 벗어나지 못하는 점이 아쉽다.

이처럼 고가(高價) 아파트일수록 외래어 이름을 선호하는 현상은 다음 자료에도 뚜렷하게 나타난다. 다음 자료는 2003년 11월 현재 국세청 기준 시가로 10위까지의 아파트 이름들이다.[263]

〈2003년 한국 최고가 아파트〉

1위 트라움하우스 3차(서초구 서초동)
2위 힐데스하임(강남구 도곡동)
3위 타워팰리스 1차(강남구 도곡동)
4위 LG 한강 자이(용산구 이촌1동)
5위 서초 가든스위트(서초구 서초동)
6위 청담 로얄카운티(강남구 청담동)
7위 장충동 라임카운티(중구 장충동)
8위 대우 로얄카운티(강남구 청담동)

---

261 Tra(중심) + palace. '도심 속 궁전'이라는 뜻. 'tra'는 이태리어에서 따왔다고 함.

262 Acro(처음, 꼭대기) + vista(전망). 대림에서는 '아크로리버, 아크로빌' 등 'Acro-'형 이름을 주상복합과 대형 아파트에 붙이고 있다.

263 미디어에퀴터블 자료. 조선일보 2003. 11. 5.

9위 이니그마빌2(강남구 청담동)
10위 월드빌라트(서초구 서초동)

위의 자료를 보면 고가 아파트 이름의 경우 흔히 일상적으로 사용하는 수준의 친숙한 외래어가 아니라, 그 뜻을 쉽게 짐작하지 못할 낯선 말들이 많이 사용된 것을 볼 수 있다. 거의 암호 수준인 '자이' (Xi= extra intelligent)라든지, 왜 그런 이름을 붙였을까 이름 그대로 '수수께끼'(Enigma)인 '이니그마빌', 아니면 익숙한 영어가 아닌 독일어로 '트라움하우스'(Traum Haus)나 '힐데스하임'(Hildesheim)[264]같이 어려운 이름을 붙여 놓았다.

나머지 비교적 평이한 영어로 된 이름들도 한 단어 단순명사 이름은 없고, 돈 많고 신분 높은 사람이 사는 곳이라는 느낌을 표현하는 단어들을 합성하여 이름으로 삼았다. '타워, 로얄, 팰리스, 하우스, 하임, 스위트(suite),[265] 카운티' 같은 단어들은 이들 아파트가 일반 '평민'들이 범접할 수 없는 왕족이나 귀족의 거주지라는 의미를 강조하고 있다. 실제로 이 아파트들은 너무 비싸기 때문에 대부분의 '평민'들은 평생을 벌어도 살 수 없다.[266]

이들이 'LG 한강 자이'를 제외하고는 모두 특별한 범주명을 사용하고 있다는 점도 주목할 만하다. '그냥 보통 아파트'가 아니라 '아파트 이상의 그 무엇'이라는 것을 나타낼 '구별과 분리의 낙인(烙印)'[267]이

---

264 트라움하우스는 '꿈의 집'이라는 뜻이고, 힐데스하임은 독일의 지명이다.

265 쌍용 스윗닷홈(Sweet dot Home)의 'Sweet'과 다른 말이다. 호텔 스위트룸을 연상한 이름으로 보인다.

266 2003년 조사 당시 1위 아파트의 기준 시가는 41억 원이고 10위는 18억 원이었는데, 통상 거래가가 기준시가보다 더 비싸다. 현재 물가로 환산하지 않아도 엄청난 고가다.

267 brand의 원뜻이 '낙인'이다.

필요한 것이다. '자이'는 범주명은 쓰지 않았지만 암호 같은 조어로 호기심을 부르며, '이니그마빌'은 의미상 아파트 이름으로 잘 쓰이기 어려운 부류인 '수수께끼'라는 뜻의 상표명으로 신비감을 자극하고 있다.

아파트 이름의 변천사라는 관점에서 보면, 이들 중에서는 '월드빌라트'가 비교적 보수적인 작명인 셈이다. '빌라트'는 '빌라+아파트'(빌라 같은 아파트), 또는 '빌라+아트'(예술적인 빌라)를 의미하는 조어다. 이미 80년대부터 널리 사용되어 왔던 범주명으로 상대적으로 신선도가 떨어진다고 볼 수 있으며, '월드'도 여러 종류의 상품에서 너무 많이 사용된 평범한 단어다.

2.2. 임대 아파트

비교적 저소득층이 산다고 볼 수 있는 임대 아파트는 그 이름에 있어서 고가 아파트와 뚜렷한 대조를 보인다. 앞서 살펴본 것처럼 고급, 고가 아파트일수록 어려운 외래어 상표명이 붙는 반면, 임대 아파트에는 2001년까지도 상표명이 거의 없었다. 2000년대 들어 일반 아파트가 거의 모두 상표명을 갖춘 복잡한 이름으로 불리는 때에도 임대 아파트는 상표명 없이 불리다가 2002년이 되어서야 상표명이 붙은 임대 아파트들이 늘어나게 되었다.

임대 아파트는 전형적으로 지역명과 회사명에 '임대'를 붙여 불렀다. 2000년 7월부터 연말까지 공급된 임대 아파트는 18 군데였는데, 이들은 모두 '경남 마산시 신포동 주공 임대', '광주군 양벌리 대주 임대'와 같이 불렸다. 다시 말해 굳이 고유한 이름을 따로 짓지 않았던 것이다. 임대 아파트는 주공에서 공급하는 것이 제일 많았는데, 주공 외에 이 시기에 임대 아파트를 공급한 회사명 겸 아파트 이름은 다음과 같다('임대'는 생략함).

(1)

(남양주시) 청학 / (시흥 매화마을) 홍익 / (시흥시 정왕동) 건영 / (의정부 송산) 주공 / (이천시 송정동) 수림 / (이천시 신하리) 진우 / (전북 익산시) 제일

2001년에는 62개 단지에 임대 아파트가 공급되었는데, 대다수는 여전히 지역명과 회사명의 조합으로 불렸다. 이 해에 처음으로 따로 이름이 붙은 임대 아파트가 등장하였는데, 이 이름들은 대부분 전국적인 공급을 염두에 둔 상표명이라기보다는 해당 아파트를 지칭하는 개체명의 성격을 가진 것이다. 다음 (2)와 같이 62개 단지 중 17개 단지의 아파트에만 독자적 이름이 붙여져 공급되었다.[268]

(2)

유호 N플러스빌 / 범양 테크노빌 / 석미 한아름 / 늘푸른 오스카빌 / (경남 진주시) 느티나무 / 도개공 신나리 / (고양시 덕양구) 샘터 / 신일 드림힐 / (광주시 광산구) 우미 / 신안 실크밸리 / (대구시 동구) 그린타운 / (부산 북구) 수정마을 / 도개공 학마을 / 경일 미래타운 / (인천시 동구) 솔빛마을 / 미듬 하나로 / (제주 영평동) 반석타운

---

268 이하 회사명을 붙이지 않은 아파트의 경우 인터넷이나 광고를 통해 회사명을 확인할 수 없을 때는 ( ) 속에 지역명을 표시함.

(2)에서 흥미로운 점은 일반 아파트의 상표명은 절대다수가 외래어인데, 임대 아파트 이름에는 고유어나 한자어, 즉 우리말의 비율이 눈에 띄게 높다는 사실이다. (2)의 17개 중 고유어나 한자어로만 된 이름이 9개이고, 영어와 우리말이 섞인 것까지 합하면 12개나 된다. 즉 임대 아파트 이름에서는 우리말과 영어의 비율이 역전된 것이다. 일반적으로 우리말과 영어 대응어가 있을 때 우리말은 질이 낮거나 값싼, 또는 나쁜 쪽을 가리키고 영어는 그 반대의 비싸고 좋은 것을 가리키는 경향이 있는데[269] 아파트 이름에서도 마찬가지 현상이 나타나는 것이다.

2002년이 되어서도 임대 아파트는 대부분 '신원, 용암, 우미, 유승' 같은 우리말 이름들로 불렸다. 그런데 이 무렵부터 대형 건설업체들이 임대 아파트를 많이 공급하면서 다음 (3)과 같이 회사명과 별도로 상표명을 붙이는 예가 늘어나기 시작했다. (3)의 예들은 이름만을 보아서는 임대 아파트라는 사실을 알 수 없다. '신동아 파밀리에, 주공 그린빌, 성원 상떼빌' 등과 같이 임대 아파트에 일반 분양 아파트와 같은 상표명을 사용하는 사례도 있었다. 그와 함께 임대 아파트 이름에서도 외래어의 비율이 높아지게 된다. 대형 건설회사에서 임대 아파트 공급에 참여하면서 외래어 이름이 많아진 것인데, 아파트 자체가 비싸질수록, 또 건설회사가 커질수록 외래어를 선호한다는 사실도 엿볼 수 있다.[270]

---

269 예를 들면 '여관'은 숙박비가 싸고 '호텔'은 비싸며, '터널'은 우리가 좋은 목적을 위해 뚫은 것이지만, '땅굴'은 '그들'이 나쁜 목적으로 뚫은 것이다. '마누라'보다는 '와이프'라고 하는 편이 좀 대접하는 느낌을 준다고 믿는 사람이 많다. 그래서 '연립주택'은 일찌감치 '빌라'로 이름을 '격상'시켰다.

270 2003년은 전체적인 특징이 2002년과 비슷하므로 생략한다.

(3)

신일 해피트리 / 신일 드림빌 / 신동아 파밀리에 / 대방 샤인힐 / 반도 보라빌 / 주공 그린빌 / 보성 아이월드 / 성원 상떼빌 / 대광 파인밸리 / 승오 화성 파크 / 인평 로얄 / 신세대 지큐빌 / 대주 파크빌 / (전북 군산시) 청솔 / 광진 라미안 / 전주미송 평화 하이존 / 대원 네스트빌

3. 마케팅 전략으로 본 아파트 상표명

3.1. 외래어 이름

아파트 상표명에서 외래어가 과다하게 사용되는 이유는 다음과 같이 몇 가지로 설명할 수 있다.

첫째, 아파트라는 주거 양식이 외국에서 들어온 것이기 때문이다. 아파트가 서양에서 들어온 것이므로 그것을 지은 기술도 서양 기술이라는 전제 아래 이름도 영어 등 서구어로 짓는 것이다. 현대의 첨단 기술로 생산되는 전자 제품이라든지 자동차의 상표명이 대부분 외래어인 이유도 그 기술이 서양에서 들어온 것이기 때문이다.

상품의 종류에 따라서는 오히려 우리말 상표명이 우위를 차지하는 분야도 있다. 우리는 유난히 먹을거리에서는 우리 것을 선호하여 식품을 살 때 '국내산'인지 '수입산'인지를 꼭 가려 산다. 그래서 식품류에서는 '청정원, 종가집 김치, 신라면, 아침햇살, 참이슬, 풀무원, 해찬들, 참빛고운 식용유, 빙그레, 오뚜기, 참나무통맑은소주, 햇반, 햇살담은 조림간장' 등 고급품으로 자리 잡은 우리말 상표명들이 많다. 냉장고

중에서는 김치 냉장고가 '딤채'라는 우리말 상표명으로 성공하였다. 김치는 우리의 정체성을 드러내는 품목이기 때문이다. 아파트 상표명에서의 외래어 선호가 꼭 '언어적 사대주의' 때문만은 아니라는 것을 짐작할 수 있다.

화장품 상표명도 아파트와 마찬가지로 외래어 선호가 심한 편이다. 그러나 최근 들어 최고급으로 자리매김한 '雪花秀'를 비롯해 '꽃을든男子, 식물나라, 과일나라' 등 우리말 상표명들이 호평을 받고 있다. 아파트에서도 참신한 조어 감각을 보여 주는 상표명들이 많이 개발되고 있어서, 우리 것에 대한 자신감에 비례하여 우리말 상표명도 늘어나리라고 생각한다.

둘째, 소비자들이 외래어 이름을 고가품, 고급품과 동일시한다고 작명자들이 믿기 때문이다. 외국에서 들여온 유명 고가품을 소위 명품이라고 부르는데, 소위 명품들은 그 품질이나 디자인 같은 실질적인 면보다 그 '이름', 즉 전통을 가진 상표에 의해 선택된다. 완전히 똑같은 품질을 가진 제품이 있어도 그 상표가 유명한 것이 아니면 값이 훨씬 싼데, 바로 이런 이유 때문에 유명 상표를 도용한 가짜 상품(소위 '짝퉁')의 유통이 근절되지 않는다.[271] 외래어 상표가 붙은 외제 고가 상품을 자주 접하다 보니 외래어 상표가 붙어야만 고급품이라는 잘못된 인식이 무의식중에 자리 잡게 된 것이다.

셋째, 고가 아파트에 외래어 이름이 선호되는 현상은 청자에 따라 말투를 바꾸는 현상(speech accommodation)의 일종이라고 볼 수 있다. 우리나라는 전통적으로 과거 급제를 통해 신분과 수입이 보장되는 사

271 다른 사람에게 해당 상표명을 보여줄 수만 있다면 진짜냐 가짜냐 하는 것은 큰 문제가 되지 않는다. 그러므로 상표명은 눈에 잘 띌수록 좋다. 필요 이상으로 크게 찍힌 상표만으로 구성된 디자인은 그러한 소비자의 심리를 겨냥한 것이다.

회였다. 그 전통이 의식 속에 뿌리박혀서, 오늘날 정권마다 교육 정책에 온 힘을 기울이지만 어떤 정책으로도 학력, 학벌 지향적인 의식을 바꾸지는 못한다. 즉 수입이 많은 사람은 학력이 높을 것이라는 전제를 깔고, 비싼 아파트의 소비 계층(타깃)의 언어생활에 맞추어 외래어 이름을 짓는 것이다. 돈이 많다고 해서 학력이 높을 것이라고 실제로 믿느냐 하는 것은 별개의 문제다. 개인적으로 그렇게 믿지 않더라도 '소비자에게 아부하기'라는 고전적인 광고 전략의 하나로 '공부를 많이 하셨으니 그 정도 외래어는 아시겠지요.'라는 목소리를 담아 되도록이면 현학적인 이름을 짓는 것이다.

3.2. 난해한 이름

최근의 아파트 상표명 짓기에 드러나는 또 하나의 경향은 그 조어가 나날이 난해해진다는 점이다. 어려운 단어라 하더라도 자연어이면 사전을 찾으면 되지만 온갖 사전을 다 찾아도 끝내 무슨 말인지 모를 조어(造語)들이 아파트 상표명에는 많다. 다음과 같은 이름들은 작명자의 설명 없이는 그 뜻을 짐작하기 어렵다.[272]

---

272 한국토지신탁 http://www.koreit.co.kr/
GS건설 http://www.gsconst.co.kr/
대아건설 http://www.i2vill.com/members/frm_join_check.asp
금호 리첸시아 http://www.richensia.co.kr/
두산 위브 http://www.weveapt.co.kr/
신도 브래뉴 http://www.sdconst.co.kr/
신세대 건설 지큐빌 http://www.ssdc.co.kr/about/sale.html
태영 데시앙 http://www.taeyoung.com/

(한국토지신탁) 코아루 Korea Advanced + 樓('Korea의 아름다운 집');
〈Core+樓〉

(LG) 자이 Xi = extra intelligent

(대아) 아이투빌 I2vill = intelligent 2000 villa

(금호) 리첸시아 Richensia = Rich + Intelligentsia

(두산) 위브 We've: '-ve'는 Live, Love, Have, Save, Solve의 끝음절과, ValuE의 처음과 끝 글자를 딴 것임.

(신도) 브래뉴 Branew: Brain New; Brand New

(신세대) 지큐빌 GQ: Great Quality

(태영) 데시앙 Desian: 〈F〉 Dessin + -an

게다가 외래어 이름의 경우 한글이 아니라 알파벳으로 표기하는 흐름도 나타나고 있어서 난해성을 더해 주고 있다. 예를 들면, 'We've'(두산)라든지 'Brown Stone'(이수) 같은 상표명을 아파트 벽면에 알파벳 그대로 써 넣는 것이다. 'the #'(포스코)의 경우는 음악에서 쓰는 전문 기호인 '#'을 써서 소비자를 더욱 당황시키고 있다. '내 삶의 반올림'이라는 광고 카피를 통해서 그것이 악보에서 사용하는 'sharp'(반올림표)라는 것을 알아차려야만 한다. 이 같은 상표명들은 한글로 써도 무슨 뜻인지 알 수 없기는 마찬가지지만 적어도 모든 국민이 읽을 수는 있어야 하는데 그에 대한 배려는 찾아볼 수 없다.

이처럼 아파트 상표명이 나날이 난해해지는 이유는 다음 몇 가지로 설명할 수 있다.

첫째, 평이한 외래어 단어는 이미 기존의 상표명에 거의 다 사용되어서, 기존의 것들과 차별되도록 하기 위해 어려운 말을 찾아 쓸 수밖에 없다.

둘째, 상품의 개념(concept)은 복잡한데 상표명의 길이는 한정되어 있기 때문이다. 그 해결책으로 외래어 단어들을 자연어 그대로 사용하지 않고 단어의 일부를 잘라내서 다시 조합해 사용하는데, 그 과정이 일반어의 조어법 안에서 이루어지지 않고 매우 자의적이다. 그러한 과정으로 만들어진 상표명은 작명자의 설명을 듣지 않으면 대체로 그 뜻을 전혀 알 수 없다.

셋째, 뜻을 알 수 없는 상표명이 붙은, 자신의 수입으로 사기에는 너무 비싼 외국제 명품에 대한 선망 심리를 자극하는 것이다. 대량 생산의 시대가 되면서 품질의 균일화가 이루어져서 품질의 차이만을 가지고는 차별화에 한계가 있을 때, 그 상품을 둘러싼 언어(이름 짓기, branding)를 통해 이미지를 만들어 내어 그 이미지를 판다. 난해하고 모호한 이국의 언어는 마치 '해더웨이(Hathaway) 셔츠를 입은 사나이의 검은 안대'처럼, 신비감과 고급품의 느낌을 선사하게 마련이다.[273]

넷째, 선별된 소비자만을 대상으로 한다는 고급 마케팅의 한 단면이라고 해석할 수 있다. 이 정도 어려운 말을 이해할 수 있는 수준의 사람이라야 그 아파트의 주인이 될 수 있을 것이라는, 소비자의 막연한 지적 허영심을 자극하는 기법이다. 요즘에는 최고급 아파트의 경우 대중매체보다는 DM(direct mail)을 통한 광고가 많이 활용되고 있다. 당신에게만 정보를 알려 드린다는, 당신 정도 수준의 사람이 아니면 알 필요도 없다는 메시지를 개인 우편물을 통해 전달한다. 난해한 이름은

---

273 이름 짓기의 가치를 재발견한 광고인으로 손꼽히는 데이비드 오길비의 1951년 작품. Baron George Wrangell이라는 이름의, (물론 그는 실제로는 남작(baron)이 아니다.) 한쪽 눈에 검은 안대를 한 사나이를 내세워 대량 생산된 규격품의 대표라 할 수 있는 와이셔츠를 광고해서 전설적인 성공을 거두었다. 이 광고에서 검은 안대는 말보로 맨(Marlboro man-말보로 담배 광고 모델)의 손등에 새겨진 문신처럼 '구별과 분리와 낙인'의 표시가 되었다. Twitchell, J. B.(2000:209) 참고.

한정된 사람에게만 허용되는 패스워드(password)와 같은 암시를 주면서 소비자를 안달하게 하고, 그 욕구가 구매욕으로 이어질 것이라는 전략이다.

4. 상표명에 나타난 사회상

4.1. 웰빙 바람

최근 우리 사회에는 웰빙(well-being) 바람이 거세게 불고 있다.[274] 방송에서는 잘 먹고 잘 사는 법을 다루는 프로그램이 매일 방송되며, 장수 비법을 찾기 위해 전 세계를 누비는 일도 마다하지 않는다. 주거생활에 있어서는 풍부한 녹지 공간과 탁 트인 조망을 갖춘 아파트들이 수요자의 관심을 끌고, 산책이나 조깅을 할 수 있는 공원이 가까이 있으면 더욱 인기가 있다.

아파트 상표명에도 그러한 개념을 담는 것이 유행이다. 아래 예들에 나타나듯이 많은 아파트들이 친환경이나 건강을 담은 이름을 사용하고 있으며, 건강한 삶의 한 조건인 아름다운 환경을 강조하는 이름도 눈에 많이 띈다. '성원 상떼빌'(〈F〉 Santé '건강')은 아예 아파트 상표명을 '건강'이라고 지었다.

서울 성북구, 은평구라든지 경기도 의정부, 고양시 등 북한산 자락에

274 '웰빙'이란 행복, 안녕, 복지 등 '삶의 질'을 강조하는 말로, 물질적 가치나 명예를 얻기 위해 앞만 보고 달려가는 삶보다 건강한 신체와 정신을 유지하는 균형 있는 삶을 행복의 척도로 삼는 태도를 가리키는 말이다.

들어서는 아파트들은 이름에 '북한산'을 붙이는 것이 유행하기도 했다. '북한산 현대 홈타운'(은평구 불광동), '북한산 대림 e-편한세상'(성북구 길음동), '북한산 아이파크'(도봉구 창동) 등이 그 예인데, 이들 지역은 노후 주택이 많은 비인기 지역이었지만 북한산 조망권을 강조한 마케팅으로 큰 인기를 끌었다(한국경제신문 2001. 12. 28). 이와 같이 자연 친화적 입지 환경을 강조하거나 아름다운 자연을 연상하게 하는 아파트 상표명들을 모아 보면 다음과 같다.

Bay Hill / Sea-파라다이스 / SK 북한산시티 / SK 포스코 파크뷰 / 경동 햇빛마을 / 그린마을 부영 / 그린카운티 / 그린타운 / 그린파크 명품 / 금강 KCC 파크타운 / 금호 어울림[275] / 기안 파인골드빌 / 남명 플럼빌리지[276] / 느티나무 / 대광 파인밸리 / 대림 아크로리버(Acroriver) / 대양 그린힐 / 대우 푸르지오(Prugio) / 대우 한강 베네시티 / 대주 파크빌 / 동원 청산별가 / 동화 옥시죤(Oxyzone) / 롯데 캐슬 레이크 / 명지 해드는터 / 모닝파크 / 버드내(〈버들+내) / 벽산 블루밍(Blooming) / 부영 e-그린타운 / 대한토지신탁 산수화(山水花) / 삼정 그린뷰 / 그린코아 / 삼한 힐파크 / 삼호 그린 / 삼환 나띠르빌(〈F〉 Naturevill) / 샘터 / 서해 그랑블 / 서해 레이파크빌 / 솔내음 파미유(〈F〉 Famille) / 솔빛마을 / 송림마을 / 신명 스카이뷰 그린 / 쌍용 스윗닷홈 리버 / 에코타운 / 예성 그린캐슬 / 우양 파크 / 유림 노르웨이숲 비치 / 주공 그린빌[277] / 주공

---

275 금호건설 홈페이지에 따르면 '어울림'은 '자연과 기술의 조화, 인간과 자연의 조화'를 의미한다고 한다.

276 자두 마을. 베트남 출신의 승려 사회운동가 틱낫한이 프랑스 보르도에 세운 마을 이름.

277 여러 회사에서 사용하고 있는 상표명은 한 번만 인용함. 이 외에도 '하이빌, 그린힐, 파크빌, 홈타운, 아트빌' 등 하나의 상표명을 여러 회사에서 사용하는 예가 상당히 많은데 상표권 분쟁이 일어나지 않는 것이 이해되지 않는다. 아직도 아파트에서는 상표권에 대한 인식이 확립되지 않은 것이 아닌가 생각된다.

벚꽃 그린빌 / 주공 비치타운 / 준양 솔라리움(Solarium) / 중앙 그린빌 / 중앙 하이츠(Heights) / 청솔 / 청암 영풍 한강秀 / 청원 네이쳐빌 / 코오롱 레이크폴리스 / 코오롱 오투빌(O2vill) / 포스파크 / 한솔 솔파크 / 한솔 스파빌 / 한신 休플러스 / 한진 그랑빌 비치(〈F〉 Grandville Beach) / 한진 그랑빌 오션(Ocean) / 화성 리버빌 / 화성 리버파크 / 효성 화운트빌(Fountvill)

친환경 이미지를 나타내는 단어로는 '파크'가 여러 회사에서 중복 사용된 것을 포함하여 32회로 가장 널리 사용되고 있다. 위의 예들만 보아도 '파크' 단독으로, 혹은 '뷰, 타운, 빌' 등과 결합되어 상표명으로 사용되거나, '모닝, 힐, 솔, 리버' 등과 결합되어 범주명으로 사용되었다.

색채어에서는 '그린'이 단연 인기이다. '그린빌'은 대현 외에 산호, 우방, 주공, 중앙, 천경에서 각각 상표명으로 사용하고 있다. 이렇게 여러 회사에서 아무 제약 없이 사용된다면 그것은 상표명이라기보다는 일반어처럼 되어 버려서 상표권을 주장할 수 없게 된다. '그린'은 '빌' 외에도 '힐, 타운, 마을, 캐슬, 카운티' 등 주로 장소와 관련된 어휘(범주명)와 결합되어 24회나 사용되었다.

다음으로 높은 빈도를 보이는 말들은 '리버' 7회, '솔/송림(松林)/파인(pine)' 9회, '뷰/View' 9회, '힐/Hill' 14회 등이다. 즉 강(주로 서울의 한강변에 지어진 아파트들에 붙는다.), 계곡, 소나무, 좋은 전망, 언덕 등이 가까이 있는 곳을 주거 환경으로서 선호한다고 해석해도 좋을 것이다. '山水花'는 아예 아름다운 환경을 구성하는 요소들을 '종합선물세트'로 표현하고 있다. 나무는 아름다운 자연의 필수 요소로서 소나무가 가장 인기가 있고, 그 밖에 느티나무, 벚꽃, 버들, 플럼(자두) 같은 식물명이 사용되고 있다. 소월 시인이 '엄마야 누나야 강변 살자' 하고 노래했고, 전통적으로 배산임수(背山臨水)를 길지로 보았으니 마을 앞에 흐르는 강물이 보이는 것을 선호하는 것은 당연하다 하겠다. '한강'이라는 특정한 강을 지정한 경우도 두 가지 예가 있다. 꼭 강이 아니더라도 물과 관련된 말들로 바다를 의미하는 'Sea, 비치, 오션'이라든지, 호수를 의미하는 '레이크', 온천을 의미하는 '스파', 샘과 관련된 '샘터, 화운트' 등이 상표명에 사용되었다.

'푸르지오'는 보다 적극적으로 상표의 개념을 친환경으로 설정한 예인데,[278] 상표명뿐 아니라 '웰빙하우스 만들기' 이벤트를 개최하는 등 웰빙을 전면에 내세운 마케팅에 힘을 기울이고 있다.

그 밖에 맑은 공기를 강조하여 '산소'(oxygen)를 이름에 포함시킨 '옥시죤, 오투빌'이라든지, 해 잘 드는 남향집을 연상시키는 '해드는터, 햇빛마을'도 있다.

'e-편한세상'(대림)은 첨단 정보화 아파트를 표현하는 'e-'를 사용하여 브랜드 인지도 면에서 수위를 다퉈 왔지만, 최근의 웰빙 바람에 편승하여 '건강 아파트 만들기-에코 프로젝트'라는 슬로건을 통해 기존의 상표명에서 표현할 수 없는 부분을 보완하고 있다.

---

278 " '푸르지오'란 젊음, 깨끗함, 산뜻함의 이미지인 '푸르다'와 공간을 상징하는 'geo'가 결합된 브랜드로 사람, 자연 그리고 환경이 하나 된 차원 높은 생활문화공간입니다." www. PRUGIO.com

4.2. 신분 상승·과시 열망

현대 생활에서 아파트는 삶의 터전인 동시에 거주자의 정체성을 드러내는 하나의 지표이므로, 아파트의 선택에서도 거주 공간이라는 기능적인 면뿐 아니라 이왕이면 보다 고급스럽고 귀족스러운 이미지를 가진 것을 선호한다. 소위 명품을 선호하는 심리와 같은 것이다. 명품이 탄생하려면 오랜 역사와 품질에 대한 평판의 축적이 필요한데 우리나라 아파트는 그 역사가 짧으므로 이제 막 명품이 탄생하는 시점에 와 있다. 그리하여 아파트 회사들은 명품 이미지의 선점을 위해 명품 마케팅의 핵심이라 할 귀족 마케팅에 앞장서고 있다.

귀족 마케팅의 첫 걸음은 고객을 귀족으로 설정하고 최고급 이미지를 드러낼 수 있는 상표명을 짓는 것이다. 그러려면 누구나 살고 있는 '아파트'라는 일상적 이미지로는 부족하여 그 대안으로 '성'(캐슬)과 '궁전'(팰리스)이 등장하였다. 삼성은 '타워팰리스, 트라팰리스' 등 '팰리스'를 붙이고 있고, 롯데에서는 '캐슬'을 붙이고 있다. 롯데 캐슬은 "누구일까? 저 성의 주인은?", "당신이 사는 곳이 당신이 누구인지 말해 줍니다."[279]라는 카피로 신분 상승 욕구와 과시 욕구를 직설적으로 부추기고 있다.

성이나 궁전에는 당연히 특별한 신분의 사람들이 산다. 아파트의 상표명에 사용된 말들 중 '듀크(duke, 공작), 카운티스(countess, 백작부인), 로얄(royal), 마제스티(majesty), 아델(〈G〉 Adel 귀족)' 등이 소유자의 신분을 나타내는 말들이다.

평등 의식이 높은 우리 사회에서 귀족 마케팅이 힘을 발휘하는 것은

---

279 TV 광고에서 사용된 슬로건. http://www.lotteapt.net/

다소 모순적으로 보이지만 귀족 마케팅의 대상이 꼭 '귀족'을 향한 것은 아니다. '귀족'보다는 정작 그 대열에 끼고 싶은 '평민'을 향한 것이기도 하다.

(1)

거주자의 신분을 과시하는 이름

광덕 카운티스 / 대우 드림월드 마제스티 / 대원 칸타빌 멤버스 / the # 아델리스 / 동원 듀크빌리지 / 동원 로얄 듀크 / 롯데 캐슬 킹덤 / 쌍용 카이저하우스 / 쌍용 플래티넘 노블 / 아델리아(포항시) / 영암 퀸스빌 / 태왕 아너스클럽 / 인평 로얄 / 중흥 파크 S-클래스빌 / 태왕 리더스 / 협성 노블리스(〈F〉 Noblesse 귀족) / 한국 아델리움 / 한라 비발디 아델 / 호반 리젠시빌(Rigencyvill) / 화성 파크 프레지던트

(2)

아파트의 격을 과시하는 이름

갑을 명가 / 골든 캐슬 / 롯데 캐슬 마스터 / 삼성 갤러리아팰리스 / 삼성 트라팰리스 / 신성 캐슬타워 / 신우 팰리스 / 신일 엘리시움(Elysium) / 쌍용 경희궁의 아침 / 예성 그린캐슬 / 원일 대궐터 / 팰리스 필

'경희궁의 아침'은 파격적인 상표명으로 눈길을 끌며 분양에서도 성공했다. 외래어 상표명의 숲 가운데서 과감하게 우리말을 선택했으며 통사적 구성을 상표명에 채용했다. 차별적 인상을 주기 어려운 일상어 상표명의 한계를 친환경 마케팅으로 극복하여, '궁궐터 → 명당 → 풍부한 녹지 공간 → 아침 → 건강'으로 연상되는 특장점을 성공적으로 담아내었다. 신분 상승과 웰빙 욕구를 결합시킨 성공적 사례라 할 만하다.

4.3. 지성적이고 첨단적인 생활 추구

첨단 정보화 시대를 반영하여 아파트 상표명에도 지능, 지성, 인터넷을 나타내는 'i'나 'e'[280]를 덧붙이는 것이 유행하고 있다.

> LG 자이(Xi) / 강남 디지털 / 남양 i-좋은집 / 대덕 테크노밸리 / 대림 e-편한세상 / 대아 아이투빌 / 대우 아이빌(i-ville) / 동부산 아이존빌(Izonevil) / 범양 테크노빌 / 벽산 e-빌리지 / 보성 아이월드 / 부영 e-그린타운 / 삼성 래미안(來: 첨단 주거 시스템)[281] / 쌍용 스윗닷홈(Sweet dot Home) / 현대 아이파크(I: Innovation) / 효성 인텔리안(Intellian)

'스윗닷홈'은 1990년대 말부터 2000년 무렵까지 코스닥 시장을 달구었던 '닷컴'(.com)으로 대표되는 벤처 기업 이름을 딴 작명이다. '성원 상떼빌'도 처음에는 '성원 상떼빌홈닷컴'으로 불렸었다(용인 수지 3차). 그러나 이렇게 유행을 너무 민감하게 따른 이름은 유행이 지나가 버리면 계속 쓰기가 어려운 단점이 있으므로, 적어도 수십 년을 사용해야 할 건축물의 이름으로는 적합하지 않다. 광고 카피에서도 값싼 일상적 소모품에는 유행어를 사용할 수 있지만, 고가품이나 고급품에 유행어를 사용하면 역효과가 난다. 이러한 한계를 인식하고 쌍용에서는 '미르빌'이라는 상표를 미리 등록해 놓았고, 성원에서는 '닷컴'을 뗀 '상떼빌'을 사용하고 있다.

---

280 " 'e-편한세상'의 'e'는 인터넷(사이버)을 상징하며 '편한세상'은 인터넷 서비스로 생활이 더욱 편해지는 아파트라는 뜻입니다."
http://www.daelim.co.kr/biz/housing/intro.jsp

281 www.raemian.co.kr. 美: 아름다운 디자인. 安: 첨단 안전 시스템.

4.4. 예술적 생활 추구

귀족적 생활은 돈만 있다고 되는 것이 아니다. 예술적 생활을 누릴 줄 알고 누릴 수 있어야 한다. 즉 아파트에도 미학적 포장이 필요하다. 앞에서 언급한 것처럼 한국인이 가장 살고 싶은 집의 첫째 조건은 '예쁘고 아름다운 집'(제일기획 2002)이라고 한다. 이러한 욕구를 겨냥하여 아파트 이름에서부터 아름답고 예술적인 분위기를 표현할 필요가 있다.

구체적으로 살펴보면, (1)과 같이 상표명에 '예술'을 직접 사용하는 이름들과, (2)와 같이 예술품이나 예술적 환경 또는 배경, 예술가의 이름을 차용하는 이름들로 나눌 수 있다. 포괄적으로 '아름다운 집'을 나타내는 이름도 여기에 포함시킨다면 (3)과 같다.

(2)에서 '오페라, 라스칼라, 피렌체, 르네상스' 등은 예술적 배경을 표현하는 이름들이고, '가우디, 비발디, 미켈란젤로' 등은 예술가의 이름들이다. (2)를 보면 예술적 이미지를 위해 차용된 개념들이 모두 유럽에 기원을 두었다는 점도 눈에 띈다. 유럽의 예술에 대한 선망과 함께 유럽 예술품의 후광을 상표 이미지에 편승시키려는 의도가 복합된 작명이다.

(1)

금성백조 예미지(藝美智) / 영남 네오빌 아트 / 우림 루미아트(Lumiart = Luminal + Art)[282] / 우미 아트빌

282 '빛의 예술—삶의 빛을 비추어 주는 아파트.' www.woolim.com

(2)

대동조광 이미지 피렌체 / 롯데 캐슬 오페라 / 삼부 르네상스파크 / 삼성 미켈란쉐르빌 / 오페라하우스(전북 익산시) / 월드 메르디앙 라스칼라 / 한라 가우디움 / 한라 비발디 / 협성 르네상스타운

(3)

극동 미라주(美羅住), 모아 미래도(美來都), 영조 아름다운 나날, 한승 美made

4.5. 가정의 행복 추구

행복한 가정을 표현하는 '홈, 패밀리, 해피' 등을 포함한 상표명이 이에 속한다. '어머니'를 나타내는 이름도 여기에 포함시켰다. 가정의 행복이 제일이라는 개념을 가장 적극적으로 담은 이름은 '아내 같은 아파트'라는 슬로건을 내 건 '스윗닷홈'이라 할 수 있다. '포란재'는 풍수지리상의 명당을 뜻하는 '金鷄包卵形'에서 따온 말로, 명당에서 대대손손 복을 누리고 싶은 마음을 담고 있다. '백년家약'은 '百年佳約'을 변형시킨 이름으로, 한글로 표기하여 그 소리는 살리고 '家'만을 한자로 표기하여 '집'을 강조하고 있다. 동음인 '百年佳約'을 연상시켜 행복한 가정을 만드는 집이라는 의미를 표현한다.

금광 포란재(抱卵齋) / 대원 네스트빌 / 동화 훼미리타운 / 범양 마더빌 / 삼보 해피하임(〈G〉 Heim, 집)[283] / 삼안 해피하우징 / 삼융 베스트홈 / 솔내음 파미유(〈F〉 Famille 가족) / 신동아 파밀리에(〈G〉 familie) / 신

283 〈F〉는 프랑스어, 〈G〉는 독일어, 〈S〉는 스페인어를 가리킴.

일 해피트리 / 쌍용 스윗닷홈(Sweet dot Home) / 영풍 마드레빌(〈S〉 madre 어머니) / 윤중 수신제가(修身齊家) / 평광 행복타운 / 포스 홈타운 / 현대 홈타운 / 효성 백년家약

4.6. 꿈과 희망 희구

아파트 상표명 중에 '꿈' 또는 '희망'을 나타내는 말도 자주 눈에 띈다. 특히 '드림'이란 말이 '주다'의 경어형인 '드리다'의 명사형으로서 소비자에게 뭔가를 드린다는 느낌을 주는 동시에 영어 동음어 'dream'과 대응되어 작명자들에게 안성맞춤이라는 느낌을 주는 듯하다.[284] '미소드림, 춤드림'이 그러한 동음 현상을 활용한 예로서, 영어의 'dream'만을 단순하게 이용한 상표명들에 비해 한 번 더 생각하게 하고 기억하게 하는 효과가 있다.

금강 에스쁘아(〈F〉 Espoir, '희망') / 대우 드림빌 / 대우 드림월드 마제스티 / 동도 미소드림(Misodream) / 삼익 춤드림(Charm Dream) / 신일 드림빌 / 신일 드림힐 / 정상 화성 드림파크 / 조한 드림플러스 / 한림 드림월드 / 한화 꿈에그린(Dream Green)

---

284 '드림'과 'dream'의 동음 현상은 '드림 론 패스'(Dream Loan Pass, 현대 캐피탈) —'현금 멋지게 돌려 드림'과 같이 다른 분야에서도 활용되고 있다.

4.7. 부자 열풍

2001년에는 '부자 되세요~'라는 카드 회사 광고가 인기를 끌어 유행어가 되더니, 최근 몇 년 사이 서점가에서는 '부자 아빠' 시리즈가 베스트셀러를 기록하고, '10억 만들기' 시리즈가 열풍을 일으키고 있다. 은행에서는 부자 고객만을 상대하는 맞춤 은행(Private Banking)을 도입하는 등 사회 여러 부문에서 '부자 마케팅'이 활기를 띠고 있다. 아파트 이름에서도 이러한 사회적 조류를 피해갈 수 없다. 아파트 값이 치솟으면서 아파트는 재산 증식의 수단으로 첫손 꼽히게 되었는데, 신분의 지표이면서 투자 수단까지 될 수 있으니 당연히 아파트는 부자 열풍을 이끄는 요인인 동시에, 그 결과가 되었다.

그러나 아파트 이름에서 부자가 되고 싶은 열망을 직접적으로 표현하는 예들은 생각처럼 많지는 않다. 아마도 돈에 관한 일을 직접적으로 언급하기를 꺼리는 사회적 전통과 무관하지 않을 것이다. '부유함'을 직접적으로 표현하는 '리치(rich), 리슈(〈F〉 riche), 엔리치(enrich)' 등과, '그랑(〈F〉 grand), 슈퍼(super), 타워(tower)'처럼 '큰 집'을 나타내는 상표명들은 다음과 같다.

계룡 리슈빌(〈F〉 Richeville) / 금송 메트로타워빌 / 금호 리첸시아 / 동서 리치모아 / 두풍 리치빌 / 벽산 메가트리움(mega(大) + triumph)[285] / 삼라 마이다스빌[286] / 세광 엔리치빌 / 원우 엔리치 / 한진 그랑빌(〈F〉 Grandville) / 현대 슈퍼빌

---

285 http://www.iblooming.co.kr/megatrium/

286 그리스 신화에 나오는 부자 왕인 Midas의 이름을 차용함.

5. 결론

2000년대 들어 아파트에 상표명이 보편화되어 이른바 브랜드 아파트의 시대가 되었다. 아파트 상표명에는 영어로 대표되는 외래어가 주로 사용되고 있다. 비싼 고급 아파트일수록 어려운 외래어가 선호되는 현상이 관찰되었다.

아파트 상표명에는 현대 한국인이 원하는 삶의 모습이 투영되어 있다. 상표명에 사용된 어휘의 의미 빈도순에 따라 정리해 보면, 현대 한국인은 자연 친화적 환경에서, 신분 상승의 꿈을 안고, 지성적이고 첨단적이고 예술적인 생활을 원하며, 가정의 행복이 제일이라는 건전한 생각을 가지고, 꿈과 희망을 잃지 않으며, 기회가 된다면 부자가 되고 싶어 하며 살고 있다.

참고문헌[287]

브랜드메이저 엮음(2001), 메이저브랜드를 만드는 브랜딩, 새로운 사람들.

이화자(1998), 광고표현론, 나남.

채완(1991), "아파트 이름의 국어의 사용 실태", 상호, 상품 이름, 아파트 이름 등의 광고에 나타난 국어 사용의 실태 조사 연구, 국립국어연구원.

채완(2004a), "아파트 상표명의 구성과 조어", 한국어 의미학 14, 한국어 의미학회.

채완(2004b), "아파트 이름의 사회적 의미", 사회언어학 12-1, 한국사회언어학회.

Delano, F.(1999), *The Omnipowerful Brand*. 김상률 외 옮김(2002), 브랜드 네이밍, 거름.

Popcorn, F. & A. Hanft(2001), *Dictionary of the Future*. 인트랜스번역원 옮김(2003), 미래생활사전, 을유문화사.

Twitchell, J. B.(2000), *Twenty Ads that Shook the World: the Century's Most Groundbreaking Advertising and How It Changed Us All*. 김철호 옮김(2001), 욕망, 광고, 소비의 문화사, 청년사.

광고정보센터 http://www.adic.co.kr/

대홍기획 http://www.daehong.com/4_topic/korean.htm

브랜드메이저 http://www.brandmajor.com/

제일기획(2002). 주거 문화, 패션·미용 생활에서 나타나는 트렌드. http://www.cheil.com/cheilfile/cheilhome/report/3128_200302_09.pdf

제일기획(2003). "P세대 80%, '나는 사회를 변화시킬 수 있다'. http://www.cheil.com/cheilfile/cheilhome/report/910_P-generation.pdf

---

287 각주나 본문에 명시된 웹사이트는 참고문헌에서 다시 밝히지 않음.

제일기획(2004). 대한민국의 45~64세 기성세대 조사결과 발표, "Wine세대를 말한다".

http://www.cheil.com/etc/news_read.asp?strPage=1&num=867&showNum=88

첨부 자료

제4장과 제5장에서 다룬 자료는 2000년 7월부터 2003년 10월 사이에 분양된 아파트 이름이다. 그 이후에 아파트 이름 짓기에 어떤 추이가 있었는지 비교할 수 있도록 2009년 1월부터 2009년 12월까지 1년간 분양된 아파트 이름을 첨부한다.[288] 기본적인 작명 방식이나 추구하는 사회적 가치에서 거의 변화가 없다는 사실을 알 수 있다.

( ) 안은 분양 지역을 나타낸다.

I'Park(경기 수원시)
The # 1st World(인천 연수구)
강서 센트레빌(서울 강서구)
경남 아너스빌(부산 해운대구)
고척 마젤란(서울 구로구)
관악 청광 플러스원(서울 관악구)
광교호반 가든하임(경기 수원시)
금성 백조예미지(대전 서구)
남양 휴튼(경기 남양주시)
다정마을 파인팰리스(경기 화성시)
대명 루첸(서울 성동구)
대영 풀리비안(경남 함양군)
대희 지센트(충남 당진군)
동문 굿모닝힐(인천 서구)

KCC스위첸(경기 남양주시)
가양 라끄빌(경남 사천시)
강일 리버파크(서울 강동구)
계룡 리슈빌(대전 유성구)
골드클래스(인천 서구)
광교 상록(경기 용인시)
극동 스타클래스(경기 용인시)
금호 어울림(경기 수원시)
네오빌 프리미엄(경북 포항시)
대광 로제비앙(강원 속초시)
대성 베르힐(전남 화순군)
대원 칸타빌(경기 남양주시)
동광 2차(경기 안성시)
동보 노빌리티(인천 동구)

288 부동산114 분양캘린더
http://www.r114.co.kr/z/catridge/buncal/newbuncal.asp?only=0&m_=1&g_=

동양 엔파트(경기 동두천시)
동원 미라클(경북 김천시)
두산 위브 트레지움(경기 광명시)
라온유(서울 성북구)
래미안 서초 스위트(서울 서초구)
래미안 트윈파크(서울 동작구)
래미안 하이어스(경기 군포시)
레이크팰리스(충남 천안시)
롯데 캐슬(대구 서구)
리슈빌 학의뜰(대전 유성구)
린스트라우스(인천 서구)
반도 유보라(인천 서구)
벽산 블루밍(서울 구로구)
부영 사랑으로(경기 남양주시)
삼환 나우빌(경기 시흥시)
선운 프라자(전북 고창군)
세영 리첼(경북 영주시)
송도 the # 그린애비뉴(인천 연수구)
송보 파인빌(전남 광양시)
송하5차 진아리채(광주 남구)
신도 브래뉴(경기 양주시)
신성 미소지움(전북 정읍시)
신안 인스빌리베라(대전 유성구)
신일 유토빌(경기 남양주시)
쌍용 예가(경기 남양주시)
엔스타(부산 사하구)
오투그란데 미학(대전 유성구)

동원 데자뷰(서울 마포구)
동호 스카이(서울 은평구)
라송 센트럴카운티(전북 완주군)
래미안 그레이튼(서울 강남구)
래미안 에버하임(경기 의왕시)
래미안 퍼스티지(서울 서초구)
래미안 휴레스트(경기 고양시)
롯데 캐슬 디아망(부산 금정구)
리베라 아이누리(대전 서구)
리치빌(대전 대덕구)
묵동 월드 메르디앙(서울 중랑구)
반포 자이(서울 서초구)
봉곡 코아루(경북 구미시)
삼익 플라주(서울 영등포구)
서초 두산 위브 트레지움(서울 서초구)
성우 오스타(경기 김포시)
센트레빌 아스테리움(서울 용산구)
송도 the # 하버뷰(인천 연수구)
송파 파인타운(서울 송파구)
수월 힐스테이트(경남 거제시)
신명 스카이뷰주얼리(인천 동구)
신안 실크밸리(경기 김포시)
신이문 어울림(서울 동대문구)
신현 e-편한세상 하늘채(인천 서구)
아리안(경남 사천시)
오드카운티(경기 수원시)
왕십리 주상복합(서울 성동구)

우남 퍼스트빌(경기 시흥시)
월드 메르디앙(경북 김천시)
웰카운티(인천 서구)
이던하우스(경기 용인시)
이수역 리가(서울 동작구)
일산두산 위브더제니스(경기 고양시)
자연앤&힐스테이트(경기 김포시)
죽곡 청아람(대구 달성군)
지엘 리더스파크(경북 상주시)
청라 한일 베라체(인천 서구)
청라 the # 레이크파크(인천 서구)
캐슬&칸타빌(경기 파주시)
타워 프로빌(제주 제주시)
파렌하이트(대전 서구)
포일 자이(경기 의왕시)
프레미어스엠코(서울 중랑구)
한남 더힐(서울 용산구)
한라 비발디(인천 서구)
한일 베라체(제주 제주시)
현대성우오스타(경기 고양시)
효창 파크 푸르지오(서울 용산구)
휴먼시아 아침마을(대전 동구)
흑석 뉴타운 센트레빌(서울 동작구)
우미린(경기 김포시)
월드컵 I'Park(서울 마포구)
은하수 드림필(서울 동대문구)
이수 브라운스톤(서울 동대문구)
이안(충남 당진군)
일성 트루엘(경기 용인시)
제일 풍경채(인천 서구)
중흥 S-클래스파크애비뉴(경기 김포시)
청라 꿈에그린(인천 서구)
청라 SK뷰(인천 서구)
청미래(전남 화순군)
코스코벨리(경기 화성시)
태승 훼미리(서울 영등포구)
펜트라우스(서울 마포구)
푸르지오 그랑블(경기 성남시)
하우스토리(서울 성북구)
한라 녹턴(서울 광진구)
한신 休플러스(경기 안양시)
한일 유앤아이(서울 관악구)
화성파크드림(경기 김포시)
휴먼빌(경기 화성시)
휴캐슬(경기 부천시)

지은이 채 완

서울대학교 인문대학 국어국문학과 졸업. 동 대학원 석사·박사.
현재 동덕여자대학교 국어국문학과 교수로 재직 중이며, 대표 저서로 『한국어의 의성어와 의태어』(서울대학교출판부, 2003)가 있다.

광고와 상표명의 언어 연구

초판 1쇄 발행일 | 2010년 9월 29일

지은이 채완
펴낸이 윤석원
편집 이은혜·이선희·김미선
표지 강지영
책임편집 강지영
펴낸곳 지식과 교양/ 어문학사
132-891 서울특별시 도봉구 쌍문동 525-13
전화: 02-998-0094 / 편집부: 02-998-2267
팩스: 02-998-2268
홈페이지: www.amhbook.com
e-mail: am@amhbook.com
등록: 2010년 7월 13일 제2010-19호

ISBN 978-89-965071-0-9 93080
정가 25,000원

이 도서의 국립중앙도서관 출판시도서목록(CIP)은 e-CIP홈페이지(http://www.nl.go.kr/ecip)에서 이용하실 수 있습니다. (CIP제어번호: CIP2010003341)